云南省哲学社会科学学术著作出版专项经费资助

国家社科基金一般项目"西南地区大扶贫水平测量与能力提升研究"
（项目批准号：18BZZ084）阶段性研究成果

多中心协同反贫困治理的理论与实践逻辑

——以云南省为例

冯朝睿◎著

人民出版社

责任编辑:李媛媛

封面设计:汪　莹

责任校对:白　玥

图书在版编目(CIP)数据

多中心协同反贫困治理的理论与实践逻辑:以云南省为例/冯朝睿 著. —北京:
　人民出版社,2020.11
ISBN 978 - 7 - 01 - 022584 - 5

Ⅰ.①多…　Ⅱ.①冯…　Ⅲ.①扶贫-研究-云南　Ⅳ.①F127.74

中国版本图书馆 CIP 数据核字(2020)第 209962 号

多中心协同反贫困治理的理论与实践逻辑

DUOZHONGXIN XIETONG FANPINKUN ZHILI DE LILUN YU SHIJIAN LUOJI
——以云南省为例

冯朝睿　著

人民出版社 出版发行
(100706　北京市东城区隆福寺街 99 号)

中煤(北京)印务有限公司印刷　新华书店经销

2020 年 11 月第 1 版　2020 年 11 月北京第 1 次印刷
开本:710 毫米×1000 毫米 1/16　印张:17.75
字数:253 千字

ISBN 978 - 7 - 01 - 022584 - 5　定价:57.00 元

邮购地址 100706　北京市东城区隆福寺街 99 号
人民东方图书销售中心　电话 (010)65250042　65289539

目　　录

上篇　多中心协同反贫困治理的理论逻辑

第一章　多中心协同反贫困治理的理论基础 …………………… 3

　第一节　经济学视角下的反贫困治理 …………………… 4

　第二节　社会学视角下的反贫困治理 …………………… 10

　第三节　民族学视角下的反贫困治理 …………………… 14

　第四节　公共管理学视角下的反贫困治理 …………………… 16

　第五节　多元协作视角下的反贫困治理 …………………… 18

　第六节　研究总结与文献述评 …………………… 22

第二章　多中心协同反贫困治理的模式变迁与意涵解读 ……… 27

　第一节　改革开放以来中国反贫困治理模式变迁 …………………… 28

　第二节　多中心协同"大扶贫"治理模式的政策保障 …………………… 44

　第三节　云南省多中心协同反贫困治理的整体做法 …………………… 48

中篇　多中心协同反贫困治理的实践逻辑

第三章　中央、云南多中心协同反贫困治理政策文本解析 …… 59

　第一节　内容分析法概述 ………………………………… 60

　第二节　政策工具视域下中央—云南多中心协同反贫困

　　　　　治理的文本量化研究 ………………………… 72

　第三节　中央—云南大扶贫能力提升与展望 …………… 86

第四章　多中心协同反贫困治理的实践逻辑——以

　　　　　滇西北连片特困地区为例 ……………………… 89

　第一节　调研方法、对象及过程 ………………………… 90

　第二节　滇西北连片特困地区多中心协同反贫困治理的方式 … 91

　第三节　滇西北连片特困地区多中心协同反贫困治理实践 …… 109

　第四节　滇西北连片特困地区多中心协同反贫困治理存在的

　　　　　主要问题 …………………………………… 140

　第五节　多中心协同反贫困治理能力的提升策略 ……… 147

第五章　多中心协同反贫困治理效果研究 ……………… 157

　第一节　多层次模糊综合评价法概述 …………………… 157

　第二节　多层次模糊综合评价法的内涵 ………………… 161

　第三节　多层次模糊综合评价法的运用 ………………… 164

　第四节　反贫困治理效果评价的意义 …………………… 169

　第五节　评价因素识别与指标建立 ……………………… 172

　第六节　问卷测量 ………………………………………… 182

　第七节　多中心协同反贫困治理效果评价结构模型与数据处理 … 187

下篇　多中心协同反贫困治理模式构建的
策略及 2020 年后反贫困治理展望

第六章　多中心协同反贫困治理模式的构建策略 ………… 203

第一节　制度性分权:多中心协同反贫困治理的制度保障 ……… 203

第二节　多主体参与:多中心协同反贫困治理的力量源泉 ……… 208

第三节　差异化产业:多中心协同反贫困治理的成功路径 ……… 213

第四节　跨区域共享:多中心协同反贫困治理的要素基础 ……… 218

第五节　联席性商议:多中心协同反贫困治理的机制 ………… 222

第七章　2020 年后中国反贫困治理展望 …………………… 226

第一节　科学技术赋能脱贫攻坚 ………… 226

第二节　减贫随机实验法对中国减贫脱贫的启示 ………… 236

第三节　解决相对贫困问题的可持续研究 ………… 240

第四节　打破城乡二元结构,实现新时代城乡一体化发展 ……… 243

第五节　乡村振兴接棒精准扶贫,开启扶贫协同联动新时代 ……… 247

附录 1 ……………………………………………………… 256

附录 2 ……………………………………………………… 261

参考文献 ………………………………………………… 265

后　记 …………………………………………………… 277

上　篇
多中心协同反贫困治理的理论逻辑

第一章　多中心协同反贫困治理的理论基础

　　美国政治学家、伦理学家罗尔斯教授曾说过：正义是社会制度的第一美德。古希腊伟大的哲学家、思想家、教育家柏拉图曾说过：正义就是城邦国家中每个人各安其位、各司其职，整个社会按照既有的制度设计有序运行。其实每个人对于正义都有自己的理解和定义。作者认为，正义其实非常简单，其本质就是秩序和公平，其核心在于以制度化的方式公平、公正、公开地分配社会资源，共享共担基本权利和基本义务。从我们每个人呱呱坠地的那一刻起，我们不得不承认的一个基本社会原则就是：权利和义务是对等的，没有无权利的义务，也没有无义务的权利，二者相辅相成。并且对每个人来说，我们都是平等的，不会因为职业和金钱等因素而改变，社会对每一个人的基本的权利和义务已有统一的分配。正义从根本上说就应该是一种秩序。正义应该是社会制度的最高成就。判断一个社会制度好不好，好到什么程度，就看它能够在多大程度上实现并维护社会的公平正义。贫困不仅仅是经济问题，它还是政治问题、社会问题和伦理问题。改革开放以来，中国经历了经济发展奇迹，社会财富得到快速增长，但仍有一部分人未充分享受到经济快速发展和社会文明进步的果实。截至 2018 年末，中国农村贫困人口 1660 万人，较 2012 年已累计减少 8239 万人，但贫困问题仍是党和国家最为关注的民生问题，也是下决心要解决的主要问题之一。中国共产党及中国政府已经通过一系列制度安排和机制保障,以正当合法的"矫正主义"和"补偿主义"的方式改进和纠正社会发展过程中产生的社会发展不均的问题。笔者认为这是党和国家把消除贫困作为这届政府及未来几年公共生活的头等大事来抓的根本原因。

反贫困治理研究既是一个学术问题,更是一个人类社会发展的实践问题。21世纪以来反贫困治理一直是世界关注的焦点问题,也是世界各国及联合国致力于增加各国人民福祉、加速世界文明进程必须克服的难题。特别是中共十八大以来的反贫困治理,更是吸引着世界的目光。纵观国内外反贫困治理研究策略,主要有以下几方面:推动经济社会高质量发展,增强经济的创新力和竞争力,提高贫困群体生活水平,提高政府物资补贴水平;加大对贫困地区的教育投入,进行职业教育培训,提高贫困群体的工作技能;加强产业结构升级,充分发挥连片贫困地区的地域优势;等等。然须知,贫困问题的产生原因错综复杂,贫困问题的解决过程艰难漫长,脱贫攻坚的结果维持更非易事。如何破解这一政治、经济、社会问题,迫切需要一个整体性的治理方案。从公共事务治理的一般规律来看,坚持多中心协同治理已经成为全世界的普遍共识,只是在不同国家和地区的实施程度不同而已。在治理反贫困和打赢脱贫攻坚战的伟大中国实践中,习近平总书记多次提出要坚持"大扶贫格局",建立健全政府、市场与社会的多元协作反贫困的体制机制,这为我们指出了一条既有对国际经验的吸纳和借鉴,又立足本土实践经验的总结和探索的反贫困治理道路。中国的发展离不开世界,中国的脱贫也离不开世界的先进经验,本章将在对中西方多学科反贫困治理的研究进行比较的基础上,分析中西方多学科反贫困治理研究的差异,找出适合中国反贫困治理可持续发展的有效模式。

第一节　经济学视角下的反贫困治理

贫困与反贫困是经济学密切关注的话题之一,经济学者们围绕增加财富、税收、减缓贫困、分配与再分配等话题形成了一系列经济学反贫困理论与模型。

一、马克思主义政治经济学与反贫困治理

马克思在其早期著作《1844 年经济学哲学手稿》中以国民经济学的"工资"为逻辑起点，探究资本意志主导之下的异化劳动以及无产阶级贫困化的客观事实，并从这一"客观事实"出发，揭露深藏于无产阶级贫困表象背后的制度性根源。在马克思看来，无论社会处在何种发展状态，只要存在资本主义私有制，无产阶级的贫困问题就不会真正得到解决。[①] 也就是说，只要存在着私有财产，就会存在人们在财富的生产、占有、分配和消费方面的贫富差距，贫困现象会一直存在。马克思从私有财产和劳动异化两个范畴展开了政治经济学分析，指出"私有财产是外化劳动即工人对自然界和对自身的外在关系的产物、结果和必然后果"[②]，并认为正是这种随着资本主义制度产生的产业工人劳动异化导致贫困的发生，那么"工人生产的财富越多，他的生产的影响和规模就越大，他就越贫穷"[③]。

马克思主义政治经济学认为，只有消灭私有制，才能实现最终的共同富裕。这是从政治制度本质的角度研究贫困与经济社会发展的关系问题。而中国脱贫攻坚所取得的减贫成果和社会经济发展奇迹就是马克思主义先进性与真理性的最有力的典范。

二、后凯恩斯主义经济学与反贫困理论

反贫困的理论来源之一是后凯恩斯主义经济学，即主流经济学。最先对

---

① 参见黄玉霞:《〈1844 年经济学哲学手稿〉中的反贫困思想及其当代价值》,《中共南昌市委党校学报》2020 年第 3 期。

② 《马克思恩格斯选集》第 1 卷,人民出版社 2012 年版,第 60 页。

③ 《马克思恩格斯选集》第 1 卷,人民出版社 2012 年版,第 51 页。

贫困问题进行研究的是奥肯的"漏桶实验",其指出了公平与效率无法兼顾的问题,同时也提出了解决方法,即重视贫困对于社会发展的影响,充分发挥市场的作用,尤其是对于效率的提高作用,而在公平与效率方面,注重公平的同时兼顾合理性,在提高效率的同时兼顾人性。萨缪尔森进一步解释和发展了奥肯的理论,他指出:"如果对社会征收过高的税率,会打击人们的工作积极性,那么,将同时伤害社会上的富人和穷人。"①

如果一个国家对富人征收高税率的话,那么富人的生产和投资的劳动性将会受到挫伤,也就意味着国民总产出将会减少。如果一个国家无下限地救助穷人并发放补贴,那么穷人将不再愿意工作。从以上理论可以得知,主流经济学对于减缓贫困的措施在于促进经济发展,提高资本的流动性,也就是使劳动力价格相对高昂的富国的资本流向劳动力价格相对低廉的穷国,逐步提高穷人的收入水平,从而达到缩小贫富差距的目的。

三、福利经济学与反贫困理论

福利经济学的起点是庇古《财富与福利》一书的出版。庇古认为,要使社会总福利增加,必须要满足社会上大多数人的需求,增加大部分人的福利。此外,庇古还提出,在不影响经济水平提高的条件下,增加社会福利的措施是将富人的一部分收入转移给穷人,从而缩小贫富差距。但新福利经济学对此则持不同态度,认为如果增加社会上一部分人的福利,而减少了社会上其他人的福利,那么就不是社会总福利的增加,如果要想增加社会的总福利,就必须达到"帕累托最优"。

诺贝尔经济学奖获得者阿马蒂亚·森则明确提出,达到"帕累托最优"的条件是提高居民收入和实现社会福利的公平分配。同时,阿马蒂亚·森也对贫困的成因进行了分析,认为当存在由于贫困群体个人能力缺乏而导致无法

---

① [美]保罗·A.萨缪尔森等:《经济学》,高鸿业等译,中国发展出版社 1992 年版,第1257—1258 页。

真正脱贫的情况时,应增加对贫困地区的教育资金投入,同时对贫困群体进行职业技能培训,提高他们的生活水平,从而达到减缓贫困的目的。

四、发展经济学与反贫困理论

发展经济学一直将发展中国家的经济发展问题和经济落后的发展中国家作为主要研究对象。美国经济学家舒尔茨曾说过,世界大多数是贫困人口,如果懂得了穷人的经济学,那么就会懂得经济学当中许多重要的原理。由此可知,贫困与反贫困问题在经济学中的重要性是不容忽视的。古典经济学在反贫困过程中得到了丰富和发展,现代经济学家们则根据国家实际情况提出了诸多贫困与反贫困的理论与模型。

罗森斯坦·罗丹提出了在发展中国家及地区对国民经济的各个部门同时进行大规模投资的"大推进理论";拉格纳·纳克斯的"贫困恶性循环"理论认为,发展中国家的贫困并非由资源不足造成,而是经济发展过程中存在息息相关的"贫困恶性循环";库兹涅兹的"倒 U 假说"主要研究经济发展过程中收入不平等的变动趋势;弗朗索瓦·佩鲁的"发展极"强调,增长势头往往集中于大量国民经济主导的部门和创新能力强的企业;冈纳·缪尔达尔的"循环积累因果关系"的观点认为,社会经济是否能够增长,与社会经济相关的因素存在着因果关系;赫希曼的"涓滴效应"假说认为,不给予贫困群体以任何形式的救助或扶持,而是通过富人投资消费,刺激经济增长,最后惠及穷人。经济学家们对于贫困与反贫困问题有多种见解,都提出了相关的模型或建议。特别是舒尔茨的"人力资本投资"和"贫穷而有效率"观点,提出人力资本投资的形式主要有接受各级正规教育、进行职业培训、寻找工作和劳动力迁移等,为人类贫困和反贫困理论提供了新的视角。

五、中国经济学对反贫困实践的多面研究

中国经济学界关于反贫困的研究主要表现在以下几个方面。

(一)反贫困的财政投入视角

李永友、沈坤荣认为我国居民贫困情况发生了好转,向相对贫困转变,政府的财政支出也偏向于贫困群体,实现公平分配。[1] 张克中在财政支出与财政使用效率视角下,研究财政分权制度在东中西部地区扶贫的效果差异,通过研究发现:财政分权制度反贫困效果在不同区域有差异性,中西部地区效果明显,东部效果甚微。[2] 王娟和张克中研究一般性公共支出对于减缓贫困的影响,他们通过对一系列面板数据进行分析发现:社会救济支出、基本建设支出和农业性公共支出对减贫存在显著效应。[3] 林建和廖彬彬以五个省的面板数据为例,研究民族地区的财政政策、金融政策和财政金融政策之间的关系,研究发现:民族地区财政政策、金融政策和财政金融政策联动效应的发挥对于民族地区贫困状况的缓解具有积极作用。[4] 综上所述,从财政投入角度研究反贫困治理的学者普遍认为直接或间接的财政投入可以有效减少贫困的发生。

(二)区域间反贫困的效果差异

魏后凯、邬晓霞对中国贫困情况进行了总结,对农村和城市反贫困政策绩效进行了评价并指出了所存在的问题。[5] 游新彩、田晋通过构建绩效评价模型,对十八湾村扶贫效果进行了评估。[6] 庄天慧、张海霞、余崇媛则构建了西

---

① 参见李永友、沈坤荣:《财政支出结构、相对贫困与经济增长》,《管理世界》2007 年第 11 期。
② 参见张克中:《财政分权有利于贫困减少吗?——来自分税制改革后的省际证据》,《数量经济技术经济研究》2010 年第 12 期。
③ 参见王娟、张克中:《公共支出结构与农村减贫——基于省级面板数据的证据》,《中国农村经济》2012 年第 1 期。
④ 参见林建、廖彬彬:《民族地区财政金融政策的反贫困效应研究》,《中国人口·资源与环境》2014 年第 9 期。
⑤ 参见魏后凯、邬晓霞:《中国的反贫困政策:评价与展望》,《上海行政学院学报》2009 年第 2 期。
⑥ 参见游新彩、田晋:《民族地区综合扶贫绩效评价方法及实证研究》,《科学经济社会》2009 年第 3 期。

南少数民族反贫困绩效评估体系,采用模糊综合评价法,对 10 个国家级贫困县反贫困效果进行了评估,数据显示区域间反贫困效果具有差异性。① 焦克源和徐彦平运用层次分析法和主成分分析法对少数民族贫困地区扶贫效果进行了研究,研究发现:少数民族地区的扶贫绩效取得显著成效,但是扶贫绩效呈边际递减效应,与全国相比较,差距依然较大。② 漆宇和向玲凛也运用了主成分分析法对四川省少数民族贫困地区扶贫效果进行了评估,研究发现:反贫困绩效整体上是有效的,经济水平的快速发展对于反贫困影响最大,而人文水平的发展带来的影响则遇到了瓶颈。③ 辜胜阻等提出中国现阶段扶贫开发过程中,财政投入不足、贫困人口识别不精准、产业扶贫和教育扶贫收效甚微等问题制约了贫困地区的进一步发展,应增加扶贫资金的投入,加大产业扶贫力度,着力发展贫困地区特色产业,同时教育扶贫与科技扶贫的重要性也不容忽视。④ 综上所述,由于不同区域的贫困呈现差异性,因此现有的研究应针对不同贫困地区突出不同的侧重点,根据某一地区的实际情况构建区域贫困评价体系,做到因地脱贫。

(三)金融信贷在反贫困中的作用

在普惠金融与反贫困方面,大多数学者认为两者呈正相关关系。但陈银娥、师文明认为,普惠金融与反贫困之间存在非相关关系。⑤ 而伊拉希也提出了不同的观点,即金融与反贫困两者之间是倒 U 形关系,短时间内扶贫效果

① 庄天慧、张海霞、余崇媛:《西南少数民族贫困县反贫困综合绩效模糊评价——以 10 个国家扶贫重点县为例》,《西北人口》2012 年第 3 期。
② 参见焦克源、徐彦平:《少数民族贫困县扶贫开发绩效评价的实证研究——基于时序主成分分析法的应用》,《西北人口》2015 年第 1 期。
③ 漆宇、向玲凛:《西南少数民族地区反贫困绩效分析——以四川省为例》,《农村经济与科技》2016 年第 18 期。
④ 参见辜胜阻等:《推进"十三五"脱贫攻坚的对策思考》,《财政研究》2016 年第 2 期。
⑤ 参见陈银娥、师文明:《中国农村金融发展与贫困减少的经验研究》,《中国地质大学学报(社会科学版)》2010 年第 6 期。

达不到预期效果,长时间内扶贫效果才会达到最佳。[1] 在反贫困措施方面,钭利珍等通过研究"丽水模式"发现,农村不良的金融生态环境会影响金融扶贫的效果,应当采取措施对农村金融环境进行改善。[2] 从微型金融角度来看,微型金融可以向贫困群体提供基本的信贷服务,对于减贫具有一定效果。陈银娥、王毓槐从社会资本的角度出发,通过调研500位农户研究微型金融与农民收入之间的关系,并分析调研数据,发现:微型金融对于农户收入提高的影响有限,可以通过引导民间资本进入微型金融行业、培育贫困群体的社会资本来提高其收入。[3] 在小额信贷方面,梁骞、朱博文认为小额信贷作为一种新兴金融产品,能促进宏观经济发展,具有减贫效果。[4] 综上所述,普惠金融、微型金融及小额信贷等金融手段在反贫困治理中发挥着重要作用,是对传统贫困方式的补充,也是新时代反贫困治理手段的创新,更是发挥社会共治、多元参与反贫困治理的有效实践。

第二节 社会学视角下的反贫困治理

社会学家们大多从社会阶级的角度来分析贫困的成因,特别是"社会保护理论"认为,在阶级层面上,贫困就是一种不平等现象。贫困群体一般生活在社会的底层,不受重视,生活水平也相对较低。但也有部分社会学家从社会结构和社会制度的视角来审视贫困的成因,认为不合理的社会制度和社会结

---

[1] Ellahi N., "How Development of Finance Contributes to Poverty Alleviation and Growth: A Time Series Application for Pakistan", *African Journal of Business Management* (May 2011), pp. 12138-12143.

[2] 参见钭利珍等:《"丽水模式":农村金融普惠扶贫的实践与探索》,《浙江金融》2015年第3期。

[3] 参见陈银娥、王毓槐:《微型金融与贫困农民收入增长——基于社会资本视角的实证分析》,《福建论坛(人文社会科学版)》2012年第2期。

[4] 参见梁骞、朱博文:《普惠金融的国外研究现状与启示——基于小额信贷的视角》,《中央财经大学学报》2014年第6期。

构造成了不平等现象,从而导致了贫困现象的发生。刘敏在《西部民族地区发展中有关问题的反思》中提出:"区域性贫困从来不只是一个经济问题,更重要的是一个综合性的社会问题。"①有社会学家以全球化和本土化改革为背景,提出了"社会互构论",强调反贫困治理需要政府、社会等多元主体共同参与,指出扶贫绝不能孤军奋战,一切可供利用的制度性安排都可以衔接起来。②总体来看,社会学视角下的反贫困治理有以下内容。

一、社会保护理论中的反贫困

西方社会学中的结构功能派学者认为,社会中的各系统是相互联系的,而造成社会资源分配不均的原因是社会各次级系统或子系统部分缺失或整合不当。社会冲突派学者从社会结构角度分析贫困的成因,认为正是由于现行分配制度的不合理,才造成了社会经济资源的不平等分配,必须建立新的社会制度,才能从一定程度上减缓贫困。

20 世纪 90 年代,"社会保护"学说异军突起。谢东梅在其文中提到:社会保护不仅要向贫困群体进行临时性的救助,还应该包括预防贫困的发生,对贫困群体进行人力资本投资,提高贫困群体避免风险的能力,并且政府相关部门和第三部门应该对贫困群体进行职业技能培训,尽可能提供就业岗位。③唐钧则认为,社会保护是社会保障的外延,是社会政策理念演进的过程;与社会保障相比,社会保护具有社会保障所不涉及的就业培训、社会救助等保护手段。④徐月宾等通过研究中国农村反贫困政策发现:社会保护政策可以为失

---

① 刘敏:《西部民族地区发展中有关问题的反思》,《社会科学》1990 年第 5 期。

② 参见郑杭生、李棉管:《中国扶贫历程中的个人与社会——社会互构论的诠释理路》,《教学与研究》2009 年第 6 期。

③ 参见谢东梅:《低收入群体社会保护的政策含义及其框架》,《商业时代》2009 年第 21 期。

④ 参见唐钧:《从社会保障到社会保护:社会政策理念的演进》,《社会科学》2014 年第 10 期。

能半失能群体和边缘化群体等贫困群体提供基本的生活保障,而开发式扶贫的效果则不理想。① 综上所述,在我国脱贫攻坚战中,采用社会保护政策会比其他政策更具有针对性和持续性,在交通、教育、医疗等领域为贫困群体甚至是边缘化群体提供临时性的救助和津贴,能使贫困群体减少在社会活动中所遇到的风险;同时,社会保护政策能够在一定程度上预防贫困的发生,有力助推减贫进程。

二、社会救助制度中的反贫困

社会救助制度是多方主体对遭受自然灾害、失能半失能、低收入群体所进行的救济活动。但王延中、王俊霞认为,我国社会救助体系不统筹、不协调的问题较为突出,制约着社会救助体系的效果。② 曹清华通过分析发现,英国社会救助津贴发放比例高、范围广,且"从福利到工作"这一政策对消除弱势群体就业障碍起到了积极作用。③ 蔡慧从"缺乏说""排斥说"或"剥夺说""地位说""能力说"四个贫困的角度出发,分析了社会救助政策对于扶贫工作的影响:一方面,社会救助制度可以预防返贫现象的发生,从一定程度上缩小贫富差距;另一方面,社会救助制度易导致政府失灵、助长贫困群体懒惰依赖心理等消极效应。④ 王娟、张克中通过分析中国 1994—2004 年 27 个省市的面板数据得出结论:社会救济支出对农村贫困发生率具有显著的负向影响,社会救济支出每增加 1 个单位,农村贫困发生率就会下降 0.0575 个百分点。⑤

---

① 参见徐月宾等:《中国农村反贫困政策的反思——从社会救助向社会保护转变》,《中国社会科学》2007 年第 3 期。

② 参见王延中、王俊霞:《更好发挥社会救助制度反贫困兜底作用》,《国家行政学院学报》2015 年第 6 期。

③ 参见曹清华:《英国现代社会救助制度反贫困效应研究》,《河南师范大学学报(哲学社会科学版)》2010 年第 5 期。

④ 参见蔡慧:《社会救助对我国反贫困政策的作用——基于贫困的四个角度》,《工会论坛(山东省工会管理干部学院学报)》2013 年第 1 期。

⑤ 参见王娟、张克中:《公共支出结构与农村减贫——基于省级面板数据的证据》,《中国农村经济》2012 年第 1 期。

我国社会救助体系的基本框架包括:(1)经常性的社会救助工作。包括城乡最低生活保障、农村特困户、农村五保户以及城乡医疗救助等专项救助。(2)紧急救助制度。主要是指大规模的自然灾害发生之时国家对于灾民的救助和灾后的重建工作。(3)临时性救助。救助对象主要是指因遭遇突发事件、意外伤害、疾病、饥荒等特殊情况而处于最低生活保障线以下的群体或边缘化群体。(4)慈善事业与爱心公益事业。主要是指私人或社会团体出于慈悲之心,为贫困群体、灾民举办的捐款捐物活动,是基于捐献行为的社会救助活动。完善我国社会救助体系,合理有效地安排城乡社会救助资金的发放能够预防及减少贫困的发生。

三、社会组织服务中的反贫困

社会组织在脱贫攻坚战中的作用至关重要,主要表现在以下几个方面:(1)社会组织能够弥补由于政府公共资源配送效率低下而导致的不足,提高公共资源和公共服务在贫困地区的供给效率;(2)社会组织可以凭借其第三方优势深入基层,了解贫困群体的诉求,采取灵活的工作方法解决贫困群体的难题;(3)社会组织可以针对贫困地区的实际情况有针对性地开展职业能力培训等活动,提高贫困群体依靠自身脱贫的能力;(4)社会组织具有跨区域的特征,可以合理运用其资源,为贫困群体争取更多的机会与资源。[①]

在民族地区,陆春萍通过对西北少数民族社会组织的考察研究得知,西北少数民族的社会组织多由本地人成立,对少数民族贫困群体提供服务,传承民族文化是组织发展的动力。[②] 李俊清、陈旭清从民族地区社会组织所发挥功

[①] 参见柳颖:《农村反贫困中的社会组织主体责任研究》,《中共福建省委党校学报》2016年第8期。

[②] 参见陆春萍:《西北少数民族地区社会组织发展的特点与治理》,《西北师大学报(社会科学版)》2014年第3期。

能的角度进行研究,指出社会组织可以充当贫困群体和政府沟通之间的桥梁,参与扶贫救济、维护贫困群体权益的公益事业。① 李光勇通过对四川凉山彝族地区的实地考察发现,当地社会组织可以起到构建社会网络、培育公民信任和重建社区规范的作用。② 综上所述,社会组织的非营利性、志愿性、基层性等特征使得社会组织在扶贫过程中具有不同于政府权威的优势。

第三节 民族学视角下的反贫困治理

少数民族地区是贫困人口集中、贫困率高、贫困问题成因复杂、返贫现象高发的地区。2011 年,国家颁布实施《中国农村扶贫开发纲要(2011—2020年)》,对国家重点扶持的县进行第三次调整,其中进入国家划分的 11 个连片特困地区以及西藏、四省藏区、新疆南疆三地州的县共有 680 个,民族自治地方县 371 个,③占比高达 54.6%。针对民族地区的贫困现象,学者们进行了以下研究。

张毅、张帆提出,少数民族聚居地区的贫困和其他地区相比具有许多相似之处,例如,贫困的表现、成因等,但由于民族文化、历史、地理位置、风俗习惯和宗教信仰的不同,各个少数民族贫困地区具有明显的差异性。④ 史艳芳认为,民族地区的贫困主要受自然条件、公共政策、贫困群体自身能力等因素的影响。⑤

学者们针对民族地区的贫困情况提出了文化扶贫和文化旅游开发两种扶

---

① 参见李俊清、陈旭清:《我国少数民族地区社会组织发展及社会功能研究》,《国家行政学院学报》2010 年第 6 期。

② 参见李光勇:《本土非政府组织与少数民族地区社会资本的构建——以凉山彝族妇女儿童发展中心为例》,《内蒙古社会科学(汉文版)》2010 年第 2 期。

③ 参见姜晨:《国家扶贫开发工作重点县和连片特困地区县的认定》,2013 年 3 月 1 日,见 http://www.gov.cn/gzdt/2013-03/01/content_2343058.htm。

④ 参见张毅、张帆:《民族地区贫困问题研究述评》,《当代经济》2011 年第 11 期。

⑤ 参见史艳芳:《民族地区贫困与反贫困问题研究》,《经济研究导刊》2013 年第 28 期。

贫策略。文化扶贫策略认为,贫困产生的主要根源是文化贫困,要想根治贫困,就必须走文化扶贫之路;①少数民族旅游开发策略认为,民族地区的贫困群体缺乏市场意识,应当合理运用少数民族特有的资源,比如提倡开发旅游资源以提高贫困群体的收入和可持续发展能力。② 王晓晖则持不同态度,他认为,不能一味地认为民族文化就是落后的,应该取其精华,去其糟粕;同时,"市场化"并非唯一开发和利用民族文化的方式,只以旅游者的需求为导向来重构少数民族文化是不可取的,应尊重少数民族对生计方式和发展道路的选择,采取与其文化契合的扶贫开发策略。③

在如何缓解民族地区贫困现状的对策研究上,学者们大致都认为应该关注贫困群体本身,强调文化扶贫在扶贫攻坚中的作用。鲁建彪认为,对贫困群体进行临时救助和发放津贴虽然能起到减贫作用,但是无法预防返贫现象的发生,应当关注民族文化这一要素,从文化和精神层面对贫困群体进行扶持,提升贫困群体的脱贫能力。④ 戴庆中、李德建认为,建立民族文化认同机制是脱贫的有效措施,可以促进民族地区贫困群体的自我发展,增强其依靠自身脱贫的能力。⑤ 李晶构建了跨文化沟通的基本理论模型,主要包括基本要素、沟通阶段和沟通层面三个部分。同时指出,精准扶贫中的跨文化沟通模型既是一种反贫困策略,更是一套价值体系。⑥ 在对贫困群体的精准识别或后期沟

① 参见辛秋水:《走文化扶贫之路——论文化贫困与贫困文化》,《福建论坛(人文社会科学版)》2001 年第 3 期。

② 参见王建民:《扶贫开发与少数民族文化——以少数民族主体性讨论为核心》,《民族研究》2012 年第 3 期。

③ 参见王晓晖:《民族地区精准扶贫与社会文化基础》,《北方民族大学学报(哲学社会科学版)》2017 年第 3 期。

④ 鲁建彪:《关于民族贫困地区扶贫路径选择的理性思考》,《经济问题探索》2011 年第 5 期。

⑤ 参见戴庆中、李德建:《文化视域下的民族地区反贫困策略研究》,《贵州社会科学》2011 年第 12 期。

⑥ 参见李晶:《文化"精准扶贫"中的跨文化沟通方法与策略》,《图书馆论坛》2017 年第 11 期。

通过程中,都不能忽略自然环境、政策、制度和民族地区的传统文化、风俗习惯等因素的影响。

本书认为,在提高贫困地区经济效益的过程中,应该辩证看待"市场化"这一策略。市场化固然能从一定程度上减缓贫困,但为了迎合旅游者的需求和喜好而对民族文化进行改造并非明智之举,应当根据当地的实际情况和贫困群体的意愿,制定与民族文化相契合的扶贫政策,从而推进少数民族地区的扶贫进程。

第四节　公共管理学视角下的反贫困治理

公共管理的核心价值不仅在于经济效率和理性,还在于公共价值的创造。[1] 在注重公平正义的同时,需要强调公共事务处理过程中的互动性、合法性以及公共部门的责任与回应。从公共管理学的角度来看,贫困是一种复杂的社会现象,反贫困是政府、社会组织、贫困群体等多方参与主体共同追求公共价值最大化的过程。

项目制是各级政府反贫困过程中采取的普遍形式。作为一种现代化、专业化的国家治理手段,项目制管理在基层的运用受到学者们的普遍关注。渠敬东认为,项目制所形成的政府与地方的分级治理机制会对社会产生诸多意外后果;[2]陈家建等通过考察妇女小额贷款项目的演变过程提出,项目制衍生了自上而下的控制手段,也产生了由下而上的反控制手段;[3]叶敏、李宽则从资源下乡的角度出发,认为项目制可能会产生"马太效应",从而出现村庄间分化的现象;[4]付伟、

---

[1]　参见张成福、王耀武:《反贫困与公共治理》,《中国行政管理》2008 年第 5 期。

[2]　参见渠敬东:《项目制:一种新的国家治理体制》,《中国社会科学》2012 年第 5 期。

[3]　参见陈家建等:《项目制与政府间权责关系演变:机制及其影响》,《社会》2015 年第 5 期。

[4]　参见叶敏、李宽:《资源下乡、项目制与村庄间分化》,《甘肃行政学院学报》2014 年第 2 期。

焦长权认为,项目制治国的总体格局已经形成,基层治理机制发生了重大变化,并从项目制运行逻辑的角度出发,探讨了项目制入村对农村基层治理产生的影响。① 从已有的研究来看,学者们对项目制在基层的运用以及政社关系的塑造方面研究较多,而项目制在脱贫攻坚战中的运作过程以及存在的弊端则少有学者研究。

从当前扶贫项目的运行逻辑来看,主要存在以下三个方面的问题:一是扶贫项目分配的非均衡性;二是项目制呈现出的"委托—代理"关系容易使地方在扶贫项目打包中谋利;三是项目制"短、平、快"的特点使得扶贫效果的可持续性受到质疑,容易出现返贫现象。②

在项目制的背景下,王雨磊提出了精准扶贫的权力格局。第一,精准扶贫的源动力是国家权力,国家需要将合适的人派到合适的岗位,在精准扶贫中最常见的措施是干部驻村。第二,技术权力是反贫困治理中的第二层权力。各省级扶贫办是扶贫政策的制定者,而具体的政策执行者则是县市级扶贫办。第三,实践权力指政策执行者在基层治理经验和所建立的社会关系所建立起来的、具有即时行动力的支配力,③但这种扶贫格局忽略了基层权力,也就是"自上而下"的考核体制的对象不包括村干部,导致驻村干部的扶贫之路愈加艰难。王雨磊随之提出了实践权力再生产的建议:一是听取并尽量满足村民的利益与诉求;二是与村干部建立良好的合作关系,获取村干部在工作上的支持。

在具体原则指导的层面上,政府应当遵从"有所为,有所不为"的指导原则。"有所为"是指在反贫困过程中,政府应当发挥其主导作用,引导及鼓励

---

① 参见付伟、焦长权:《"协调型"政权:项目制运作下的乡镇政府》,《社会学研究》2015年第2期。
② 参见李博:《项目制扶贫的运作逻辑与地方性实践——以精准扶贫视角看A县竞争性扶贫项目》,《北京社会科学》2016年第3期。
③ 参见王雨磊:《村干部与实践权力——精准扶贫中的国家基层治理秩序》,《公共行政评论》2017年第3期。

多方主体积极参与到脱贫攻坚战中,同时根据各个贫困地区的实际情况,制定科学化、合理化、可持续发展的扶贫战略,加大产业扶贫、教育扶贫、科技扶贫、文化扶贫的力度,增强贫困群体的自我脱贫能力。① "有所不为"是指政府应当着力建构政府、市场、企业、社会组织等多主体参与反贫困的和谐、高效、平等的治理网络,建立健全监督机制,培育社会资本,走多中心协同反贫困治理之路,进而形成最终的扶贫事业社会共治格局。

在反贫困治理的结构调整和打赢脱贫攻坚战的政府治理框架方面,张欣、池忠军认为,应该对反贫困的治理结构进行创新,鼓励多方主体参与到扶贫工作中来,各方主体优势互补,从而达到减贫效果。政府应当对积极参与扶贫工作的主体予以支持并进行监督,设立相关监督机构,建立健全第三方参与扶贫工作的监督制度,同时应增加与各级政府、第三方参与主体等的沟通和互动,深入分析致贫原因,制定完善、可持续的扶贫政策。② 左停等提出,建设反贫困治理框架的措施包括:(1)重塑复合型、枢纽型的扶贫治理核心体系,改进治理方式和治理结构;(2)多部门共担的反贫困举措构建多维贫困治理网络;(3)县级涉农资金整合,探索建立资金统筹整合使用制度化体系。③

第五节　多元协作视角下的反贫困治理

在中国打赢脱贫攻坚战与推进国家治理体系、治理能力现代化的过程中,多元协作治理模式正不断兴起与完善。本书将多元协作视角下的反贫困治理总结为以下几个方面。

---

① 参见张欣、池忠军:《反贫困治理结构创新——基于中国扶贫脱贫实践的思考》,《求索》2015年第1期。

② 参见张欣、池忠军:《反贫困治理结构创新——基于中国扶贫脱贫实践的思考》,《求索》2015年第1期。

③ 参见左停等:《中国打赢脱贫攻坚战中反贫困治理体系的创新维度》,《河海大学学报(哲学社会科学版)》2017年第5期。

一、从参与式扶贫到协同式扶贫

参与式扶贫是指将参与式的理念和工作方法融入到扶贫工作中,尊重贫困群体的想法和意愿以调动其积极性,其核心在于"赋权于民"。但该扶贫模式在得到高度赞誉的同时,也受到了学者们的质疑。部分学者认为,参与式扶贫在实施过程中只是一个不可能实现的人造"神话"。① 在参与式扶贫中,政府和相关部门仍是扶贫项目的主导者,而参与方法不过成了一种标榜先进的象征和骗取项目资金的手段。因此将协同理论引入到贫困治理理论中,即产生了协同式扶贫模式。协同理论主要是研究一个与外部有联系的内部开放系统如何通过协同作用自发构建一个新的、井然有序的结构,并永久地维持下去。刘俊生、何炜认为,协同式扶贫模式可以对贫困人口进行精准识别,使得精准扶贫效果最大化。所以在中国的特殊贫困情境下,协同式精准扶贫是社会发展的必然趋势。同时他们提出,要实现协同式精准扶贫,需要信息、文化、制度的协同以及良好的社会资本培育。② 靳永翥、丁照攀基于社会资本的理论视角,提出了贫困地区多元协同扶贫机制的实现路径,即可以通过重建社会信任、健全规范供给、扩大关系网络及政府角色换位等途径重构社会资本,为扶贫开发注入新的思维与活力。③

二、多中心协同治理反贫困

多中心协同治理反贫困模式为中国的扶贫工作提供了新思路与新方法,强调参与反贫困治理的主体多元性和治理手段的多样性,致力于创造政府与

① 参见毛绵逶、李小云、齐顾波:《参与式发展:科学还是神化?》,《南京工业大学学报(社会科学版)》2010年第2期。
② 参见刘俊生、何炜:《从参与式扶贫到协同式扶贫:中国扶贫的演进逻辑——兼论协同式精准扶贫的实现机制》,《西南民族大学学报(人文社会科学版)》2017年第12期。
③ 参见靳永翥、丁照攀:《贫困地区多元协同扶贫机制构建及实现路径研究——基于社会资本的理论视角》,《探索》2016年第6期。

其他扶贫主体之间的合作网络。张欣、池忠军认为,扶贫工作并非政府或某单一主体能完成的,也并非依靠政府颁布的某一项扶贫政策就能达到减贫效果。在中国复杂的社会情境下,扶贫工作体现出复杂性、动态性、不可持续性等特征,所以多方主体参与反贫困治理是必然的趋势。[①] 冯朝睿则以多中心治理理论为分析工具,结合滇西边境山区扶贫治理现状,提出构建以地方政府为扶贫开发主体,非营利组织、国际和本土扶贫 NGO、社会组织、个人及政府内部各部门间共同协作的多中心协同反贫困治理体系。[②]

三、社会工作组织参与扶贫协作

我国的扶贫模式是以政府为主导、其他参与主体协作的模式。因此,其他参与主体与政府的关系就成为学者们关注的焦点,尤其是社会组织。第一,学者们关注社会组织与政府之间的关系。社会组织在中国这种特殊的情境下,经历了从无到有、逐渐强大的过程。许源源、陈书弈在其文中称之为"从空心社会到隐形社会再到市民社会的过程"[③];汪大海和刘金发则认为"政府与社会组织经历一个互斥、吸纳到共治的过程"[④]。第二,关于政府与社会组织合作模式的研究。武继兵、邓国胜总结了国外的几种合作模式,即平行合作模式、咨询模式、监督模式和交流模式。[⑤] 蔡科云根据资金来源对政府与社会组织的合作模式进行了分类:一种是社会组织自筹资金进行扶贫,政府给予其他资源支持;另外一种是政府提供财政支持,社会组织运用财政资金实

---

① 参见张欣、池忠军:《反贫困治理结构创新——基于中国扶贫脱贫实践的思考》,《求索》2015 年第 1 期。

② 参见冯朝睿:《多中心协同反贫困治理体系研究——以滇西北边境山区为例》,《西北人口》2016 年第 4 期。

③ 参见许源源、陈书弈:《空心社会、隐形社会、市民社会与行政国家——中国农村扶贫中的国家与社会关系解读》,《中南大学学报(社会科学版)》2011 年第 3 期。

④ 参见汪大海、刘金发:《慈善组织参与扶贫领域社会管理创新的价值与对策》,《中国民政》2012 年第 12 期。

⑤ 参见武继兵、邓国胜:《政府与 NGO 在扶贫领域的战略性合作》,《理论学》2006 年第 11 期。

施扶贫项目。①

　　"政府主导,社会力量参与"的反贫困治理模式终将随着社会需求的变化而走向多中心协同反贫困治理模式。社会组织需要最大限度地发挥其自愿性、非营利性的特点,深入基层,使具体扶贫项目的效果得到保障。同时,政府也应当重视社会组织在反贫困治理中发挥的作用,应对社会组织参与扶贫工作予以支持,建立健全法律法规,对社会工作组织的资金使用情况进行有效监督,将社会工作组织中心治理效果发挥到最大化。

四、合作治理与反贫困策略

　　合作治理是指在公平、自愿的前提条件下,多方主体进行协商、合作,实现公共事务的协调与有效治理的过程。敬义嘉从合作治理的过程对其下了定义:合作治理是政府、社会组织等多主体对公共事务进行治理时,逐渐意识到多元性并对现有资源进行整合的过程。② 张康之提出,在多主体参与公共事务治理的前提条件下,对于现行的以政府为主导模式的替代模式应当是合作治理模式。③ 蔡延东从公共管理学的角度对合作治理进行了定义:政府、非政府组织、企业、公民个人共同参与到公共管理的实践中,发挥各自的独特作用,组成和谐有序高效的公共治理网络。④

　　冯朝睿从反贫困的合作治理角度出发,提出制度性分权、优化资源配置、促进区域要素流通、吸纳第三部门、建立连片特困地区、创新对口支援制度等措施,为反贫困的合作治理提供了政治、经济、市场、社会、组织和经验基础;⑤

---

　　① 参见蔡科云:《论政府与社会组织的合作扶贫及法律治理》,《国家行政学院学报》2013年第2期。
　　② 参见敬义嘉:《合作治理:再造公共服务的逻辑》,天津人民出版社2009年版,第171页。
　　③ 参见张康之:《合作治理是社会治理变革的归宿》,《社会科学研究》2012年第3期。
　　④ 参见蔡延东:《从政府危机管理到危机协同治理的路径选择》,《当代社科视野》2011年第11期。
　　⑤ 参见冯朝睿:《构建反贫困的地方政府合作治理模式》,《经济研究参考》2017年第30期。

同时提出了地方政府反贫困的竞合博弈模型,包括理性对抗模式、无序对抗模式和合作分工模式共三种模式。其中,合作分工模式表现为:当预期到合作模式的效益不但可以为自身带来利益,同时可产生扩溢效果增加整体区域发展利益时,先发优势的地方政府会采取积极主动推动合作的意愿和方案,甚至让其他地方获得更多优惠的寻利机会;反之,若预期获利不高,投入合作的主动性则会降低。①

第六节　研究总结与文献述评

一、多学科视域下的反贫困治理模式总结

本书认为,西方反贫困模式主要包括以下三个模式:(1)资源配送模式。主要针对公共资源的配送方式,包括信息成本高昂的完全瞄准模式、信息成本低效率的不瞄准模式、介于两者之间的部分瞄准模式。(2)惩罚"机能障碍"模式。考察人口生活方式与社会规范,针对公共资源输送过程中的低效率问题,认为给予贫困群体以现金救助,不仅不利于真正意义上的脱贫,反而会助长他们"坐、等、靠"的思想。这属于新自由主义观点。(3)介入"机遇机构"模式。从机遇机构角度出发,侧重于研究导致贫困的社会经济结构。

二、多学科视域下的反贫困治理文献述评

(一)西方反贫困治理的文献述评

纵观西方学者对于反贫困问题的研究,主要有以下特点。

---

① 参见冯朝睿:《地方政府反贫困的竞合模式研究》,《经济问题探索》2017 年第 4 期。

1. 分析总结贫困成因并提出对策

罗森斯坦·罗丹、舒尔茨、纳克斯、冈纳·缪尔达尔等人从经济学的角度分析贫困成因,强调资本、劳动力、技术在反贫困中的作用。社会学家大多从社会阶级、社会结构等结构来解释贫困为什么会发生。民族学则大多从民族文化、民族精神等分析民族地区贫困的原因。不同的学科从不同的视角分析贫困问题,为反贫困研究奠定了多学科研究基础。上述学者都是学术集大成者,他们思维缜密,视角新颖,但存在一个共同的问题,那就是没有对贫困和贫困成因提出一个解释力较强的分析框架和理论解释。因为他们往往是从一个政治学家、社会学家或者经济学家的角度来看待贫困问题,并非贫困本身,这就造成了反贫困理论的不完整性和解释力不强。

2. 贫困理论研究中忽略了阶级观点

在贫困成因研究中,资本、人力、科学技术、自然环境、文化等因素的缺乏都可能导致贫困。不可否认贫困成因研究的合理性与贡献,但是少有学者从阶级观点来分析贫困问题。大多数贫困理论研究学者都是资本主义制度的忠实拥护者,针对贫困现象所提出的政策建议也只是为了缓和社会矛盾,以防止资本主义制度的崩溃。因此他们无法从根本上解释贫困发生的原因,也无法回答如何彻底消灭贫困。而中国在反贫困治理领域所取得的成就有目共睹,其根本原因在于中国坚持从消灭剥削、提升社会公平的角度,以马克思主义为根本指导思想,切实致力于增强中国人民的福祉以减缓贫困。

3. 反贫困研究理论性过强,缺乏可行性解决措施

贫困理论研究者大多是经济学家、社会学家、人口学家等,不是反贫困政策制定者或执行者,也很难接触到一项反贫困政策从制定到实施的完整流程,导致反贫困研究出现了偏理论性的现象,缺乏与社会实际实况的结合,所提出的解决措施的可行性与针对性不强,并不能很好地为政府反贫困实践提供借鉴和指导作用。

4.贫困成因聚焦于外部因素,忽略贫困主体

西方主流贫困理论对于致贫因素的研究主要有自然环境论和资本短缺论,两者都聚焦于外部因素,如地形、气候、土壤各种资源等,却忽略了人类行为这一重要因素,忽略了人类在贫困这一问题上发挥的重要作用。如果简单地将贫困归结为各种自然资源的缺乏,就容易形成贫困群体甘于现状、不思进取以及等待政府和社会组织实施救助的心态。同样,资本短缺论则过分强调了资本在反贫困中的作用,而没有将科学技术、政府改革、贫困主体本身等因素考虑在内。因此,反贫困治理的研究缺乏综合统筹和系统规划。在研究中应该倡导系统论、整体论、多中心的思想,充分发挥扶贫主体、客体、利益相关方的作用,既注重外因,也注重内因,既要外部力量的注入,也要充分调动主体的内生动力,走"外部输血+内部造血"的精准多元的反贫困治理之路。

(二)中国反贫困治理的文献述评

中国的情境特殊,各个连片贫困地区的贫困具有差异性。国外的反贫困治理经验并不能直接运用于中国的反贫困实践,所以中国的反贫困治理是在经验匮乏、贫困现实相当棘手的情况下进行的。许多学者针对已经凸显的现象和问题进行贫困理论的研究,但忽略了深层次的研究,所提出的措施缺乏全面性和可持续性。国内反贫困研究主要有以下特点。

1.对贫困成因进行深层次分析并形成了完善的理论体系

国内经济学家从财政投入、公共资源分配、收入分配与再分配中的公平与效率等角度来分析贫困成因;社会学家则从具体的社会扶贫措施、社会分配制度、社会结构等视角来看待贫困问题;大多数民族学者认为,民族地区的贫困文化导致贫困,应当从文化方面予以扶持;公共管理学学者则认为贫困的成因是公共服务的不均等化。各个学科都从自身学科研究范式出发阐释了贫困成因、内生机理、改进对策及建议,形成了较为完善的"大扶贫"研究体系,使扶贫的研究呈现百花齐放、百家争鸣的态势,为政府决策提供了智力支撑和学术探索。

2. 反贫困绩效研究成为热点,但缺乏系统的绩效评价体系

国内学者对于反贫困政策效果进行了广泛的研究,尤其集中于少数民族贫困地区的扶贫效果研究。学者们普遍认为,当前的扶贫实践存在着扶贫治理机制不完善、政策碎片化、社会组织等第三方参与度不高、教育等基础产业财政投入不足、产业扶贫没有达到预期效果等问题,应当进一步整合财政资金,促进贫困地区的产业优化升级,鼓励第三方积极参与到脱贫攻坚战中。但关于反贫困的绩效评价,缺乏深入、系统的对绩效评价体系构建的研究。笔者通过在中国知网输入关键词"扶贫指标体系"进行检索,找到从 2002 年到 2019 年 4 月 29 日共 34 篇文章,核心期刊文章 10 余篇;输入关键词"扶贫效果评价"进行检索,找到 2004 年至 2019 年 4 月 29 日共 71 篇文章,其中核心期刊 30 余篇。2020 年脱贫攻坚战役收官之际,我们的扶贫效果评价及评价体系的构建还在探索研究阶段,需要各领域专家、学者协同发力,构建完善的扶贫效果评价体系,奏响脱贫攻坚的量化评价合奏曲。

3. 偏实践性,缺乏综合性、应用性的反贫困理论

国内贫困理论学者集中于对某一个贫困地区进行实证研究,采用定量研究方法对贫困地区现状进行分析,并有针对性地提出建议。在贫困理论构建方面,着重于对西方成熟贫困理论的学习和模仿,根据某地区的特殊情况再予以改进,缺乏解释力强、具有可行性与综合性的反贫困理论。而贫困的成因受到政治、经济、文化、地域、民族、习惯、宗教等多重因素的影响,理论需要有实践的土壤,只有适宜的理论才能迸发强大的生命力。因此,对切合实际的本土化的反贫困治理理论产生的呼声此起彼伏,期冀各类学者能在本土化反贫困的基础理论构建方面有新的突破。

反贫困始终是人类社会发展变迁过程中的永恒话题。反贫困治理效果的好坏直接关系到国家治理能力与治理水平的现代化,也是衡量一个国家文明进步与否的关键指标。在西方工业文明的发展过程中,陆续形成了一系列富有解释力的反贫困新理论与新思想,反贫困的研究也呈现出"百家争鸣"的态势。在中国小康社会全面建成之际,梳理世界反贫困治理的学科研究前沿,有助于为中国反贫困治理提供广阔的视野、前沿的研究动态及先进的经验。但不容忽视的客观现实在于,中国是一个地大物博、民族众多、地理区位差异较大的具有中国特色社会主义文化的大型发展中国家,因此,本章节在充分认识中国特殊社会情境的背景下,立足于多学科交叉的反贫困治理的研究,通过对比中西方在经济学、社会学、民族学、公共管理学等学科视角下反贫困治理研究的理论基础、形成特征、研究进展,分析了中西方各学科反贫困治理存在的问题、原因及特征,并以中西方反贫困治理的经验为指导,勾勒了反贫困治理必将走向多元协作、多中心治理的合作共治反贫困模式,期冀为中国全面彻底打赢脱贫攻坚战提供理论基础,为学界研究反贫困治理提供新的视角。

中国的发展离不开世界,世界的进步少不了中国。如何学习、借鉴和吸收这些优秀的研究成果,是中国社会科学研究创新和发展的必然要求,也是当前我国全面建成小康社会决胜阶段的紧迫任务。本章在借鉴国内外各学科反贫困治理的研究成果的基础上,也清醒的认识到:中国作为一个处在社会主义初级阶段的有着14亿人口的发展中国家,基础设施、科学技术、国民素质、教育、文化、企业管理、国家治理水平等都有待提升,可以说中国脱贫攻坚事业的艰难程度和任务的艰巨程度不亚于世界任何国家反贫困治理的难度。但中国同时有着世界任何国家都难以比拟的制度优势,在国内脱贫攻坚战问题总结中形成的"多中心协同反贫困治理模式"定能在党中央"大扶贫"战略的总体部署下,以公平正义为目标,以"精准扶贫"为抓手,以脱贫致富为目的,因地制宜,攻坚克难,发挥社会主义体制的优势,交出中国脱贫攻坚的优异答卷。也期冀本书能起到一个抛砖引玉的作用,让更多的跨学科研究者加入中国脱贫攻坚的战役,从不同的学科研究点出发,多视角、多领域地为中国全面小康社会的建成及可持续减贫建言献策。

第二章　多中心协同反贫困治理的
模式变迁与意涵解读

罗尔斯的正义原则主要包括两个方面:一是所有人都具有平等的自由权利;二是社会的机会向所有人公平地开放,也就是大家熟知的机会均等的原则。但资源是一个恒定的数量,当有人享受得更多的时候,势必有人失去了他们应该享受的份额。从政治哲学的角度去思考贫困问题,不难发现,反贫困治理是政党或统治者在制度实施过程中,通过制度设计的纠正或补偿的方式来解决所产生的社会矛盾的手段,目的在于确保社会公平,维护社会正义,让社会能够良性运行。当正义成为一种习惯,成为像阳光、空气一样的社会环境的时候,社会的戾气、质疑、机会主义、道德怀疑主义和犬儒主义,乃至道德颓废和绝望就会减少,甚至消除。这样的社会就会越来越有温情,越来越文明,置身其中的人民的幸福感和获得感也会越来越高。

纵观世界各国的反贫困经验可知,从中央到地方自上而下的扶贫开发机制有利于解决全面的、大范围的贫困,但不太适用于分散、差异化的贫困。中国共产党立下愚公移山志,坚决打赢脱贫攻坚战,确保 2020 年不落下一个贫困群众,实现全面小康社会。这是中国上下一心的意志与目标,也是中国党和政府在社会实践领域对全国人民最庄严的承诺,更是中国在世界舞台弹奏的实现社会公平正义的制度文明之曲。在中国改革开放至今的扶贫进程中,不难发现中国的扶贫模式经历了政府包办包揽的单一扶贫模式、各政府部门通力配合协作的扶贫模式、"政府+社会"协同的扶贫模式、政府主导的多中心协同模式的变迁。中国扶贫模式的变迁体现了社会经济发展的状况,新的扶贫模式的产生是在旧有的扶贫模式不能满足中国扶贫事业的需要的基础上应运而生的,反映了新模式的优越性和旧模式的不适应性。习近平总书记指出,扶贫开发是全党全社会的共同责任,要动员和凝聚全社会力量广泛参与。由此,中国在经济快速发展进程中由粗放式扶贫转向精准式扶贫,最终必将走向多中心协同反贫困治理的模式。改革开放以来,中国经济步入发展快车道。同时,也拉开了中国共产党领导下的反贫困治理事业的序幕。本章从历史制度主义的视角,梳理中国改革开放以来反贫困治理的历史脉络,归纳提炼出中国反贫困治理的四种模式,即救济式反贫困、开发式反贫困、精准式反贫困及协同式反贫困,通过挖掘扶贫政策变化导致的扶贫模式变迁及其背后所蕴涵的体现反贫困治理的多中心协同思想,伴随"精准扶贫"思想的深入推进,这一研究既体现了中国反贫困治理模式变迁的时代印记,也体现了未来中国必然走向多中心协同反贫困治理的趋势,更为中国新时代反贫困治理事业迈向新高峰提供了理论探索。扶贫的任务艰巨,但扶贫的道路及未来可期,以习近平同志为核心的党中央已为打赢脱贫攻坚战做好了全局的谋划与部署。要动员多方力量,以大扶贫战略为指导,在中国脱贫攻坚的道路上不破楼兰,决不收兵。

第一节　改革开放以来中国反贫困治理模式变迁

改革开放以来国家高度重视反贫困事业,不仅制定出台了大量的法律、制度、政策文件,而且设计了精细化的贫困衡量标准,特别是从贫困人口规模和贫困发生率两方面来衡量农村贫困状况(如图2-1)。

（单位：万人）

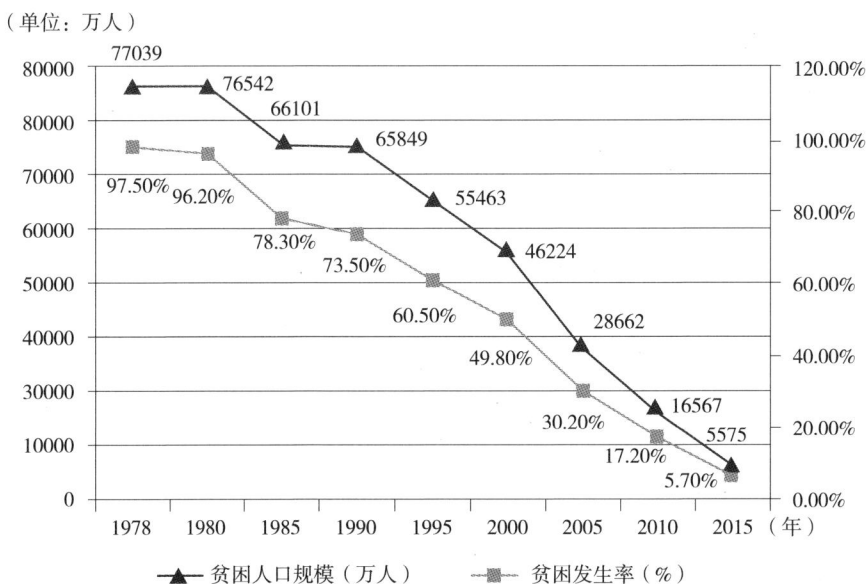

图 2-1 中国按现行农村贫困标准衡量的农村贫困情况①

　　如图 2-1 所示,1978—2015 年,中国的反贫困事业发生了翻天覆地的变化。这一时期的反贫困治理取得的成效也是最为明显的,因为这个时期中国的社会经济形势发生了巨大变化。中国开始实行改革开放,巨大的经济发展成就使得大量的贫困人口改变了生活状况,实现了脱贫。在贫困人口规模上,1978 年农村贫困人口规模为 77039 万人,贫困发生率为 97.50%;而到了 2015 年,贫困人口减少为 5575 万人,贫困发生率仅为 5.70%。37 年间,贫困人口减少 71464 万人,贫困发生率减少了 92.5%,反贫困成就令世界震惊。特别是1990 年以来,贫困人口数量和贫困人口发生率快速下降,平均每年减少贫困人口 1 亿人左右,贫困发生率下降 10%左右。

　　伴随农村贫困状况产生变化的是国家扶贫标准线和贫困人口总数的变化。从 1985 年至 2015 年,国家扶贫标准线和贫困人口总数也分别产生了不

---

① 参见《图表:按现行农村贫困标准衡量的农村贫困状况》,2016 年 10 月 18 日,见 ht-tp://www.gov.cn/xinwen/2016-10/18/content_5120481.htm? gs_ws=tsina_636123751084975821。

小的变化。这种变化与农村贫困人口规模和贫困发生率息息相关。从 1985 年至 2015 年,按照新的扶贫标准每年产生不同的贫困人口总数。特别是随着经济社会发展水平的不断提高和经济条件的不断改善,以人均年收入为特征的扶贫标准也逐年提高(表 2-1)。

表 2-1 1985 年以来国家扶贫标准线和贫困人口数①

扶贫标准线年人均纯收入(元)	年份	贫困人口总数(万人)
206	1985	12500
213	1986	13100
227	1987	12200
236	1988	9600
259	1989	10200
300	1990	8500
304	1991	9400
317	1992	8000
350	1993	7500
440	1994	7000
530	1995	6540
580	1996	5800
640	1997	4962
635	1998	4210
625	1999	3412
625	2000	3209
872	2001	9029
869	2002	8645
882	2003	8517
924	2004	7587

① 参见《图解:中国贫困人口数为何大起大落(附 30 年变迁图)》,2016 年 10 月 17 日,见 http://politics.people.com.cn/n1/2016/1017/c1001-28782841.html。

续表

扶贫标准线年人均纯收入（元）	年份	贫困人口总数（万人）
944	2005	6432
958	2006	5698
1067	2007	4320
1196	2008	4007
1196	2009	3597
1274	2010	2688
2536	2011	12200
2625	2012	9899
2736	2013	8249
2800	2014	7017
2855	2015	5575

如表 2-1 所示，1985 年至 2015 年间，国家扶贫标准和贫困人口总数都发生了巨大的变化。1986 年，中国采用恩格尔系数法，首次制定扶贫标准，将 1985 年的扶贫标准确定为农民年人均纯收入低于 206 元，对应贫困人口总数为 1.25 亿。扶贫标准线从 1985 年的 206 元，增加至 2015 年的 2855 元，贫困人口总数也从 1985 年确定的 12500 万人降低至 2015 年的 5575 万人。30 年间，扶贫标准线提高了 2649 元，贫困人口数降低 6925 万人，反贫困工作取得极大进展。特别是 2011 年，我国贫困标准线提升至 2536 元，超过同期国际标准线的 1.9 美元/人，将贫困人口总数扩宽范围至 12200 万人，2011 年到 2015 年贫困人口减少 6625 万人，平均每年脱贫 1325 万人。

随着国家贫困标准线的制定，中央开始有针对性地投入财政扶贫资金。从 1986 年到 2016 年，中央投入财政扶贫资金产生了很大的变化。改革开放以来，随着我国经济的高速增长，中央逐年增加财政扶贫资金的投入，反贫困事业达到了一个新的高度（见表 2-2）。

表2-2　国家逐年扶贫资金投入表①

年份	中央财政扶贫资金（亿元）	年份	中央财政扶贫资金（亿元）
1986	19	2002	106.02
1987	19	2003	114.02
1988	10	2004	122.01
1989	11	2005	129.93
1990	16	2006	137.01
1991	28	2007	144.04
1992	26.6	2008	167.34
1993	41.2	2009	197.3
1994	52.35	2010	222.68
1995	53	2011	272
1996	53	2012	332.05
1997	68.15	2013	394
1998	73.15	2014	432.87
1999	78.15	2015	467.2
2000	88.15	2016	670
2001	100.02	2017	1400

　　如表2-2所示,自1986年以来,中央对贫困地区的扶贫资金逐年增加。1986年至2017年间,中央财政拨付的扶贫资金由19亿元增长到1400亿元,30年来中央扶贫资金增长了73倍,扶贫力度举世瞩目。21世纪以来,中央财政扶贫资金破百亿,为贫困地区提供充足的资金保障,不断将更多的农村人口纳入反贫困范围,加大反贫困力度。

　　伴随着中央投入的扶贫资金的进一步增加,农村基础设施也随之进一步得到完善。在当今的信息化时代,农村信息通道的扩宽加强了农村与外部世界的联系,让更多的农村人口参与到社会分工中来,进一步推进了城乡、区域

---

　　① 参见《图解:中国贫困人口数为何大起大落(附30年变迁图)》,2016年10月17日,见http://politics.people.com.cn/n1/2016/1017/c1001-28782841.html。

的一体化发展。特别是近年来政府主导的城镇化战略的实施及 2019 年中央一号文件《中共中央 国务院关于坚持农业农村优先发展做好"三农"工作的若干意见》发布,从国家战略层面对乡村土地盘活、产业创新、制度完善等方面释放出强烈的利好消息,从实操层面强调乡村振兴、产业转型等七个重点发展方向,将会有效带动区域经济的发展,实现区域经济的繁荣。

反贫困治理这一命题由来已久,有着深厚的历史渊源。为了摸透我国反贫困治理的缘由及问题所在,本书的这部分内容采用历史制度主义的演绎方法,按照历史发展的时序脉络及阶段性特征,对新中国成立以来的扶贫政策及研究文献进行了归纳、总结、分析,并按照笔者的研究理解,将中国改革开放以来的反贫困治理分为四个阶段:(1)救济式反贫困(1978—1985 年);(2)开发式反贫困(1986—2008 年);(3)精准式反贫困(2009—2015 年);(4)协同式反贫困(2016 年至今)。根据数据资料的分析可以发现,每个阶段在反贫困的数据上均有明显的节点,这些数据变化清晰地反映出反贫困治理在不同的时期会有不同的表现。同时,林闽钢、陶鹏将中国改革开放以来的反贫困治理也划分为四个阶段,分别为:(1)制度改革推动扶贫阶段(1978—1985 年);(2)有计划、有组织的大规模开发式扶贫阶段(1986—1993 年);(3)以中央政府《国家八七扶贫攻坚计划》为标志所开展的扶贫攻坚阶段(1994—2000 年);(4)以 2001 年颁布的《中国农村扶贫开发纲要(2001—2010 年)》为开端的综合扶贫阶段(2001—2010 年)。① 查阅文献不难发现,中国学者一般都将改革开放以来的反贫困治理划分为四个阶段,但我们作出的划分与林教授及其他学者的划分有所不同,本书的划分主要是以数据资料为主,接下来将对这些阶段进行具体的阐述。

---

① 参见林闽钢、陶鹏:《中国贫困治理三十年回顾与前瞻》,《甘肃行政学院学报》2008 年第 6 期。

一、救济式反贫困阶段(1978—1985 年)

1978 年中国的经济发展方式产生了重大变化,中国政府一改过去一成不变的"计划经济"发展模式,开始探索有中国特色社会主义的市场经济发展模式。改革开放以来,中国经济活力得到了有效释放,迸发出了前所未有的巨大能量。这一阶段的中国经济发展迅速,群众生活现状改变巨大。在这一有着特殊历史使命的发展阶段,扶贫开发工作也带有浓厚的历史烙印。这一时期的扶贫工作旨在解决群众的基本生活问题,满足困难群众的最低生活保障,让困难群众有饭吃,吃得饱。针对因地区发展不平衡导致的贫困人民基本生活难以保障的情况,国家制定了相应的扶贫方针。该时期的扶贫战略以救济为主。这一阶段主要通过农村土地制度、市场制度和就业制度的变革,以救济的方式解决贫困问题。在改革开放的背景下,家庭联产承包责任制度在农村推广实施,解放了农村劳动生产力,农产品收购价格提升,农民收入大幅提高;与此同时,乡镇企业的繁荣发展为大量农村剩余劳动力提供了机会,劳动报酬得到提升,农民生产积极性大大提高,为解决农村贫困人口问题打开了出路。

1979 年 9 月,为促进我国农业快速发展,中共中央颁布了《关于加快农业发展若干问题的决定》,其中指出:"我国西北、西南一些地区以及其他一些革命老根据地、偏远山区、少数民族地区和边境地区,长期低产缺粮,群众生活贫困。这些地方生产发展快慢,不但是个经济问题,而且是个政治问题。国务院要设立一个有有关部门负责同志参加的专门委员会,统筹规划和组织力量,从财政、物资和技术上给这些地区以重点扶持,帮助它们发展生产,摆脱贫困。对其他地区的穷社穷队,也要帮助他们尽快改变面貌。国家支援穷队的资金,要保证用于生产建设。"1982 年,中央首次颁布了以"三农"为主题的一号文件。次年,连续颁布了第二个中央一号文件(即《当前农村经济政策的若干问题》),文件的第十一条明确指出:"目前有些边远山区和少数民族地区,生产水平仍然很低,群众生活还有很多困难。必须给予高度关注,切实加强工作,力争尽快改变贫困面貌。对这些地区,在各项政策上,要比其他地区更加放宽;在生产上要发挥当地资源的优势,并有效地利用国家财政扶持,开展多种经营,以工代赈,改变单纯救济作法。注意改善交通条件,解决能源困难,防治地方病,办好教育。"1984年9月,国家下发的《关于帮助贫困地区尽快改变面貌的通知》文件指出,国家对贫困地区要有必要的财政扶持,但必须善于使用,纠正单纯救济观点;同时,成立了贫困山区工作领导小组,负责检查督促各项贫困措施的落实。国务院于1985年4月批转了《关于扶持农村贫困户发展生产治穷致富的请示》,进一步指出:扶持农村贫困户要贯彻自力更生的原则,并辅之以国家和社会的积极协助。这一时期国家扶贫工作的重心在于改变农村旧面貌,改善贫困地区人民生活水平,着力解决人民群众的温饱问题。

这一时期,以工代赈是各贫困地区主要的扶贫方式。政府通过对贫困地区基础设施建设(主要包含水利工程建设和交通建设两个方面)的投资,带动当地贫困户脱贫,成效明显。① 另外,以工代赈还有两方面的作用:一是改善了贫困地区的风貌。水利工程建设增加了灌溉面积,解决了贫困地区的生活用水和牲口饮水等问题,让群众过上更优质的生活。二是完善了交通建设,构建了贫困地区与外界联系的枢纽,打开了贫困地区的致富之路。这些基础设施建设的投入使用,更好地将各贫困地区的资源集中起来,加快群众脱贫致富。总之,以工代赈为贫困地区的后期扶贫开发打下了稳固的基础。据图2-1显示,1985年农村贫困人口规模降低至66101万人,贫困发生率降低至78.30%,比1978年降低19.2个百分点。平均每年减少贫困人口1562万人,是贫困人口减少最多的时期,虽然此时我国减贫速度快,减贫力度大,减贫效果好,但这些数据同时也表明,我国面临的贫困程度之深、涉及人数之多、涉及

---

① 据统计,1986年间,在以工代赈的带动下,共解决了408万人、297万头牲畜的饮水问题,新增灌溉面积74万亩,改善灌溉面积492万亩,除涝治理面积238万亩,水土保持治理面积708万亩,修复河堤1080公里,新增小水电装机5万千瓦。截至1987年底,共新建、改建公路、机耕道、驿道12万公里,其中新建等级公路4.6万多公里;新建大、中桥梁7200座,16.3万延米;整治航道1800多公里,新建码头65座。

地区之广等历史问题。故我国的脱贫攻坚任务仍十分艰巨,单纯的"输血式"救济扶贫难以从根本上真正改变各地贫困状况,难以彻底解决贫困问题。而且这一时期国家还没有制定贫困标准线,因此反贫困没有明确的扶持对象、扶持标准、扶持指标及考核标准,使得这一阶段的扶贫工作缺乏有力的目标指导及考核机制,比较随性随意。

二、开发式反贫困阶段(1986—2008 年)

1985 年,国家首次制定了贫困标准线,使得扶贫对象开始明晰化,也由此开始了新一轮的扶贫大潮。自此,中国的扶贫工作迈入了系统化和标准化的轨道。以 1986 年为起点,中国站在改革开放的潮头开启了开发式反贫困新征程。在改革开放的带动下,我国东部沿海地区的经济高速发展,东西部差距有所扩大,贫困人口分布具有了明显的地缘特征。① 在上一时期取得的扶贫成果的基础上,中央进一步增强扶贫开发力度,设立了专门的扶贫工作机构以统筹扶贫开发工作,进一步明确了扶贫目标和扶贫对象,并制定了更具针对性的扶贫政策。依据该项扶贫政策,国家在全国开展了有组织、有规划的大规模开发式扶贫。据统计数据显示,1986 年,我国贫困人口总数为 13100 万人,中央投入扶贫资金 19 亿元,并将扶贫标准线从 1985 年的 206 元提升至 213 元,这意味着在国家提高贫困标准的背景下,有更多的人口被划入贫困行列。依据开发式扶贫政策的导向,国家变"输血式"扶贫为"造血式"扶贫,鼓励贫困人口在国家政策、地方政策及县域经济发展范围内多元化发展,最终实现脱贫。相较救济式反贫困,开发式扶贫更符合经济发展的规律和中国的国情,也更具针对性和持续性。

1986 年,为了统一规划和指挥全国的农村反贫困工作,国家成立了专门的扶贫工作机构——国务院贫困地区经济开发领导小组(1993 年更名为国务院扶贫开发领导小组),统筹国家扶贫工作,并在贫困地区设立经济开发领导小组,

---

① 集中分布在西南大石山区、西北黄土高原区、秦巴贫困山区以及青藏高寒区等几类地区。

按照级别自上而下确定扶贫牵头单位,其中县一级作为国家扶贫的最小单位;同时,根据县区的人均年收入,确定了扶贫的重点县,并开展有针对性的"由面到点"的扶贫。凡是被列入扶贫重点县的地区在税收缴纳、财政专项资金、贴息贷款、产业扶持、招商引资等工作上都享受优惠待遇。1994 年,国务院印发的《国家八七扶贫攻坚计划》明确划定了 592 个国家扶持的重点贫困县,分布在 27 个省、自治区、直辖市,涵盖了全国 72% 以上的农村贫困人口。[①] 其中,云南、陕西、贵州、四川、甘肃省的国家重点扶持扶贫县数量较多,而广东、浙江、吉林、海南、西藏的国家重点扶持贫困县数量较少。中共中央、国务院于 1996 年 10 月印发了《关于尽快解决农村贫困人口温饱问题的决定》,进一步强调,要坚持开发式扶贫,进一步加大扶贫投入,加强贫困地区的开发工作,将扶贫工作落实到位。1997 年国务院办公厅印发的《国家扶贫资金管理办法》明确规定了各类扶贫资金的使用对象和范围,并加强了对国家扶贫资金使用情况的检查和监督。根据扶贫总目标,将扶贫资金整合,实现资金使用效益的最优化。这些具体的政策文件有力地推动了农村贫困地区的经济发展,提高了人民的生活水平。在少数民族贫困地区的扶贫开发工作上,国家也给予适当的特殊照顾,在资金和资源方面有所倾斜。"八七"计划期间,全国总计有 348 个少数民族地区县和非民族地区少数民族自治县,其中 257 个被列为国家重点扶持贫困县,[②]贫困县占比高达 73.85%。2001 年,在重新确定的全国 592 个国家扶贫开发工作重点县中,少数民族县增加到了 267 个,贫困县占比为 45.1%。同时,西藏作为特殊贫困片区整体列入国家扶贫开发重点地区。加上西藏 74 个县,少数民族地区重点扶贫县总数为 341 个,占少数民族地区县(旗、市)总数的 53.5%。[③]

---

① 《中国农村扶贫开发概要》,2006 年 11 月 19 日,见 http://www.gov.cn/zwhd/ft2/20061117/content_447141.htm。

② 《中国农村扶贫开发概要》,2006 年 11 月 19 日,见 http://www.gov.cn/zwhd/ft2/20061117/content_447141.htm。

③ 参见于希:《国家高度重视少数民族贫困问题》,2005 年 5 月 30 日,见 http://news.cri.cn/gb/3821/2005/05/30/401@563671.htm。

1994 年到 2000 年间,国家投入五个自治区和三个少数民族人口较多的省(贵州、云南、青海)的扶贫资金总计 432.53 亿元,占全国总投资的 38.4%。① 在此期间,在国家的推动和社会各界的帮助下,"幸福工程""春蕾计划""母亲水窖工程"等帮助贫困地区妇女的公益活动积极开展,为加快农村妇女脱贫发挥了积极作用。截至 2000 年 5 月,"幸福工程"已投入资金 1.45 亿元,救助 107472 人,受惠人口达 48.3 万人。到 2000 年 7 月,"春蕾计划"共集资 3.3 亿元,使 105 万失学女童重返学校。② 1985 年,我国的贫困人口有 66101 万人。通过减贫工程,截至 2000 年底,贫困人口减少到了 46224 万人。我国农村贫困人口的温饱问题基本解决,国家扶贫政策取得了很大的成效。

2007 年 6 月 9 日,国务院办公厅印发《兴边富民行动"十一五"规划的通知》。资金方面,中央和省级财政逐步加大对边境县的财政支持力度,同时积极引导、争取各类国际组织、政府机构、企业、社会团体及个人援助、捐助资金投向边境地区。基建方面,实施一批兴边富民重点工程,完善边境地区各项设施建设。此外,国家在教育、贸易、医疗救助、税收等方面实行优惠政策,并通过提高待遇、政策优惠等措施鼓励和吸引各类人才到边境地区创业,为边境地区培养人才、输送人才。2008 年 10 月,正值改革开放三十周年,中共中央审议通过了《关于推进农村改革发展若干重大问题的决定》,明确指出:"实现全面建设小康社会的宏伟目标,最艰巨最繁重的任务在农村,最广泛最深厚的基础也在农村。"文件从农村制度建设、提高农业综合生产能力和发展农村公共事业等方面阐述了系列政策措施,为新形势下的农村发展指明了方向。不难看出,我国在反贫困过程中逐渐重视农村社会的整体发展,注重农村教育和医

---

① 国务院新闻办公室:《中国的农村扶贫开发》,2002 年 7 月 5 日,见 https://www.fmprc.gov.cn/web/ziliao_674904/zt_674979/ywzt_675099/wzzt_675579/2296_675789/t10544.shtml。

② 《中国农村扶贫开发概要》,2006 年 11 月 19 日,见 http://www.gov.cn/zwhd/ft2/20061117/content_447141.htm。

疗的保障以及人口素质的提升,这对打破我国农村地区贫困的代际传递起到了重要作用。①

三、精准式反贫困阶段(2009—2015 年)

2009 年 6 月 22 日,广东省率先提出并形成了一把手亲自抓、精确靶向贫困户、扶贫信息电脑联网管理、官员问责制的扶贫机制的"双到"(规划到户、责任到人)扶贫模式。从 2009 年到 2012 年,广东省已有 3407 个贫困村、36.7 万贫困户、158.6 万贫困人口实现了 3 年脱贫的预期目标。贫困户人均纯收入达到 7762 元,3407 个贫困村集体经济收入全部达到 3 万元脱贫标准,村均达到 11.09 万元。贫困村全部实现村道硬底化,村民饮水安全比率达 100%,低收入住房困难户住房改建完成率达 100%,贫困村的落后面貌得到了根本改善,第一轮农村扶贫"双到"任务圆满完成。② 广东扶贫开发的成功引起了中央的重视,成为中央在全国推广实施精准扶贫战略的底板。2013 年,习近平总书记在湖南湘西考察时首次提出"精准扶贫"一词。2014 年,中央出台了《建立精准扶贫工作机制实施方案》《关于进一步动员社会各方面力量参与扶贫开发的意见》等一系列政策文件,提出了"精准扶贫"理念。国家将 2014 年 10 月 17 日确定为我国首个扶贫日,将扶贫工作放到了前所未有的高度来抓,体现了扶贫的决心和意志。至此,精准扶贫战略正式形成,我国脱贫攻坚进入新时期,脱贫方案由"大水漫灌"向"精准滴灌"转变。

"集中火力解不开脱贫攻坚阶段导致贫困的疑难杂症,只有精准点穴才能药到病除。"③2010 年,我国扶贫标准线进一步提升至 1274 元。2010 年底,

---

① 参见林闽钢、陶鹏:《中国贫困治理三十年回顾与前瞻》,《甘肃行政学院学报》2008 年第 6 期。

② 参见徐少华:《继续打好新一轮扶贫开发"双到"攻坚战》,《南方农村》2014 年第 2 期。

③ 邓伟:《精准扶贫要在精准上下功夫》,《决策论坛——"管理决策模式应用与分析学术研讨会"论文集(下)》,2016 年 8 月,第 89 页。

我国率先实现了联合国千年发展目标中贫困人口减半的目标,①贫困发生率降低至 17.20%,扶贫工作取得巨大成功。在此基础上,2011 年,中央决定扩大扶贫范围,将标准线提升到 2536 元,②此时中国国家扶贫标准线与世界银行的名义国际贫困标准线一人一天 1.9 美元最接近。我国贫困线以下人口增加到 12200 万人,国家扶贫范围再次扩大。2011 年 4 月 26 日,中共中央政治局召开会议,重新审议扶贫开发工作面临的形势和任务。会议强调,我国的扶贫开发已经从解决温饱为主要任务的阶段转入巩固温饱成果、提高发展能力、加快脱贫致富、缩小发展差距的新阶段。③ 至此,我国新一阶段的反贫困工作拉开了帷幕。

2013 年,国家投入扶贫资金 394 亿元,全面开展精准扶贫战略,保证扶贫战略精准到位,帮助农村贫困人口精准脱贫。此阶段,国家通过落实优惠政策,建立激励体系,加强对贫困地区教育、扶贫资金、扶贫搬迁等方面的支持力度。2015 年,中央进一步加大对扶贫资金的投入,同时将贫困标准线提升到 2855 元,此时国家的扶贫标准线达到 2.2 美元/天,高于国际极端贫困标准线 1.9 美元/天。在国家精准扶贫战略规划的指导下,不断增加的扶贫项目得到了精准实施,逐年增加的扶贫资金得到了精准使用,国家未来扶贫开发事业的目标和部署变得明确和清晰。习近平总书记指出,坚持扶持对象精准、项目安排精准、奖金使用精准、措施到户精准、因村派人(第一书记)精准、脱贫成效精准等,"六个精准"的维度对精准扶贫思想进行了阐释,并将"精准扶贫"的实施策略进行了细化,为该阶段的扶贫开发工作指明了方向。

随着"六个精准"和"五个一批"项目工程的逐步推进,各地扶贫均取得了

---

① 姜晨:《齐心共迈富裕路——中国扶贫开发事业将迈上新征程》,2011 年 12 月 2 日,见 http://www.gov.cn/jrzg/2011-12/02/content_2009420.htm。

② 根据农村居民生活消费价格指数推算,2010 年不变价的农民人均纯收入 2300 元相当于 2011 年的 2536 元。

③ 参见凤凰网:《首要任务:稳定解决温饱 加快脱贫致富》,2011 年 4 月 27 日,见 http://news.ifeng.com/c/7fZcl5JXUkj。

显著成效。2016年,甘肃省贫困地区特色优势产业面积超过3000万亩,玉米种植、中药材栽培面积和产量都是全国第一位。牛羊规模化养殖比重高达50%以上,成为全国重要的优质牛羊肉生产基地。[①] 湘西土家族苗族自治州政府精准把脉十八洞村的贫困成因,精准施策,州政府充分发掘十八洞苗族山村的特色,发展乡村旅游产业,将交通闭塞、耕地稀少、人均年收入仅1600多元的贫困村发展得红红火火,十八洞村也因成功脱贫致富而声名远扬。贵州省在脱贫攻坚的实践中,各项资源、各方力量都向脱贫攻坚聚拢,凝聚了决战脱贫攻坚、决胜同步小康的强大合力,探索了精准扶贫的"贵州路径"。[②] 在各方的努力下,截至2015年底,我国还有5630万农村建档立卡户,主要分布在832个国家扶贫开发工作重点县、集中连片特困地区县(以下统称贫困县)和12.8万个建档立卡贫困村,多数西部省份的贫困发生率在10%以上,民族地区8省区贫困发生率为12.1%。[③] 这些数据表明,在精准反贫困模式下,我国精准扶贫工作取得显著成效,但脱贫任务仍十分艰巨。

四、协同式反贫困阶段(2016年至今)

2015年6月18日,在部分省区市党委主要负责同志座谈会上,习近平总书记指出,扶贫开发是全党全社会的共同责任,要动员和凝聚全社会力量广泛参与。要坚持专项扶贫、行业扶贫、社会扶贫等多方力量、多种举措有机结合和互为支撑的"三位一体"大扶贫格局,健全东西部协作、党政机关定点扶贫机制,广泛调动社会各界参与扶贫开发积极性。随着习近平总书记一系列精准扶贫思想的提出,我国扶贫事业迎来了新的高峰期,扶贫工作覆盖全部贫困

---

① 参见董丽微:《中国精准扶贫取得显著成就》,2017年9月27日,见http://www.china.com.cn/news/2017-09/27/content_41657160.htm。

② 参见骆玉兰:《精准扶贫的"贵州路径"取得阶段成效》,2017年2月15日,见http://www.agri.cn/V20/ZX/nyyw/201702/t20170215_5475512.htm。

③ 参见国务院:《关于"十三五"脱贫攻坚规划的通知》,2016年11月23日,见http://www.gov.cn/zhengce/content/2016-12/02/content_5142197.htm。

地区。在驻村干部、东西协作、定点帮扶、万企帮万村、社会帮扶五个方面①加大力度形成合力,协同式反贫困格局逐渐形成。2016 年,中央为完成 2020 年脱贫攻坚总目标进一步加大了扶贫力度,投入资金 670 亿元,将贫困标准线提高到 3000 元。2016 年 2 月 16 日,中共中央办公厅、国务院办公厅印发《省级党委和政府扶贫开发工作成效考核办法》,对中西部 22 个省(自治区、直辖市)党委和政府扶贫开发工作成效进行考核,加强各级党委政府的责任意识,确保扶贫开发工作落实到位,以政府为主导强化社会组织作用,推进扶贫项目有序展开。至此,大扶贫格局正式形成。

在扶贫资金投入方面,2016 年 4 月 22 日,国务院办公厅印发的《关于支持贫困县开展统筹整合使用财政涉农资金试点的意见》指出:"通过试点,形成'多个渠道引水、一个龙头放水'的扶贫投入新格局","以摘帽销号为目标,以脱贫成效为导向,以扶贫规划为引领,以重点扶贫项目为平台,统筹整合使用财政涉农资金,撬动金融资本和社会帮扶资金投入扶贫开发,提高资金使用精准度和效益,确保如期完成脱贫攻坚任务。"②2016 年 9 月 30 日,贵州省结合本省实际出台《贵州省大扶贫条例》,并实行退出、督查、考核、问责 4 项办法,建立了完善的脱贫攻坚机制,由上至下逐级形成了完善的责任分工机制,极大促进了贵州的扶贫开发工作。中共中央办公厅、国务院办公厅于2016 年底联合印发《关于进一步加强东西部扶贫协作工作的指导意见》,该文件的实施进一步将东西部地区密切联系起来,东部发达省份对口帮扶西部省、自治区,加快西部贫困地区的脱贫步伐,进一步推进东西部干部交流、人才培训、社会各界相互帮助的良好风气的形成,把东部地区的资金、交通、人才、科技等优势与西部地区资源、环境等潜在优势联系起来,开展产业合

---

① 参见黄承伟:《党的十八大以来脱贫攻坚理论创新和实践创新总结》,《中国农业大学学报(社会科学版)》2017 年第 5 期。

② 华政:《国务院办公厅关于支持贫困县开展统筹整合使用财政涉农资金试点的意见》,2016 年 4 月 20 日,见 http://news.xinhuanet.com/politics/2016-04/25/c_128929148.htm。

作,充分带动东西部合作,调动各界积极性,形成良好的合作模式。各地方政府根据中央的政策因地制宜,实行多中心协同式扶贫,通过提供资金保障、扶持当地产业、组织社会各界帮助、动员企业深入帮扶、提高社会保障制度等措施深入扎根贫困地区,扶贫效果大有提升。2012年到2016年,在党的带领下,我国的反贫困工作取得了引人注目的成绩,但同时也必须清楚地知道,我国的脱贫任务依然繁重。2017年,党的十九大明确了从2020年到本世纪中叶分两步走全面建设社会主义现代化国家的新的奋斗目标,对决胜全面建成小康社会作出部署,提出了实施乡村振兴和区域协调发展等战略,为新时期的扶贫开发工作指明了发展方向。围绕着党的十九大报告提出的系列发展方针,中央相继下发了与扶贫相关的各类文件,进一步明晰了我国的扶贫战略。

在战略政策的指导下,各地通过各项扶贫工程,取得了有效的成绩。如贵州省在投资1200多亿元实施"四在农家·美丽乡村"基础设施建设六项行动计划基础上,2016年又完成投资380多亿元,重点解决贫困地区水、电、路、讯等基础设施问题。① 湖南省6800多家民营企业对接行政村9800多个,投入各类资金450多亿元,实施项目7100多个,覆盖全省1100多个乡镇、1400万农业人口。② 通过政府的牵线搭桥以及各方企业的参与,社会各界对贫困地区的帮助作用十分明显,东西部地区的扶贫帮扶工作也基本到位。这些情况的逐渐落实,使得协同式扶贫工作逐渐形成体系,为脱贫攻坚提供了良好的社会基础,逐步攻坚克难完成扶贫任务。截至2016年底,22个扶贫任务重的省份已发展农业龙头企业8.8万家,其中省级以上龙头企业1.2万家;全国758个贫困县(不含西藏)发展农民合作社44.2万家,带动1500多

---

① 参见骆玉兰:《精准扶贫的"贵州路径"取得阶段成效》,2017年2月15日,见 http://www.agri.cn/V20/ZX/nyyw/201702/t20170215_5475512.htm。

② 参见李献计、孙建军、王俊:《湖南省民营企业参与精准扶贫调研报告》,2017年7月1日,见 http://www.doc88.com/p-4874904441662.html。

万户农户;农业部 100 个样本贫困县新型农业经营主体直接带动贫困人口覆盖度达到了 49.8%。[①] 据国家统计局资料显示,2013—2016 年,贫困地区农村居民人均收入连续保持两位数增长,年均实际增长 10.7%,比全国农村平均水平高 2.7 个百分点。贫困地区农村居民人均可支配收入与全国农村的差距不断缩小。2016 年贫困地区农村居民人均可支配收入是全国农村平均水平的 68.4%,比 2012 年提高了 6.2 个百分点。[②] 各项扶贫工作的有序开展为 2020 年实现全面小康打下了坚实的基础。

第二节　多中心协同"大扶贫"治理模式的政策保障

理论与实践表明,随着精准扶贫工作的深入推进和 2020 年全面建成小康社会目标实现的迫近,我国的反贫困治理必将走向多中心协同的"大扶贫"模式。中共中央办公厅、国务院办公厅于 2014 年 1 月联合印发的《关于创新机制扎实推进农村扶贫开发工作的意见》明确提出了构建政府、市场、社会协同推进的大扶贫开发格局。2015 年 11 月,《中共中央　国务院关于打赢脱贫攻坚战的决定》中指出,强化政府责任,引领市场、社会协同发力,鼓励先富帮后富,构建专项扶贫、行业扶贫、社会扶贫互为补充的大扶贫格局。在一系列的政策指导下以及一系列扶贫工程和项目的实践中,我国的扶贫开发工作逐渐呈现出了多中心协同的特征,大扶贫的格局基本形成。党的十九大报告指出,确保到 2020 年我国现行标准下贫困人口实现脱贫,贫困县全部摘帽,解决区域性整体贫困问题,做到脱真贫、真脱贫。坚持大扶贫格局,注重扶贫同扶志、

---

① 参见尚阳:《我国扶贫成就显著　贫困农民腰包鼓起来》,2017 年 10 月 16 日,见 http://news.china.com.cn/txt/2017-10/16/content_41739286.htm。

② 参见王虔:《数说扶贫:这五年,贫困地区发生了啥?》,2017 年 11 月 27 日,见 http://f.china.com.cn/2017-11/27/content_50071769.htm。

扶智相结合,深入实施东西部扶贫协作,重点攻克深度贫困地区脱贫任务。党的十八大以来,党和国家领导人多次在关于扶贫开发工作的会议上发表重要讲话,讲话内容深刻阐明了新时期我国扶贫开发的重大理论,形成了内涵丰富、思想深刻、体系完整的扶贫开发战略思想。其中,多中心协同的"大扶贫"治理理念在这些讲话中得到了充分体现。

2015 年 6 月 18 日,习近平总书记在贵州召开的部分省区市党委主要负责同志座谈会上发表重要讲话,明确指出扶贫开发是全党全社会的共同责任,要动员和凝聚全社会力量广泛参与。要坚持专项扶贫、行业扶贫、社会扶贫等多方力量、多种举措有机结合和互为支撑的"三位一体"大扶贫格局,健全东西部协作、党政机关定点扶贫机制,广泛调动社会各界参与扶贫开发积极性;要加大中央和省级财政扶贫投入,坚持政府投入在扶贫开发中的主体和主导作用,增加金融资金对扶贫开发的投放,吸引社会资金参与扶贫开发;要积极开辟扶贫开发新的资金渠道,多渠道增加扶贫开发资金。①

2015 年 10 月 16 日,2015 减贫与发展高层论坛在北京顺利召开,习近平主席出席论坛并发表主旨演讲,指出:"我们坚持动员全社会参与,发挥中国制度优势,构建了政府、社会、市场协同推进的大扶贫格局,形成了跨地区、跨部门、跨单位、全社会共同参与的多元主体的社会扶贫体系。""我们广泛动员全社会力量,支持和鼓励全社会采取灵活多样的形式参与扶贫。""中国在脱贫攻坚工作中采取的重要举措,就是实施精准扶贫方略,找到'贫根',对症下药,靶向治疗。"②

2016 年 7 月 20 日,习近平总书记在东西部扶贫协作座谈会上发表讲话,指出:东西部扶贫协作和对口支援,是推动区域协调发展、协同发展、共同发展

① 参见《在贵州召开部分省区市党委主要负责同志座谈会上的讲话》,2016 年 3 月 1 日,见 http://www.china.com.cn/lianghui/fangtan/2016-03/01/content_37908434.htm。
② 参见《习近平主席在 2015 减贫与发展高层论坛上的主旨演讲(全文)》,2015 年 10 月 16 日,见 http://www.xinhuanet.com/politics/2015-10/16/c_1116851045.htm。

的大战略；要着眼于任务的适当平衡，完善省际结对关系；实施"携手奔小康"行动，着力推动县与县精准对接，还可以探索乡镇、行政村之间结对帮扶；要动员东部地区各级党政机关、人民团体、企事业单位、社会组织、各界人士等积极参与脱贫攻坚工作；贫困地区要激发走出贫困的志向和内生动力，以更加振奋的精神状态、更加扎实的工作作风，自力更生、艰苦奋斗，凝聚起打赢脱贫攻坚战的强大力量。①

2017年6月23日，习近平总书记出席深度贫困地区脱贫攻坚座谈会并发表了重要讲话，指出：党中央确定的中央统筹、省负总责、市县抓落实的管理体制得到贯彻，四梁八柱性质的顶层设计基本形成，五级书记抓扶贫、全党动员促攻坚的氛围已经形成，各项决策部署得到较好落实；坚持专项扶贫、行业扶贫、社会扶贫等多方力量、多种举措有机结合和互为支撑的"三位一体"大扶贫格局；东部经济发达县结对帮扶西部贫困县"携手奔小康行动"和民营企业"万企帮万村行动"，都要向深度贫困地区倾斜；要通过多种形式，积极引导社会力量广泛参与深度贫困地区脱贫攻坚，帮助深度贫困群众解决生产生活困难；要在全社会广泛开展向贫困地区、贫困群众献爱心活动，广泛宣传为脱贫攻坚作出突出贡献的典型事例，为社会力量参与脱贫攻坚营造良好氛围。②

2018年2月12日，习近平总书记在打好精准脱贫攻坚战座谈会上发表重要讲话，讲话中明确指出："我们坚持政府投入的主体和主导作用，深入推进东西部扶贫协作、党政机关定点扶贫、军队和武警部队扶贫、社会力量参与扶贫。"社会各界广泛参与扶贫，中央企业开展贫困革命老区"百县万村"帮扶行动，民营企业开展"万企帮万村"精准扶贫行动。到2017年底全国已有4.62万家民营企业帮扶5.12万个村，投资527亿元实施产业扶贫项目，捐资

---

① 参见《习近平：认清形势聚焦精准深化帮扶确保实效　切实做好新形势下东西部扶贫协作工作》，2016年7月21日，见http://cpc.people.com.cn/n1/2016/0721/c64094-28574451.html。

② 参见《（受权发布）习近平：在深度贫困地区脱贫攻坚座谈会上的讲话》，2017年8月31日，见http://www.xinhuanet.com//politics/2017-08/31/c_1121580205.htm。

109 亿元开展公益帮扶,带动和惠及 620 多万建档立卡贫困人口。"必须坚持充分发挥政府和社会两方面力量作用,构建专项扶贫、行业扶贫、社会扶贫互为补充的大扶贫格局,调动各方面积极性,引领市场、社会协同发力,形成全社会广泛参与脱贫攻坚格局。"①

2019 年 4 月 16 日,习近平总书记在解决"两不愁三保障"突出问题座谈会上发表重要讲话,讲话中明确指出:"各地区各部门要高度重视,统一思想,抓好落实。解决'三保障'突出问题,要坚持中央统筹、省负总责、市县抓落实的体制机制。扶贫领导小组要加强统筹协调和督促指导,及时调度情况。教育部、住房城乡建设部、水利部、国家卫生健康委、国家医保局既是扶贫领导小组组成部门,也是'三保障'工作的主管部门,主要负责同志要亲自抓,分管同志具体抓"。"相关省区市要组织基层进行核查,摸清基本情况,统筹组织资源,制定实施方案,研究提出针对性措施。市县具体组织实施,逐项逐户对账销号,确保不留死角。"②

2020 年 3 月 6 日,习近平总书记在决战决胜脱贫攻坚座谈会上发表重要讲话,讲话中明确指出:"这是党的十八大以来脱贫攻坚方面最大规模的会议,目的就是动员全党全国全社会力量,以更大决心、更强力度推进脱贫攻坚,确保取得最后胜利。""目前看,脱贫进度符合预期,成就举世瞩目。""这些成绩的取得,凝聚了全党全国各族人民智慧和心血,是广大干部群众扎扎实实干出来的。"③此外,面对新冠肺炎疫情带来的挑战,习近平总书记强调:"要优先支持贫困劳动力务工就业,在企业复工复产、重大项目开工、物流体系建设等方面优先组织和使用贫困劳动力,鼓励企业更多招用贫困地区特别是建档立

---

① 《习近平:在打好精准脱贫攻坚战座谈会上的讲话》,2018 年 2 月 12 日,见 http://www.gov.cn/xinwen/2020-04/30/content_5507726.htm。

② 《习近平:在解决"两不愁三保障"突出问题座谈会上的讲话》,2019 年 4 月 16 日,见 http://www.xinhuanet.com/politics/2019-08/15/c_1124879967.htm。

③ 《习近平:在决战决胜脱贫攻坚座谈会上的讲话》,2020 年 3 月 6 日,见 http://www.qs-theory.cn/yaowen/2020-03/06/c_1125674761.htm。

卡贫困家庭人员,通过东西部扶贫协作'点对点'帮助贫困劳动力尽快有序返岗。"①

"大扶贫",就是政府、社会、市场等多元主体参与的扶贫模式,其本质思想属于多中心协同反贫困的范畴。通过回顾党和国家的重要讲话可发现:党的十八大以来,多中心协同反贫困治理的思想得到了足够的重视,党和国家领导人从国家战略和顶层制度层面对中国的扶贫工作进行了设计,使得中国的扶贫工作逐步摆脱了政府单一主体救助的"单中心"扶贫治理模式,逐步形成了跨地区、跨部门、跨单位、全社会共同参与的多中心协同的"大扶贫"治理模式。

第三节　云南省多中心协同反贫困
治理的整体做法

随着扶贫开发工作的深入,社会、市场在脱贫攻坚中的作用越加重要和明显。坚持政府领导,增强社会合力,构建专项扶贫、行业扶贫、社会扶贫互为补充的大扶贫格局成为打赢脱贫攻坚战必须坚持的原则。多中心协同反贫困是大扶贫格局最明显的特征,也是合力脱贫、共建社会最有效的方法。云南省自开展扶贫开发工作以来,始终坚持多中心协同反贫困的理念。1994 年云南省人民政府出台的《云南省七七扶贫攻坚计划》指出:"省级各部门、科研单位、大专院校要进一步加强对贫困地区的工作。要继续做好挂钩扶贫工作,并组织动员和鼓励企业到贫困地区投资开发,把自己的发展和贫困地区的开发结合起来。"②2017 年云南省人民政府发布《云南省脱贫攻坚规划(2016—2020

---

① 《习近平:在决战决胜脱贫攻坚座谈会上的讲话》,2020 年 3 月 6 日,见 http://www.qs-theory.cn/yaowen/2020-03/06/c_1125674761.htm。

② 《云南省政府关于印发云南省七七扶贫攻坚计划的通知》,1994 年 8 月 18 日,见 https://www.baidu.com/link? url = KBJS31nKUiL3S6YWfC34Mqngz5wvKALAZRIhTZ5Sca7mMtdCQ ZqoCivAjNgr5OiXN2nxqJbWnPyGdRmoc1sKgK&wd=&eqid=facb5989000284e1000000065f3cec5a。

年)》,指出强化责任,合力攻坚的基本原则,强调引导市场主体、扶贫对象协同发力,构建专项扶贫、行业扶贫和社会扶贫互为支撑的大扶贫格局。

一、云南的区位特征决定了云南的发展状况

云南属于低纬度内陆地区,北回归线横穿云南省南部。云南地处中国西南边陲,东部与贵州省、广西壮族自治区为邻,北部与四川省相连,西北部紧依西藏自治区,西部与缅甸接壤,南部和老挝、越南毗邻。云南是全国边境线最长的省份之一,国境线长达 4060 千米,其中,中缅边界 1997 千米,中老边界 710 千米,中越边界 1353 千米。国境线上有 25 个边境县。全省国土总面积 39.4 万平方千米,占全国国土总面积的 4.1%,居全国第 8 位。全省辖 16 个州市,其中有 8 个民族自治州、8 个地级市,下辖 13 个市辖区、11 个县级市、76 个县和 29 个自治县,共 129 个县级行政单位,省会昆明市。其他主要城市有玉溪、曲靖、蒙自、大理、楚雄、文山、保山、普洱、临沧、昭通、景洪等。而滇西北连片特困地区更是涉及大理、楚雄、文山、保山、瑞丽、普洱、临沧、昭通等在内的 11 个州市 64 个穷困区县。

(一)云南的地形地貌、气候是云南贫困的重要客观原因之一

云南地处中国大陆西部世界屋脊青藏高原的东南缘与西南部云贵高原的结合部位,是一个低纬度、高海拔、山地高原为主的边疆内陆省份。全省地势西北高、东南低,自西北向东南呈梯级状逐级下降,高差较大。其中西北部最高,平均海拔在 4000 米以上。云南独特的地形特征造就了云南独特的经济发展模式。

据国家卫生健康部门统计公布的数据表明,海拔高度对人类的生存和生活有着巨大的影响因素。据生理卫生实验室研究,最适合人类的生存的海拔高度是海平面上 500—2000 米的海拔高度。海拔在 1500 米以内的属于低海拔,海拔在 2500 米以内的属于中海拔,海拔在 3500 米及以上的属于高海拔。

研究显示,海拔1500米是一个对人身体有利的高度,过高会导致很多健康隐患。显然,云南的平均海拔高于人类理想的生活高度。滇西北的海拔高度在平均4000米以上,多以山地和丘陵为主,地表起伏大,相对平缓的山区只占云南总面积的10%左右;且贫瘠的酸性红土地不适合种植大米、小麦等农作物,崎岖的地形也不太适合大规模发展经济。

(二)国家发展战略布局及地缘政治的考虑是云南经济不发达的政治因素之一

云南地处我国西南边陲,云南省西部和西南部与缅甸接壤,南部与越南、老挝毗邻,东部与广西和贵州相连接,北部同四川省相邻,西北部连接西藏。国境线长约4061千米,是中国国境线最长的省份,也是中国周边国家最多的省份。云南有8个边境地州,分别是:怒江傈僳族自治州、保山市、德宏傣族景颇族自治州、临沧市、普洱市、西双版纳傣族自治州、红河哈尼族彝族自治州、文山壮族苗族自治州,共有26条边境线,已经开通12个国家级的口岸,其中2个航空口岸,分别是:昆明长水机场和西双版纳机场;10个国家级的内陆口岸,分别是:瑞丽陆运口岸、河口陆路口岸、金水河陆路口岸、天保陆运口岸、磨憨陆路口岸、畹町陆运口岸、腾冲猴桥陆运口岸、景洪港口岸、思茅口岸和打洛口岸;9个省级口岸,分别为:勐连口岸、孟定口岸、南伞口岸、章凤口岸、盈江口岸、片马口岸、沧源口岸、田蓬口岸和孟定清水河陆运口岸。云南有近百条边境通道,与周边的南亚、东南亚国家交往便捷,是中国面向南亚、东南亚的主要陆上通道和辐射窗口,是面向南亚、东南亚的桥头堡。云南省会城市昆明更是新时代建设的面向南亚、东南亚的国际中心城市。便捷的国际口岸,是促进中国同南亚、东南亚等国家开展国际贸易的必经之地。云南作为中国面向南亚、东南亚的门户,更是守护祖国西部后方安全的主要战略要地。地缘政治因素和国际交流的因素导致云南省的整体区位定位为稳定祖国西南的门户,这个意义大于经济发展的任务要求。

（三）云南及滇西北的民族分布是云南贫困的人为因素之一

云南省是我国脱贫难度较高的几个地区之一,也是我国少数民族最多的省份。以少数民族人口数量 5000 人为统计的标准计算,云南除汉族以外的世居少数民族有彝族、哈尼族、白族、傣族、壮族、苗族、回族、傈僳族等 25 个。其中,白族、哈尼族、傣族、傈僳族、佤族、拉祜族、纳西族、景颇族、布朗族、阿昌族、普米族、德昂族、怒族、基诺族、独龙族这 15 个民族是云南特有的。同时,云南还有 9 个直过民族,他们分别是:独龙族、德昂族、基诺族、怒族、布朗族、景颇族、傈僳族、拉祜族、佤族。这些直过民族民风淳朴,仍然保留原始社会的生活和劳作方式,生产力水平低下,生活贫困,思想观念落后。云南少数民族与汉族呈交错分布的态势,具体表现为:大杂居与小聚居共存的态势。全省大多数县都有彝族和回族。这 25 个少数民族和汉族在祖国西南共生共荣,每个民族都有自己民族的文化、风俗和习惯,各民族之间文化的差异也加大了扶贫的难度。同时,云南省地处云贵高原,地形地貌立体气候特征明显,气候多样,自然条件的限制加大了云南省的扶贫开发的难度。[①] 由此可见,云南省的扶贫开发工作是十分艰巨的。

自 2007 年开始,云南省每年坚持开三个会议:第一个是云南省委、省政府的扶贫开发工作大会;第二个是省委、省政府在北京召开中央 27 个定点帮扶云南的单位的座谈会;第三个是坚持与上海高层进行扶贫的座谈会。经过努力,云南省的扶贫开发取得了令人瞩目的成绩。党的十八大以来,云南省总计脱贫 997 万人,累计减贫率达 67.9%,贫困发生率从 2010 年的 39.6% 下降至 2015 年的 12.7%。

虽然取得了优异成果,但云南省仍是我国贫困片区最多、贫困县最多的省份。绝大多数的贫困人口分布在自然条件复杂、基础设施不健全的民族地区,

---

① 韩斌:《云南省扶贫开发模式的实践及完善》,《中共云南省委党校学报》2014 年第 1 期。

这些因素给云南省的扶贫开发工作增加了难度,云南的脱贫任务仍十分艰巨。中国共产党立下愚公移山之志,坚决打赢脱贫攻坚战,为确保 2020 年不落下一个贫困群众实现小康社会,政府包办包揽的单一扶贫主体的能力是不够的,必须动员全党全社会力量,增强社会和市场在扶贫开发中的作用,构建大扶贫格局。这也决定了云南省在由粗放式扶贫转向精准式扶贫的过程中必将走向多中心协同反贫困治理的模式。

二、云南多中心协同反贫困治理的整体做法

党的十八大报告首次提出全面"建成"小康社会,虽与全面"建设"小康社会只有一字之差,但效果上却相差甚远。这一奋斗目标预示着扶贫开发工作的全面铺开,脱贫攻坚已经成为全党全社会的统一意志和共同行动。"十二五"以来,云南省相继出台了《云南省农村扶贫开发条例》《云南省农村扶贫开发纲要(2011—2020 年)》《中共云南省委 云南省人民政府关于举全省之力打赢扶贫开发攻坚战的意见》《中共云南省委 云南省人民政关于深入贯彻落实党中央国务院脱贫攻坚重大战略部署的决定》和《云南省脱贫攻坚规划(2016—2020 年)》等重要文件,推动了云南省大扶贫格局的构建。从宏观层面上看,云南省形成了多主体参与、多部门协同、多政策组合和跨区域协作的反贫困有效治理模式;从微观层面上看,实施的各项政策明显体现了多中心协同反贫困的特点。接下来以文件《云南省农村扶贫开发纲要(2011—2020年)》中指出的巩固和发展"政府主导、部门协同、定点扶贫、对口帮扶、社会参与、群众主体"的大扶贫工作格局为视角,详细阐述现阶段云南省多中心协同反贫困的整体做法。

(一)政府主导,领导负责,绩效考核

政府是公共权力和公共资源的掌握者,在扶贫中发挥的作用巨大。除此之外,党和政府经过历史的锤炼,具有强大的号召力和执行力。习近平总书记

在多次讲话中提到,要坚持"党政一把手"负总责,坚持政府主导作用。云南省在脱贫攻坚中坚持"政府主导,分级负责"的原则。在云南省的各项扶贫政策中,政府既是最主要的制定者,又是最主要的执行者。同时,在"三位一体"大扶贫格局下,政府是社会、市场参与云南省扶贫的发动者、牵头者和领导者。为了确保扶贫效果,确保扶贫制度的有效落实,防治扶贫领域出现贪腐行为,云南省政府发挥其主导作用,印发了《云南省贫困县党政领导班子和领导干部经济社会发展实绩考核办法》《云南省州市党委和政府扶贫开发工作成效考核实施办法》等重要文件,同时贯彻落实中央下发的《脱贫攻坚责任制实施办法》《脱贫攻坚督查巡查工作实施办法》等一系列文件,坚决抵制扶贫工作中的贪腐行为,有效保障扶贫效果。在政府的主导和带动下,云南省多中心协同反贫困治理的模式逐渐形成,并在脱贫工作中产生了明显的实际成效。

(二)上下联动,精准施策,部门协同形成多中心协同的大扶贫格局

部门协同主要指各级政府下设的不同职能部门协作参与扶贫,可以是政府部门与部门间的协作,也可以是政府部门与其他组织间的协作。云南省人才扶贫行动计划涉及的部门和组织有 10 个,而云南省"直过民族"脱贫攻坚战行动计划(2016—2020 年)涉及的部门和组织高达 28 个(云南省教育厅、财政厅、民宗委、发展改革委、人力资源社会保障厅、扶贫办、农业厅、住建厅、国土资源厅、旅发委、能源局、商务厅、工信委、交通运输厅、水利厅、通信管理局、民政厅、新闻出版广电局、卫计委、林业厅、环境保护厅、供销合作社联合社、省委组织部、金融机构、中国联通云南省分公司、中国电信云南分公司、云南电网公司、保山电力公司)。虽然一项扶贫政策涉及的部门很多,但组织不是杂乱无章的,各个部门在协作的基础上都有明确的责任分工和考核。例如,在人才扶贫行动计划中,扶持一批致富带头人的任务主要由省委组织部、省农业厅、扶贫办、农村信用联社、工信委负责,而培养一批农村基层人才的任务则由省

委组织部、省农业厅、人力资源社会保障厅、教育厅、省农科院、云南农业大学、科技厅负责。各个部门围绕脱贫攻坚的总目标,各司其职,紧密配合,无缝对接,避免了人人有责等于人人无责的大扶贫真空运转现象的出现,扶贫成效显著。

(三)因地制宜,精准施策,定点扶贫

从 1986 年至今,我国实行定点扶贫已历时三十余年。2015 年 12 月,习近平总书记就机关企事业单位做好定点扶贫工作作出重要指示。他强调,党政军机关、企事业单位开展定点扶贫,是中国特色扶贫开发事业的重要组成部分,也是我国政治优势和制度优势的重要体现。[①] 云南紧跟国家的政策部署,在扶贫过程中积极用好中央定点扶贫和"挂包帮""转走访"扶贫制度。中央定点扶贫和"挂包帮""转走访"制度是云南省扶贫过程中坚持得最好的。也是最有效的两个政策。在中央定点扶贫上,教育部定点联系滇西边境山区、中国工程院定点扶贫澜沧县、中国旅游集团定点扶贫孟连县和西盟县、浙江大学定点扶贫景东县、宝武集团与普洱市扶贫办签订帮扶协议等,这些中央国家机关和企业对云南的脱贫攻坚注入了新鲜的血液,带来了超前的思想、先进的技术、大量的资金、适合的产业、优秀的人才,从人、财、物上对云南进行全面帮扶。例如,国家行政学院 2017 年上半年向墨江县捐赠了精准扶贫项目资金100 万元和百门网络课程等助力墨江脱贫攻坚。项目资金的注入为墨江启动以墨江特色农副产业为主的农产品的加工生产带来了产业化的资金;同时,百门网络课程的捐赠带动墨江农户学习,从扶智的角度开启墨江人认识世界的新思维方式,为墨江的脱贫攻坚作出了巨大贡献。

2015 年 8 月,云南省启动"挂包帮""转走访"工作。为有效推进工作,云南省印发了《关于建立扶贫攻坚"领导挂点、部门包村、干部帮户"长效机制扎

---

① 《习近平就机关企事业单位做好定点扶贫工作作出重要指示》,2015 年 12 月 11 日,见http://www.xinhuanet.com/politics/2015-12/11/c_1117436649.html。

实开展"转作风走基层遍访贫困村贫困户"工作的通知》《省级及中央驻滇单位"挂包帮""转走访"定点扶贫工作考核办法》和《云南省驻村扶贫工作队管理办法》等文件,组织40万干部职工挂4个集中连片特困地区、93个贫困县(含重点县和片区县),包括476个建档立卡贫困乡(镇)、4277个建档立卡贫困村,帮扶1945万贫困户、574万贫困人口,确保每一个贫困县都有领导挂联,每一个贫困乡(镇)、贫困村都有领导和部门、单位挂包,保证贫困村有驻村扶贫工作队,贫困户有干部职工结对帮扶。这一制度的实施给云南的贫困地区带去了新鲜的力量。这些扶贫干部本身都是各行各业的精英和骨干,他们用言传身教的方式去感染、带动、说服、教育当地贫困人口,为当地脱贫提供人才和智力支撑。

(四)加强宣传,群众参与

习近平总书记强调,脱贫攻坚必须依靠人民群众,组织和支持贫困群众自力更生,发挥人民群众主动性。这一重要论述正是以人民为中心的发展思想在扶贫脱贫领域的集中反映。脱贫致富的主体是贫困群众,最根本的脱贫还得靠贫困群众自身,要充分调动群众的脱贫意愿,激发脱贫的内生动力,变被动扶贫为主动脱贫;如果缺乏内生动力,就难以实现可持续发展。云南省确定了以贫困群众为扶贫的基本和核心,多措并举激发贫困群众的脱贫意愿,通过宣传扶贫政策,大力动员贫困群众参加与自己能力相匹配的培训,多渠道实现贫困群众自主脱贫。第一,通过驻村帮扶发挥基层领导干部的宣传带动作用,积极调动贫困群众参与扶贫开发工作,使贫困群众了解脱贫攻坚的目的和意义,最大限度地和群众达成脱贫的共识;第二,通过实施教育精准扶贫计划解决贫困地区的"扶志扶智"问题,从根本上提升贫困群众的能力和智力;第三,通过建设农村基础设施,积极发动农民群众自建、自用、自管的精神,把脱贫攻坚同贫困群众个人的美好生活挂钩,让贫困群众对未来充满希望与向往;第四,通过发展产业,积极调动贫困群众参与合作社,增加农户致富的底气,使贫困群众脱贫有渠道和方法;第五,通过实施转移就业扶贫行动计划,帮助贫困群众就业脱贫;第六,通过技能培训,提升脱贫人员的技能水平,培养一批脱贫能人;第七,通过金融支持,积极盘活资金,发挥金融作用,帮助贫困群众创业脱贫。只有充分调动贫困群众的积极性,脱贫攻坚的事业才会走向成功。

　　人类历史发展的车轮总是滚滚向前。伴随着历史更迭和变迁,应运而生的反贫困治理模式总能体现出时代及其相伴的政府治理的印记。改革开放以来,中国经济进入快速发展轨道。同时,也拉开了中国共产党领导下反贫困治理事业的序幕。自此,中国的反贫困治理在党中央及国务院的领导部署下有序推进。特别是党的十八大首次提出"全面建设小康社会",预示着中国扶贫开发工作进入了全新的时代,脱贫攻坚已成为中国共产党在新时期对中国发展及世界发展的庄严承诺。本章节从历史制度主义视角回溯了改革开放至今中国反贫困治理事业呈现的历程,梳理总结了四种反贫困治理模式及其所蕴含的多中心协同反贫困治理思想,指明了中国现已进入多中心协同反贫困治理时代,多中心协同反贫困治理也必然是今后反贫困治理的理想模式之一。同时指出,中国实施多中心协同反贫困治理必须坚持政府主导、领导负责、绩效考核,上下联动、精准施策、部门协同的大扶贫格局,因地制宜、精准施策、定点扶贫,加强宣传、群众参与的四条基本原则。期冀多中心协同反贫困治理模式随着中国脱贫攻坚战的纵深推进,能够为中国的反贫困事业注入活力与动力,也坚信中国在反贫困治理的道路上,特别是新时代以来所构建的精准扶贫视野下的多中心协同的大扶贫格局定能为中国新时代反贫困治理事业迈向新高峰提供理论探索,也能为世界反贫困治理和世界经济发展贡献中国智慧与力量。

中　篇

多中心协同反贫困治理的实践逻辑

第三章　中央、云南多中心协同反贫困治理政策文本解析

美国著名经济学家、政治学家康芒斯在其代表作《制度经济学:它在政治经济学中的地位》一书中讲到,所谓制度就是集体行动控制、延伸和解放个体的行动。换言之,一个国家的制度是按照这个国家的大多数人的意志所制定的,制定后的制度便对所有人的个体行动产生约束力和控制力,所有人必须遵从。即强调了公共意志,即集体的意志,明确指出所有人仰仗的制度正义最终必须诉诸于人民的公共判断,包括政治正义感和道德良知。真正普遍的正义必定是人民大众的正义,人民普遍的利益才是判断社会正义的根本标准。

打赢脱贫攻坚战是中国共产党兑现对人民的庄严承诺,也是实现社会公平正义的有效渠道。中国的扶贫政策指的是通过对资源的战略性运用从而协调社会经济活动及相互关系的一系列政策总称,旨在解决贫困治理问题。扶贫政策服务于政府发展战略,最终服务于人民,因此其本质是通过扶贫政策对社会公平、正义予以维护、修正和补偿的一种机制。习近平总书记2012年在河北省阜平考察时指出,全面建成小康社会,最艰巨最繁重的任务在农村、特别是在贫困地区。没有农村的小康,特别是没有贫困地区的小康,就没有全面建成小康社会。

2020年中央一号文件指出,2020年是全面建成小康社会目标实现之年,

是全面打赢脱贫攻坚战收官之年。党中央认为,完成上述两大目标任务,脱贫攻坚最后堡垒必须攻克,全面小康"三农"领域突出短板必须补上。如何夯实西部地区的大扶贫战略行动,打赢全国重点区域的脱贫攻坚战,关乎决胜时期脱贫成果的成功验收,决定着全面建成小康社会目标的达成与否。云南省地处我国西南边疆,地貌独特、地形复杂,是我国少数民族最多的省份,且贫困发生率较高,是我国扶贫任务繁重的地区之一。党的十八大以来,中央及国家扶贫办相继出台了系列重大的扶贫政策文件,加大了扶贫投入力度,创新了扶贫方式,建立了扶贫问责机制,推动了全面小康社会的建设。云南省委和省政府高度重视扶贫问题,在中央"大扶贫"政策的指导下,相继出台了《云南省脱贫攻坚规划(2016—2020年)》《云南省林业生态脱贫攻坚实施方案(2018—2012年)》《云南省东西部扶贫协作投资项目优惠政策措施的实施方案》等的一系列扶贫政策文件,从政策层面绘制了云南实施脱贫攻坚的战略蓝图。本章立足于全面建成小康社会的发展目标,以内容分析法为分析工具,在综合考量政策文本的权威性、代表性和时效性的基础上,选取2010—2017年中央与云南下发的72份扶贫政策文本,从理性政策工具X维度和价值治理成效Y维度展开分析,绘制了代表扶贫政策工具的12项指标和代表扶贫价值的5项指标,分析了多中心协同反贫困治理政策主体之间的内在关系,以对中央—云南反贫困政策文本的水平进行测量,进而给出测量结果,为后续云南可持续减贫提供政策支持,为后续云南大扶贫政策的制定与能力提升策略的出台提供理论支撑和参考依据。

第一节　内容分析法概述

一、内容分析法简介

社会科学领域的量化分析,又称为定量分析,指的是使用数据将模糊性或不确定性的东西变得明晰化或确定。量化的必要条件是划出在数量内容上不相同的同质客体,量化概念本身包括"测量"概念,测量过程是量化分析中的重要过程之一。在文献研究领域引入量化分析则派生出了文献量化分析。[①]文献的量化分析是综合了内容分析法、统计学、文献计量学等多学科的社会研究方法。内容分析法因其兼具定性和定量的特点,深受社会科学研究领域研究者的喜爱,也由此得到了广泛的应用。[②]

(一)内容分析法的源起

内容分析法最早起源于新闻界。20 世纪初,两次工业革命的发展使得信息在人们之间频繁传播,有人开始采用半定量的方法来统计报纸关于某类主题的报道次数,用来考察社会舆论的现状和未来舆论的趋势,了解新闻界对公众判断与信念的反应与影响程度。正是新闻报道与信息传播对定性与定量结合的研究需求,使得内容分析法逐渐从零散的"实践探索期"过渡到"理论研究期"。[③]《传播学研究中的内容分析》(美国学者伯纳德·贝雷尔森于 1952 年出版)一书正式确认了内容分析法是一种科学的研究手段。这一时期,在内容和使用步骤上,内容分析法得到了一定程度上的发展,由此,形成了内容分析法的初步模式和理论。20 世纪 60 年代的西方,内容分析法在情报领域得到推广,并进入美国大学的政治学、传播学、社会学课堂。70 年代,西方社会科学领域各学科开始广泛应用这一方法。80 年代以来,得益于当代科学的快速发展,内容分析法自身也得到了充实和完善,被应用于社会人文科学的多项领域且应用成果显著。

---

① 参见苏敬勤、李晓昂、许昕傲:《基于内容分析法的国家和地方科技创新政策构成对比分析》,《科学学与科学技术管理》2012 年第 6 期。

② 参见孙瑞英:《从定性、定量到内容分析法——图书、情报领域研究方法探讨》,《现代情报》2005 年第 1 期。

③ Berelson B., *Content Analysis in Communications Research*, Glen coe IL: Free Press, 1952, pp. 41-47.

(二)内容分析法内涵

内容分析法是定性研究和定量研究的综合,它在一定程度上用定量研究的特点弥补了定性研究的不足。内容分析法可以通过编码和统计将文字凝练的文献转化为数量化的资料。通过量化分析,可以探索隐藏在文献中的本质和易于计数的特征,克服定性研究的主观性和不确切性的缺陷,从而达到对文献"质"的更深刻、更精确的认识。[1] 关于内容分析法的定义,不同学者有不同的观点,主要包括以下看法。伯纳德·贝雷尔森将内容分析法定义为一种对具有明确特性的传播内容进行的客观、系统和定量的描述的研究技术;[2]克里本道夫将内容分析定义为系统、客观和定量的研究传播讯息并对讯息及其环境之间的关系做出推断的方法;霍尔斯蒂将内容分析法定义为"内容分析法是系统的、客观的指出讯息的特征"[3];华里泽和韦尼将内容分析定义为用来检查资料内容的系统程序;柯林杰对内容分析法下的定义是:"内容分析是以测量变量为目的,对传播进行系统、客观和定量分析研究的一种方法。"[4]其中,贝雷尔森的定义被学界广泛认可。[5]

(三)内容分析法的特征

内容分析法作为一种半定量或半定性的研究方法,具有系统性、客观性和定量性的特征。选用内容分析法来对中央及云南省在反贫困治理领域出台的政策进行分析,既发挥了内容分析法的特性,又体现了多领域融合的多元反贫

---

① 参见马文峰:《试析内容分析法在社科情报学中的应用》,《情报科学》2000年第4期。
② 参见卜卫:《试论内容分析方法》,《国际新闻界》1997年第4期。
③ 参见李本乾:《描述传播内容特征 检验传播研究假设——内容分析法简介(下)》,《当代传播》2000年第1期。
④ 邱均平:《文献计量学》,科学文献技术出版社1988年版,第5—8页。
⑤ 参见赵蓉英、邹菲:《内容分析法学科基本理论问题探讨》,《图书情报工作》2005年第6期。

困治理的特点。

系统性。系统性主要指在同一标准下,研究者不是根据自己的假设选择资料,而是根据研究的内容将所有资料进行整合选取的形式。① 系统性主要体现在抽样和评价过程中。首先,按照明确无误、前后一致的规则和一定的程序来选择被分析的内容;其次,将所有的研究内容以完全相同的方法进行处理。

客观性。客观性从结果和方法上体现出来,其目的在于保证不同的人从相同的研究文献中得出相同的结果。在研究方法上,应该具有一套明确和全面的变量分类的操作性定义和规则,以确保方法使用的规范性和研究结果的客观性。同时,客观性要求研究者在研究时必须保持客观理性的态度,不能让个人偏好影响研究结果,即研究结果不能因研究者的改变而发生变化。除此之外,由于研究对象是静态的,并不会与研究人员产生任何互动,因此不会干扰研究结果,可以确保分析结果客观。

定量性。从政策文本中提取出与研究相关的关键信息并用数量表现出来是内容分析法定量性的体现。它也是一种基于定性研究的量化分析方法,定量是其显著特征。② 内容分析法将用语言表示的信息内容转换为用数量表示的资料,并将分析的结果用统计数字描述。通过对信息内容"量"的分析,找到能反映文献内容本质且易于计数的特征,从而克服定性研究的主观性和不确定性,达到对文献"质"的更深刻、更精确的认识。

(四)内容分析法的分析过程

内容分析法的使用并不是无规律可循的,经过长期的经验积累,内容分析法的使用已形成了一般化的步骤,可分为"提出研究问题、确定研究范围、抽

① 参见孙瑞英:《从定性、定量到内容分析法——图书、情报领域研究方法探讨》,《现代情报》2005 年第 1 期。

② 参见郑文辉:《文献计量法与内容分析法的比较研究》,《情报杂志》2006 年第 5 期。

样、选择分析单元、设计分析的类目、建立量化系统、进行内容编码、分析数据资料、结论阐释、信度和效度检验"这十个阶段。①

1. 提出研究问题。研究问题的提出以研究目标为前提,因此,首先要弄清楚研究的目标。其次,作为指导研究工作开展的研究主题,其设计显得尤为重要。最后,根据研究的目的和主题,提出想要研究的问题或假设。

2. 确定研究范围。从字面上理解,确定研究范围就是划定分析内容的界限并作出详细的说明。同时,要对研究对象的定义进行操作化,操作化过程必须包括指定主题领域和确定时间段两个方面。

3. 抽样。当分析涉及大量资料的时候,进行普查的成本过高,抽样则成为有效的方法。符合研究目的、信息含量足够大、具有连续性、内容体例基本一致是样本选择的标准。抽样的目的在于选出符合研究目的的有效政策文本。

4. 选择分析单元。分析单元的选择与研究结果息息相关,是使用内容分析法过程中的重要环节,即搜寻与研究目标密切相关的各项计算对象。

5. 设计分析的类目。建立分析类目就是建立分析的类别、分析的维度,根据研究的需要进行分析类目的设计。在进行分类时,应使用同一套分类标准。同时,设计的分析类目应与研究目标密切相关,并且建立的类目体系要便于管理。②

6. 建立量化系统。类目、等距、等比三种尺度构成内容分析法中的量化方法。建立量化系统简单地说就是将静态的文本信息数据化,根据已选定的分析单元,记录每个分析单元中分析类目存在的频率。

7. 进行内容编码。将分析单元置于内容类目即为编码。该过程最为费时却也最具意义。进行内容编码时的注意事项如下:训练编码员,改进编码计

---

① 参见李本乾:《描述传播内容特征　检验传播研究假设——内容分析法简介(下)》,《当代传播》2000 年第 1 期。

② Guido Hermann Stempel, *Mass Communication Research and Theory*, Boston MA: Allyn and Bacon, 2011, pp.31~54.

划;进行实验性研究,检查编码员间的信度;使用标准化表格,简化编码工作。

8.分析数据资料。此阶段的工作包括三个部分:描述统计的结果、推断统计分析、相关分析和因果分析。描述性统计方法、推理的统计方法、聚类分析、结构分析以及判别分析都是内容分析会使用到的方法。

9.结论阐释。这一阶段,研究者要根据自己的研究类型,对上一过程得出的量化数据进行合理科学的分析和阐释。如检验变量之间关系的假设,其结论与解释要对应地阐述假设中提到的关系;如果是描述性的研究,则要求解释研究结果的含义和重要性等。

10.信度和效度检验。得出结论后,还要经过信度和效度的检验,才能确保该研究结论的客观性与真实性,使结果富有说服力。信度的检验要保证多次测量同样的原材料能得到类似的结论。效度的检验包括概念效度检验、实验效度检验和现象效度检验。

二、基于内容分析法的政策文献量化分析研究

得益学科交叉研究的推进,内容分析法现已经应用到公共政策文本分析中,由此衍生出政策文献量化分析。政策文献量化研究主要包含政策变迁研究、府际关系研究和政策关系研究。①

(一)基于内容分析法的社会体育政策工具的绩效特征量化分析

学者韩永君以全国 31 个省级行政区域的《全民健身实施计划(2016—2020 年)》为样本,采用内容分析法对体育政策工具的绩效特征进行了量化分析。研究者使用的 Nvivo11 软件提高了其研究结果的科学性。同时通过对文本中政策工具标志词进行编码、对案例节点建立类属并赋值,按类属统计工具出现频数生成了矩阵图和层次图。"其研究依据萨拉蒙提出的强制性、直接

---

① 参见黄萃、任弢、张剑:《政策文献量化研究:公共政策研究的新方向》,《公共管理学报》2015 年第 2 期。

性、自治性和可见性四种区分工具的关键类属来统计政策工具的出现频数,通过探讨高频工具类属揭示社会体育政策工具类属的总体趋势,同时,依据工具类属与其绩效特征间的关联关系,分析当前社会体育政策工具的绩效特征。"①最终发现基于工具不同类属的绩效特征存在较大差异,并提出四点具体举措作为政府进一步优化社会体育政策工具选择的参考。

(二)基于内容分析法的中国科技创新政策变迁量化分析

刘凤朝、孙玉涛以 1980—2005 年我国关于科技创新的政策为研究样本,构建创新政策的效力和类别两个维度,使用文献量化方法分析中国科技创新政策变迁路径。② 彭纪生、孙文祥、仲为国对 1978—2006 年中国的 423 条技术创新政策进行了量化分析,描绘了其演变轨迹,并运用计量模型探讨科技创新政策对经济和技术绩效的影响。③ 李燕萍等采用内容分析法对改革开放以来 42 项科研经费管理政策的变迁进行了量化研究。④ 黄萃等采用政策文献量化研究的方法,选取 1949—2010 年间我国中央政府颁发的 4707 件政策文献作为分析样本,采用共词分析和聚类分析的研究方法,研究在不同的历史时间段里我国科技创新政策主题聚焦点的变化。其研究比较了所划分的五个阶段我国科技创新政策文献主题词聚类的结果,展示了我国科技创新政策变迁的初步轨迹。⑤

---

① 韩永君:《社会体育政策工具的绩效特征——基于 31 个省级〈全民健身实施计划(2016—2020 年)〉的内容分析》,《武汉体育学院学报》2017 年第 10 期。

② 参见刘凤朝、孙玉涛:《我国科技政策向创新政策演变的过程、趋势与建议——基于我国 289 项创新政策的实证分析》,《中国软科学》2007 年第 5 期。

③ 参见彭纪生、孙文祥、仲为国:《中国技术创新政策演变与绩效实证研究(1978—2006)》,《科研管理》2008 年第 4 期。

④ 参见李燕萍等:《改革开放以来我国科研经费管理政策的变迁、评价与走向——基于政策文本的内容分析》,《科学学研究》2009 年第 10 期。

⑤ 参见黄萃、赵培强、李江:《基于共词分析的中国科技创新政策变迁量化分析》,《中国行政管理》2015 年第 9 期。

（三）基于内容分析法的中国集体建设用地流转政策演进的量化分析

基于内容分析法的客观性优点，可运用内容分析法对任何文献或有记录的传播事件进行分析。吕晓等以1982年到2013年间我国各地区关于农村集体建设用地流转的政策文献为研究对象，根据内容分析法的一般过程进行分析。最终，梳理出19份国家层面出台的政策样本和40份地方层面出台的政策样本，构建了由出台时间、纵向层级、文本的横向层级三方面组成的分析框架。在仔细研读每一篇政策文本的基础上，提炼出多个政策文本关键词，并通过统计分析各关键词在不同时间段上的频数，形成政策文本二维分布图。最后，从政策数量变化、政策纵横结构、政策内容的演进三个方面进行结果分析并提出政策建议。①

（四）基于内容分析法的中国城市矿产政策的文献量化分析

政策文献量化分析包括内容量化和文献计量。② 姚海琳等的研究搜集了1987—2015年中国中央政府颁布的城市矿产相关政策，并从中遴选出了77份政策文献，基于研究问题设计了"政策发文年度—政策发文主体—基本政策工具—政策作用对象"的四维分析框架。根据内容分析法原理在政策工具及政策作用对象的分析中，首先确定分析单元，其次进行编码，然后获得量化数据，最后通过时间序列分析及频次分析得出研究结论。在揭示中国城市矿产政策的总体特征和发展历程的同时，也指出政策中存在的问题。研究结果表明：从发文年度分析，政策具有明显阶段性，政策连续性和稳定性不断增强；

① 参见吕晓、牛善栋等：《基于内容分析法的集体建设用地流转政策演进分析》，《中国土地科学》2015年第4期。
② 参见姚海琳、向艳芳等：《1987—2015年中国城市矿产政策的文献量化研究》，《资源科学》2017年第6期。

从发文主体分析,政策效力层次偏低,涉及部门较多,缺乏领导、协调;从政策工具分析,以规制型政策工具为主,经济激励型、社会型政策较少;从政策作用对象分析,尚缺乏产品全生命周期视角下的系统政策设计。

（五）基于内容分析法的中国信息资源公益性开发与利用政策的发展趋势量化分析

闫慧以 11 份与我国信息资源公益性开发利用有关的报告作为分析文献,这 11 份报告全部来自 2002—2007 年 6 年间由原国务院信息化工作办公室制作的 44 份相关研究报告。依次对其编码,以公共政策和信息资源开发利用政策的一些基本理论和原理为依据,编制一个含有 6 个一级类（政策建议主体、政策责任者、实践落实者、政策受惠者、政策工具、政策资源）和 32 个二级类在内的编码目录。① 之后完成各类编码的频数统计,分别对这 6 个方面统计结果进行分析,并结合我国现状作出了以下预测:政府将在关于该领域的政策中发挥主导作用;未来制定该领域具体政策的主要责任者是国务院下属部委;执行这些政策主力军将由事业单位和其他 NGO 担任;我国该项政策的目标人群在短期内具有模糊性;在未来,政策制定者在进行该项政策制定时,将主要考虑资源和信息要素;政策工具主要由财政优惠措施和项目委托方式等构成。

三、内容分析法的 X—Y 维度与研究领域

内容分析法的核心价值就在于它强调了人类认知中"话语"的重要性。通过对文本中的"话语"的量化和比较,总结出隐含在文本中的一般性规律。在使用内容分析法做研究的过程中,多采用 X—Y 维度来构建分析框架。该方法可以探索和发现所选维度间的种种关系,从而极大地避免研究的片面性

---

① 闫慧:《我国信息资源公益性开发与利用政策的发展趋势——一项基于内容分析法的研究》,《图书馆情报》2009 年第 14 期。

与孤立性。内容分析法因为其定性和定量相结合的优点,被广泛应用于各个
领域的政策文本量化研究。

（一）基于内容分析法的中国风能政策文本解析

黄萃等人在中央政府相关部委网站和国内风电相关网站搜索收集了关于
风能的政策文本,最终梳理出符合准确性、代表性及有效要求的政策样本 42
份,并构建了 X—Y 维度分析框架,即基本政策工具—产业价值链维度分析框
架。然后按照"政策编号—具体条款/章节"的顺序进行编码,再根据构建好
的二维分析框架,进行分别归类,对基本政策工具维度进行统计分析,同时引
入价值链维度进行综合分析。最后,将所有的统计结果编制成直观的图表进
行分析,总结出研究结论,并提出相应的政策建议。①

（二）基于内容分析法的中国新能源汽车产业发展政策研究

在该领域,王薇和刘云以国家 2008—2017 年发布的 47 份新能源汽车产
业政策文献作为样本,并根据电动汽车产业化推进"三步走"战略将检索到的
政策文本划分为三个阶段。经过筛选,以阶段一（2008—2010 年）和阶段二
（2011—2015 年）的政策文本作为内容分析的样本。首先,建立政策工具和创
新价值链二维分析框架。其次,按照建立的二维分析框架对政策文本进行编
码和分类。再次,按照已经分好的两个时间段,统计频数分布。最后,进行定
量分析,总结我国促进新能源汽车产业发展政策的发展路径及与产业化推进
战略目标的匹配程度,根据分析结果对政策提出合理化建议,对未来政策的制
定提供理论依据。②

---

① 参见黄萃等:《政策工具视角的中国风能政策文本量化研究》,《科学学研究》2011 年第
6 期。

② 参见王薇、刘云:《基于内容分析法的我国新能源汽车产业发展政策分析》,《科研管理》
2017 年第 S1 期。

（三）基于内容分析法的科技成果转化政策研究

卢章平和王晓晶选取了 1980—2011 年国务院直属机构下发的与科技成果转化密切相关的 63 份各类政策文本作为研究对象，运用内容分析法研究各类政策工具在科技成果转化领域的使用情况。[①] 首先，确定分析单元。研究者把一个政策文本的所有内容作为一个分析单元，并根据与科技成果转化有关的词语进行检索，提取出关键信息。其次，构建分析类目。研究者基于我国科技转化成果的政策支撑体系，结合所选的政策文本，将其划分为权益归属政策、税收优惠政策、奖励政策和政府资助。再次，对政策工具进行分类。将政策工具分为供给型、环境型和需求型三大类，每个类别下面又细分为具体的政策工具。然后对政策工具和政策类目进行频数统计。最后，分析统计结果，得出结论，并给出相应的政策建议。

（四）基于内容分析法的中国海洋工程制造业政策文献研究

吴宾等在对中国海洋工程制造业政策文献做综合量化研究时，创造性地将文献计量法与内容分析法结合起来进行研究。[②] 首先，研究者选取了 43 份（2006—2016 年）与我国海洋工程制造业密切相关的政策文献作为研究对象。其次，研究者统计了不同年限发布的政策文献频数。再次，研究者从选取的文献中提取了系列主题词，并对主题词进行了聚类分析和共现网络分析。然后，运用内容分析法分析不同政策工具的使用情况。以"政策工具"为 X 维度，以"产业链"为 Y 维度，并借鉴 Rothwell 和 Zegveid 的政策工具划分方法（即将政策工具划分为供给型、环境型和需求型），构建了二维

[①] 参见卢章平、王晓晶：《基于内容分析法的科技成果转化政策研究》，《科技进步与对策》2013 年第 11 期。

[②] 参见吴宾、杨一民、娄成武：《基于文献计量与内容分析的政策文献综合量化研究——以中国海洋工程装备制造业政策为例》，《情报杂志》2017 年第 8 期。

分析框架。按照"政策编号—章节—具体条款"对 43 份政策文献的内容进行编码和归类。最后,统计编码结果的频数,并基于以上的统计结果作出了描述性的推论。

(五)基于内容分析法的中国少数民族双语教育政策文本研究

黄萃等运用内容分析法,以我国的少数民族双语教育政策文本为研究对象,将我国少数民族双语教育政策分为七个阶段进行量化分析,探究其发展历程。[①] 首先,选取研究的政策文本。研究者通过多方渠道按照发文单位和关键词进行搜索,初步收集少数民族双语教育政策文献 219 份,随后经过筛选补充,最终选定 69 份由中央印发的与少数民族双语教育密切相关的政策文献作为研究对象。其次,构建 X—Y 二维分析框架。研究者通过分析影响我国少数民族双语教育发展的因素和环节,结合相关理论知识,将"教育政策工具"作为 X 维度,将"教育发展要素"作为 Y 维度。然后,细分 X 维度(权威工具、系统变革工具、能力建设工具、激励工具、象征和劝诫工具)和 Y 维度(态度立场、技术手段、师资水平、教学规范、教材图书、研究反思以及其他)。最后将政策量化,并进行统计分析,得出研究结论。

本章将按照内容分析法的步骤有序开展大扶贫战略下反贫困治理水平测量研究。首先,选取中央政府及云南省政府制定的有效的扶贫政策文件作为分析样本;其次,根据工具—价值链二维分析维度建立反贫困治理水平测量分析框架;再次,按照政策文本中的扶贫政策工具内容进行编码,进而确定扶贫类型分析单元;然后,把契合的政策文本编码纳入分析框架进行扶贫政策工具的频数统计;最后,在量化分析的基础上测量扶贫的水平,进而给出未来扶贫水平提升的策略。

---

① 参见黄萃、赵培强、苏竣:《基于政策工具视角的我国少数民族双语教育政策文本量化研究》,《清华大学教育研究》2015 年第 5 期。

第二节　政策工具视域下中央—云南多中心协同反贫困治理的文本量化研究

　　贫困一直是人类亟待解决的问题,消除贫困也一直是人类孜孜不倦所追求的目标。党的十八大以来,以习近平同志为核心的党中央把坚决打赢脱贫攻坚战提升到事关全面建成小康社会奋斗目标的新高度,出台了一系列重大政策措施,举全党全国之力推进脱贫攻坚,极大拓展了中国特色扶贫开发道路,脱贫攻坚取得了新的显著成就。[①]

　　云南省地处我国西南边陲,自然条件恶劣,经济发展基础薄弱,部分地区长期以来存在破坏生态环境以求生存的情况,一定程度上造成了经济发展与生态系统的恶性循环。同时,不少地区多种贫困因素交织,结构型贫困明显。"截至2015年底,全省有471万建档立卡贫困人口、88个贫困县、4277个贫困村,贫困发生率12.7%。"[②]"十二五"期间,云南省始终坚持把扶贫开发作为第一民生工程,在省委和省政府的高度重视下,出台了一系列重要政策文件,政策体系得以完善,资金投入增加,基础设施得以改善,社会扶贫力量发展壮大,贫困群众生活提升,贫困人口数量得到减少,扶贫开发工作成效明显。然而,受其自然条件和历史遗留问题的影响,仍存在贫困面广、基础设施与公共服务滞后和内生发展动力不足等困难。"十三五"是打赢脱贫攻坚战的决胜时期,云南省加大扶贫力度,在专项扶贫、行业扶贫和社会扶贫的大扶贫格局下,形成了政府、市场和社会合力攻坚的良好局面;在中央"大扶贫"政策指导下,出台了《云南省脱贫攻坚规划(2016—2020年)》等系列扶贫政策文件,从政策层面绘制了云南实施脱贫攻坚的战略

---

　　① 刘永富:《中国特色扶贫开发道路的新拓展新成就》,《人民日报》2017年9月4日。
　　② 参见张晶晶:《让群众更幸福　脱贫攻坚行动计划出炉》,2017年8月30日,见 http://www.prcfe.com/web/2017/0830/190576.html。

蓝图。

　　本章采用内容分析法,旨在通过使用该方法掌握中央—云南对扶贫政策工具的使用情况,揭示中央—云南扶贫政策工具的使用偏好,挖掘扶贫政策工具使用的规律,为更深入研究扶贫政策工具提供理论依据。自党的十八大以来,已有的扶贫政策涉及领域广泛、内容众多、数量巨大,在充分考察政策文本的适用性、针对性、代表性的基础上,本书主要聚焦大扶贫方针的政策文本,最终选取了由中共中央、国务院、中共中央办公厅、国务院办公厅、中国人民银行、财政部、国家发展改革委员会、国家扶贫办、云南省人民政府、云南省扶贫办、云南省发展改革委等权威部门在 2010—2017 年间颁布的法规、意见、办法、通知、公告等共 72 份政策文本。所选取的政策文本都可通过公开查询获取,具有较强的可信度及公信力。通过对中央和云南的反贫困政策文本进行量化统计分析,旨在总结出中央与云南的多中心协同反贫困治理的政策所蕴含的特征及模式特点,探寻云南在大扶贫战略实施和推进中政策工具的使用频率及偏好,争取为云南减贫的持续推进提供政策支持。

表 3-1　经筛选的中央与云南重要扶贫政策文件汇编节选

编号	中央扶贫政策文本名称	发文机关	发文年份
1	《中国农村扶贫开发纲要(2011—2020)》	中共中央、国务院	2011
2	《国务院办公厅转发教育部等部门关于实施教育扶贫工程意见的通知》	国务院办公厅	2013
3	《关于创新机制扎实推进农村扶贫开发工作的意见》	中共中央办公厅、国务院办公厅	2014
4	《关于全面做好扶贫开发金融服务工作的指导意见》	中国人民银行、财政部等	2014
5	《创新扶贫开发社会参与机制实施方案》	国务院扶贫办、中央组织部等	2014

续表

编号	中央扶贫政策文本名称	发文机关	发文年份
6	《全国扶贫开发信息化建设规划》	国务院扶贫办	2014
7	《关于进一步动员社会各方面力量参与扶贫开发的意见》	国务院办公厅	2014
8	《关于创新发展扶贫小额信贷的指导意见》	国务院扶贫办、财政部等	2014
9	《关于加快推进残疾人小康进程的意见》	国务院	2015
10	《中共中央　国务院关于打赢脱贫攻坚战的决定》	中共中央、国务院	2015

注:该表节选10份政策文本,详见附录1。

一、基于工具—价值链二维维度的多中心协同反贫困治理政策文本分析框架

工具、价值二维分析框架首创者是德国著名的社会学家、管理学家、经济学家兼哲学家马克斯·韦伯。马克斯·韦伯是现代最具影响力和话题的思想家之一。其中他的工具、价值二维分析框架在社会学及政治学领域有着广阔的运用空间和分析价值。马克斯·韦伯富有创造性地将理性进行了解构,从社会学的角度构建了工具—价值二维分析框架,用于挖掘价值理性和工具理性的方法论意义。韦伯认为,价值理性和工具理性是包含两种不同思维取向的社会行为,即"价值合理性行为"和"结果合理性行为"。他认为,所谓的"价值合理性行为"是指在信仰、道德、法律、社会风尚等的价值观念的指引下,不折不扣地完成了某项任务和目标,没有其余的其他观念的干预。"价值合理性行为"关键点在于价值感的创设,即某种行为是否合理关键要看这种行为是否符合价值观的标准,是否符合行为者的价值体系和观念场域。而"结果合理性行为"的评价标准在于执行该项事务所采用的手段是否合理,所采用的手段是否和其结果保持一致,是否从达成结果的有利的角度去执行。在韦

伯的思想观念里,"价值合理性行为"的焦点在于对价值观念的绝对认同与无条件遵从,而"结果合理性行为"的关注焦点在于对测量工具的选择和结果的考量,因而,韦伯也把这两种不同的行为选择称为价值理性和工具理性,并被世人熟知和运用。为了对资本主义社会行为和社会现象进行研究并找到其中的原因,马克斯·韦伯创设了价值理性与工具理性的"理想型"(Ideal Type Modal)二维分析框架,用于解释为什么西方资本主义会这样发展以及西方资本主义发展的历史路径和现实沿革,同时也使研究者能够把纷繁复杂的现实世界镶嵌于一种理性的秩序中,为研究社会发展模式提供了一个因果分析范式。

韦伯将价值理性与工具理性模型运用在多个研究领域中。第一,韦伯在其《经济与社会》一书中将价值理性与工具理性模型在经济领域进行了研究应用。第二,韦伯将价值理性与工具理性模型应用于政治领域,认为法理型统治取代传统型统治和魅力型统治的实质就在于工具理性对于价值理性的取代。第三,韦伯将价值理性与工具理性模型应用于行政领域,最有影响力的当属韦伯科层制和官僚制在行政领域的产生和扩展,其实质上就是工具理性行为方式在行政领域和社会组织中取代价值理性行为方式的结果的观点。第四,韦伯将价值理性与工具理性模型应用于宗教领域。韦伯认为宗教的发展过程本质上和人类社会及组织的发展过程是一致的,也是一个不断理性化的过程,即工具理性取代价值理性的过程,具体表现为宗教的各种观点在文化领域的强化、繁殖和占领。第五,韦伯认为资本主义社会和组织发展的载体就是价值理性和工具理性。他以价值理性和工具理性为载体分析了资本主义的发展现状并预言了资本主义的发展趋势,即价值理性和工具理性必将在资本主义社会中产生分裂和冲突,其结果势必导致世俗功利价值的流行、价值理性的萎缩、社会关怀的缺乏、理想的缺失、道德的沦丧、生命的倦怠、精神的虚无以及社会的恶性循环;并直指工具理性和价值理性的冲突既是资本主义社会出现危机的根源,也是社会主义社会矛盾频发的原因,故寻找社会治理之道应从价值理性与工具理性的冲突和矛盾中找寻化解的药方。

理性要素和价值要素是扶贫政策工具选择时必须考量的两个重要方面。偏离理性的扶贫政策工具缺乏科学性,偏离价值的扶贫政策工具缺乏立场和同理性。理性和价值是扶贫政策工具两个不可或缺的维度,相互支撑,相互制衡。科学合理的扶贫政策工具必须兼具二者,同时考虑政策主体与政策课题及其他政策相关者之间的关系。从时空维度来看,扶贫政策工具必须注重政策的连续性和持续性,同时,还必须兼顾中央与云南省扶贫的差异性,做到兼顾全局而又着眼地域特色,政策不偏不倚、相互补充,共同致力于反贫困目标的完成。在确定研究主题、选定分析政策文本后,关键是构建文本的理论分析框架并选定参照标准。本书采用 Rothwell 和 Zegveid① 本章从政策工具与治理价值链两个维度——X、Y 维度出发,来构建中央—云南多中心协同反贫困二维分析框架,并从反贫困治理的政策特征入手进行政策文本编码分析。其中,X 维度是多中心协同反贫困治理的政策工具,理性和价值是在进行政策工具选择时需要考虑的两个要素。需求方、供给方和制度环境是影响公共政策供需达到平衡的三个主要因素。② Y 维度是多中心协同反贫困治理的价值维度,代表政府政策在中央及云南省多中心协同反贫困治理过程中各个主体之间的协同价值。③

(一)X 维度:多中心协同反贫困治理的政策工具

政策工具被划分为供给型、环境型和需求型三种类型。其中,供给型政策

---

① Rothwell, R., Zegveld. W., *Industrial Innovation and Public Policy: Preparing for the 1980s and 1990 and 1996s*, Frances Printer, Condon, 1981, pp.28-32.

② 参见杨志军、耿旭、王若雪:《环境治理政策的工具偏好与路径优化——基于 43 个政策文本的内容分析》,《东北大学学报(社会科学版)》2017 年第 3 期。

③ 参见刘强强、莫兰:《政策工具视角下贵州省扶贫政策的文本量化研究》,《福建行政学院学报》2016 年第 5 期。

工具主要通过资金投入、教育培训、项目供给和信息提供等方式改善科技发展的供给因素,从而推动科技发展,改善贫困地区供给不足问题,直接性地推动云南省多中心协同反贫困事业的发展。[①] 环境型政策工具通过制度规划、金融服务、税收优惠和监督约束等方式治理反贫困环境,为多中心协同反贫困提供有利的发展环境,间接性地促进云南省多中心协同反贫困治理事业的发展。需求型反贫困指通过政府外包、政府购买、市场塑造和 PPP 模式等方式加大市场参与扶贫的力度,以需求带动供给,稳定反贫困环境,降低多中心协同反贫困治理的风险。本章的分析遵从这种划分依据,将多中心协同反贫困治理的政策工具划分为供给型、环境型、需求型三大类,并以此分析云南省多中心协同反贫困的特征。

供给型政策工具中资金投入是最直接、也是最传统的扶贫模式。教育培训主要通过提高人力资源素质,从根本上铲除穷根,是见效较慢但最持久的扶贫政策工具。项目供给是通过项目的形式带动贫困群众脱贫致富,具有见效快的特点,但扶贫效果受项目可持续性的制约。信息提供是通过信息渠道,增加贫困者致富的能力,进而实现脱贫,但信息的供给与脱贫者的个人能力息息相关——能力较强的信息接受性强,扶贫效果好;能力较弱者,信息接受性差,扶贫效果较差。

环境型政策工具受宏观环境的影响较大,特别是受国家宏观政治、经济政策的影响较大。但在全面脱贫攻坚的现阶段,中国扶贫治理的环境政策优势明显——国家把脱贫攻坚作为国家战略和首要任务目标,所有工作围绕脱贫攻坚开展,全国上下一条心为打赢脱贫攻坚战而努力,为脱贫攻坚创造了良好的政治、经济、社会、文化等环境。

需求型政策工具以需求带动供给,明确分工,引入企业管理模式,合理分配扶贫要素,实现扶贫生产要素的高效流动,提升扶贫工作效率,最终实现脱

---

① 参见周京艳、张惠娜等:《政策工具视角下我国大数据政策的文本量化分析》,《情报探索》2016 年第 12 期。

贫。需求型政策工具是近几年比较火热和流行的新的扶贫治理政策工具,扩展了原有的传统扶贫政策工具,为扶贫治理提供了新的思路和方法,是大扶贫战略积极倡导的政策工具。

(二)Y 维度:多中心协同反贫困治理的价值准度

扶贫政策执行的价值关系主要涉及中央和地方、政府和社会、政府和企业及官民之间的关系。中央与云南大扶贫治理遵循自上而下、由大到小的扶贫治理模式。从治理价值链维度分析,云南的大扶贫治理可以分为央地协同、府际协同、政社协同、政企协同、官民协同五个协同。

1. 央地协同。即中央与云南省地方政府之间的协同,是多中心协同的基础保障,中央与地方在反贫困治理上高度一致,形成合力,保证了云南省大扶贫治理政策的有效推广和实施。

2. 府际协同。即云南省与其他省、云南省下辖的市与市、市与自治州、自治州与自治州、政府各部门之间的协同。府际协同可以确保扶贫政策不受部门利益影响,使反贫困治理在各州市间有效实施,加强各州市之间的交流与合作,从而保障扶贫的效果。

3. 政社协同。即政府与社会之间的协同,加大社会力量进一步参与反贫困治理事业的力度,促进多中心协同反贫困治理事业的深化,有利于大扶贫格局的建构。

4. 政企协同。即政府与企业之间的协同,明确规划企业在反贫困治理过程中的参与情况,有利于加强企业在大扶贫过程中的责任意识。

5. 官民协同。即官员与人民之间的协同,也指政府与民众之间的协同。官民协同是政府与民众相互信任、相互支持的根本保证,也是官民携手共创美好生活的重要支撑。

通过对政策工具和治理价值链两个维度的分析,政策工具从供给型、环境型和需求型三个维度以及央地协调、府际协调、政社协同、政企协同、官民协同五个维度的治理价值角度出发,分别形成了对应的治理内容,最终构建了中央—云南多中心协同反贫困治理政策文本的二维分析框架(见图 3-1),为云南贫困地区多中心协同反贫困治理提供了理论的分析架构和现实的实践路径。

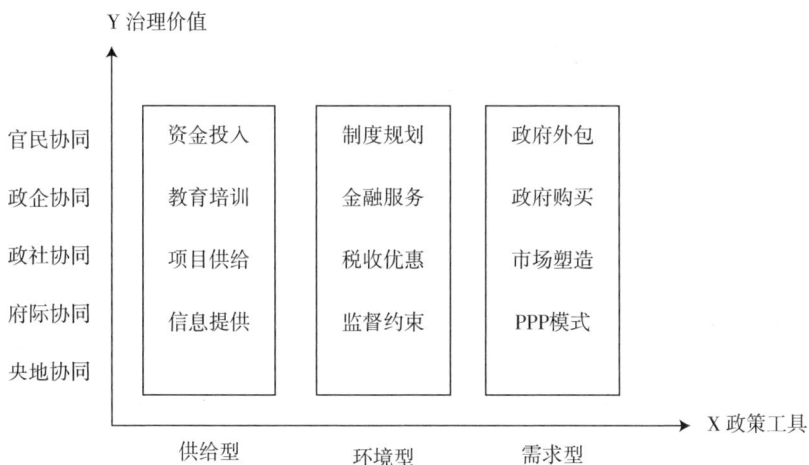

图 3-1 多中心协同反贫困治理的 X—Y 维度内容分析

二、文本单元编码与数据统计

(一)文本单元编码

中央与云南扶贫政策文本中的相关内容是本节分析框架中的分析单元。首先,将 72 份政策文本内容按照"政策编号—具体章节"的格式进行编码,然后根据建立大扶贫二维政策分析框架,将这些政策文本进行归类,共计 1619条,最终形成内容分析单元,见表 3-2(详见附录 1)。

表 3-2　中央—云南扶贫政策内容分析单元编码节选(总共 1619 条)

编号	文本名称	内容分析单元	类型	工具名称	协同类型	编码
1	中国农村扶贫开发纲要(2011—2020年)	把社会保障作为解决温饱问题的基本手段,逐步完善社会保障体系	环境型	制度规划	央地协同	1—1
		安排项目时向贫困地区倾斜	供给型	项目供给	央地协同	1—1
		实行扶贫开发目标责任制和考核评价制度	环境型	监督约束	央地协同	1—1
		广泛动员社会各界参与扶贫开发,完善机制,拓展领域,注重实效,提高水平	需求型	PPP 模式	政社协同	1—1
		提高农村实用技术和劳动力转移培训水平	供给型	教育培训	官民协同	1—2
…	……	……	……	……	……	……
2	《国务院办公厅转发教育部等部门关于实施教育扶贫工程意见的通知》	推进教育强民、技能富民、就业安民	供给型	教育培训	央地协同	2—1
		提高基础教育的普及程度和办学质量	供给型	教育培训	央地协同	2—1
		加大教育扶贫工程的实施力度	供给型	教育培训	央地协同	2—1
		制定教育扶贫工程的实施方案和年度计划	环境型	制度规划	央地协同	2—1
		设立专项资金,对在片区乡、村学校和教学点工作的教师给予生活补助	供给型	资金投入	央地协同	2—2
…	……	……	……	……	……	……
71	《云南省脱贫攻坚责任制实施细则》	省委、省政府根据脱贫攻坚任务需要调整财政支出结构,建立扶贫资金增长机制	供给型	资金投入	府际协同	71—2
		统筹使用东西部扶贫协作、定点扶贫和企业集团帮扶等资源	需求型	市场塑造	政企协同	71—2
		省委、省政府加强对贫困县的管理,组织落实贫困县考核机制、约束机制、退出机制、督查巡查机制	环境型	监督约束	府际协同	71—2
		省扶贫开发领导小组负责全省脱贫攻坚的综合协调,统筹省级行业扶贫考核,组织实施对州(市)、县(市、区)党委和政府扶贫开发工作成效考核	环境型	监督约束	府际协同	71—2
		省扶贫开发领导小组依托全国扶贫开发信息系统,以信息化推动扶贫开发工作科学化、规范化、精细化	供给型	信息提供	央地协同	71—2

续表

编号	文本名称	内容分析单元	类型	工具名称	协同类型	编码
…	……	……	……	……	……	……
72	《云南省脱贫攻坚规划（2016—2020年）》	省级以上财政专项扶贫资金投入，由2010年的26.67亿元增加到2015年的61.12亿元，年均增长18.04%	供给型	资金投入	府际协同	72—1
		行业扶贫和金融扶贫力度进一步加大	环境型	金融服务	政企协同	72—1
		按照"中央统筹、省负总责、市县抓落实"的工作机制和目标、任务、资金、权责"四到县"要求，坚持问题导向和目标导向，统筹整合使用财政涉农资金	供给型	资金投入	府际协同	72—2
		充分发挥考核"指挥棒"作用，量化细化考核内容，实行纵向横向考核，突出正向激励，严肃责任追究	环境型	监督约束	府际协同	72—2
		贫困户人均可支配收入达标、有安全稳固住房、适龄青少年就学有保障、基本医疗有保障、社会养老有保障、享受1项以上扶贫政策项目资金帮扶	供给型	资金投入	官民协同	72—2

（二）数据统计

根据内容分析单元编码表，将不同的政策工具进行分类，得到各类政策工具的分布。再引入价值链维度影响因素，采用传统逐条分类手动统计政策条目测算方法得到工具—价值链框架下的中央与云南大扶贫政策工具选择占比分布（见表3-3）。

表 3-3　工具—价值链框架下的中央与云南大扶贫政策工具选择频数分布

编码统计		央地协同	府际协同	政社协同	政企协同	官民协同	合计	比例
供给型	资金投入	96	77	23	6	70	272	42.989%
	教育培训	33	19	35	9	92	188	
	项目供给	35	29	22	13	40	139	
	信息提供	26	15	24	4	28	97	
环境型	制度规划	123	51	27	14	35	250	38.233%
	金融服务	24	10	17	49	27	127	
	税收优惠	16	0	4	8	3	31	
	监督约束	62	112	28	1	8	211	
需求型	政府外包	0	0	5	1	0	6	18.778%
	政府购买	4	1	34	4	0	43	
	市场塑造	8	2	23	88	5	126	
	PPP 模式	2	1	114	7	5	129	
合计		429	317	356	204	313	1619	
比例		26.498%	19.580%	21.989%	12.600%	19.333%		

根据表 3-3 的占比数据,可将三种政策工具的占比用饼状图的形式进行直观的展示(见图 3-2、图 3-3、图 3-4 和图 3-5)。具体到各个类型的扶贫政策工具,图 3-2 显示,在三种类型的政策工具中,被使用最多的是供给型政策工具(42.989%),其次是环境型政策工具(38.233%)和需求型政策工具(18.778%)。图 3-3 显示在供给型政策工具中,资金投入(16.800%)比例最高,教育培训(11.612%)和项目供给(8.586%)比例相当,信息提供(5.991%)比例最低。图 3-4 显示在环境型政策工具中,制度规划(15.442%)占比最高,其次是监督约束(13.033%)和金融服务(7.844%),最少的是税收优惠(1.914%)。图 3-5 显示在需求型政策工具中,市场塑造(7.783%)和 PPP 模式(7.968%)比例相当,政府购买(2.656%)和政府外包(0.371%)占比较低。

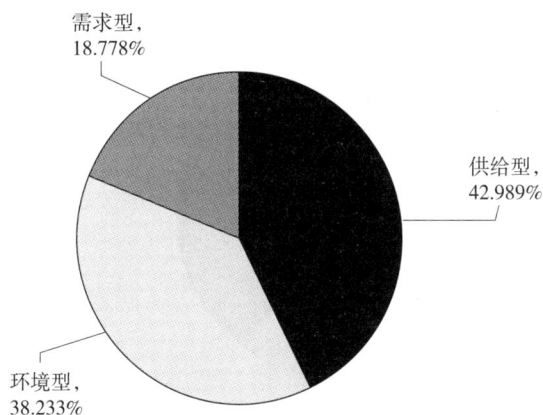

需求型，
18.778%

供给型，
42.989%

环境型，
38.233%

图3-2　三种类型政策工具选择频数分布

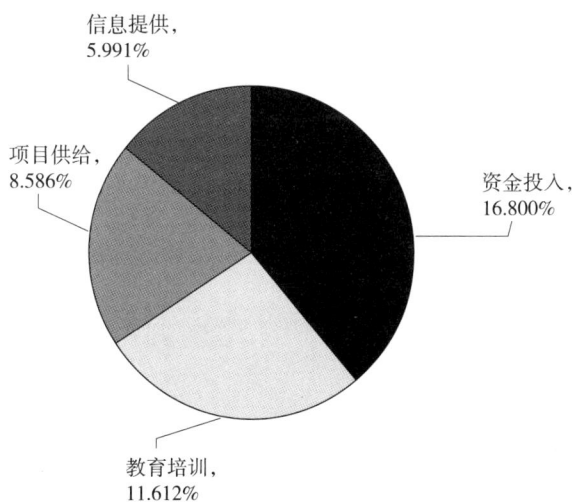

信息提供，
5.991%

项目供给，
8.586%

资金投入，
16.800%

教育培训，
11.612%

图3-3　供给型政策工具中具体选择频数分布

（三）研究结论

第一，中央与云南的大扶贫治理的特征主要体现在央地协同和政社协同方面。根据统计结果分析（见表3-3），1619项内容分析单元分散于治理价值的每个层面，但每个层面又各不相同。其中，央地协同占26.498%，政社协同

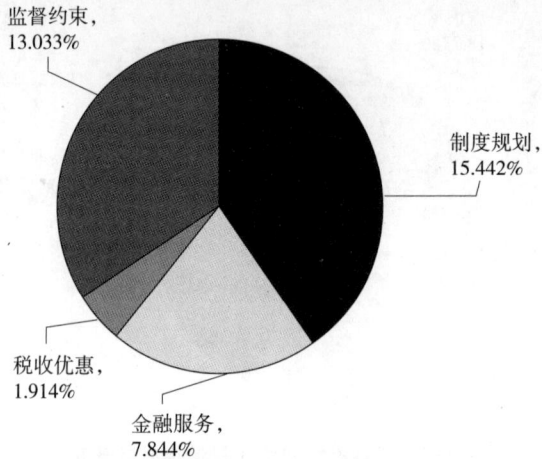

图3-4　环境型政策工具中具体选择频数分布

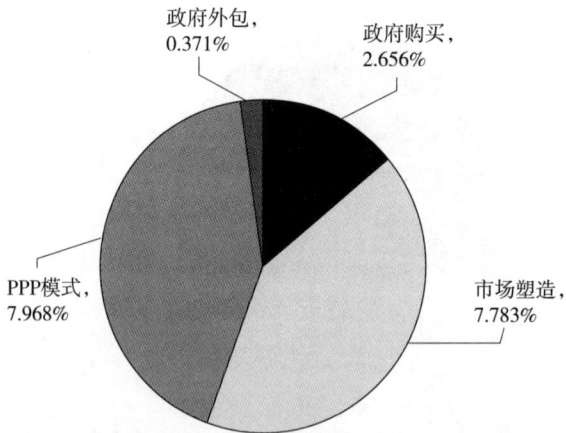

图3-5　需求型政策工具中具体选择频数分布

占 21.989%,官民协同占 19.333%,政企协同占 12.600%,府际协同占 19.580%,央地协同和政社协同比例相对较高。这一分析结果与云南的大扶贫治理现实吻合。我国的扶贫开发工作虽是在政府主导下进行的,但受到政府职能有限的约束和新公共管理运动的影响,政府仍要广泛动员各界社会力量参与。因此,央地协同和政社协同成为中央和云南大扶贫治理的主要方式。

随着反贫困治理的纵深推进,反贫困治理逐渐迈向政府主导下的多主体协同的大扶贫格局,但大扶贫格局的构建需要时日,其他扶贫治理主体力量的壮大也需要时间。

第二,供给型和环境型是中央与云南大扶贫治理主要采取的政策工具。从政策文本内容分析单元的频数分析,不难看出,中央与云南的政策文本涉及政策工具的三个方面,综合运用了三个工具。其中,供给型政策工具占42.989%,环境型政策工具占38.233%,需求型政策工具占18.778%。可见,中央与云南省偏重于供给型政策工具和环境型政策工具的运用。也就是在政府主导的基础上,通过环境塑造,吸引社会和市场积极参与扶贫开发,协调政府、社会和市场的关系,构建云南各方力量参与扶贫的大扶贫格局。

第三,供给型政策工具的结构分布比较均衡。在供给型政策工具中,资金投入占16.800%,教育培训占11.612%,项目供给占8.586%,信息提供占5.991%。资金投入在供给型政策工具中占主要位置。云南贫困面大、贫困程度深、基础设施落后、人口素质不高等问题突出,单单依靠贫困地区自身的经济发展是远远不够的,需要强化资金的投入,进行外源性扶贫。教育培训占次要位置,这是可持续发展和阻断贫困代际传递的体现。项目供给是扶贫政策实施的具体体现,但信息提供占比较低。随着大数据的运用与推广,信息将在扶贫过程中发挥更加重要的作用。特别是云南作为上海的对口帮扶城市,应充分学习上海在"数字化"治理、"智慧城市"建设、"大数据"运用等方面的有益经验,着力推广"数字云南"建设,争取为云南脱贫攻坚提供真实、客观、科学、有效的分析。

第四,环境型政策工具的结构分布不平衡。在环境型政策工具中,制度规划占15.442%,金融服务占7.844%,税收优惠占1.915%,监督约束占13.033%。制度规划在环境型政策工具中占主要位置,这是因为战略性规划对反贫困具有重要意义,是扶贫工作正确有效的保证。监督约束占次要位置,这是打赢脱贫攻坚战的重要保障,是国家的政策和资金切实用到位的保证。

金融服务和税收优惠总计占9.759%,政府投入继续发挥着重要的作用,财政进一步向贫困地区转移。但财政资金的转移并非一劳永逸解决贫困地区的良药,需与当地产业结合方可。云南在脱贫攻坚过程中,已形成了一批有浓郁地域特色的"金融+资金+产业"的特色扶贫之路,在后续的脱贫攻坚中还需进一步借助产业优势,大力发展云南高原特色产业,形成可持续的内生型脱贫之道。

第五,需求型政策工具的比例最低。在需求型政策工具中,政府外包占0.371%,政府购买占2.656%,市场塑造占7.783%,PPP模式占7.968%。市场塑造和PPP模式占主要位置,这是政府构建多元主体参与扶贫的体现。减少交易成本、有利于政府职能转变、投资多元、公私部门相互协作以及风险共担等是PPP模式在贫困治理过程中具有的特别优势和价值。政府服务外包和政府服务购买的比例只有3.027%,现阶段云南省政府服务外包和政府服务购买在扶贫开发中发挥的作用不大,政府应采用更有效的政策工具。市场的归市场,政府的归政府,在"供给侧"结构性改革的战略部署下,在"放管服"政策的支持下,政府将持续鼓励民营企业更多地参与国家经济发展,特别是脱贫攻坚领域,在政府购买公共服务的浪潮的助推下,政府与企业各司其职、各负其责,在各自的领域内做好专业之事,共同为脱贫攻坚贡献力量。①

第三节　中央—云南大扶贫能力提升与展望

在公共政策研究领域,公共政策工具与公共政策目标的匹配度是研究公共政策有效性的重要指标之一,适合的公共政策工具有助于公共政策目标的实现,不适合的公共政策工具有碍于公共政策目标的实现。本书所研究的扶贫政策工具与扶贫政策目标亦是如此。

---

① 参见刘强强、莫兰:《政策工具视角下贵州省扶贫政策的文本量化研究》,《福建行政学院学报》2016年第5期。

本书通过工具—价值链框架下的中央与云南扶贫政策工具分析,得出如下结论:在大扶贫格局下,中央及云南大扶贫治理的主题合作态势明显,合作方式多样。既有央地政府协同反贫困,又有府际政府协同反贫困,还有政社协同反贫困,更有政企协同反贫困等方式多样的反贫困协同治理,形式灵活多样,内容丰富异常,为云南反贫困治理奠定了良好的大扶贫协作基础。扶贫仅仅依靠政府力量始终是单薄的,只有充分调动各参与主体,营造浓郁的正能量的脱贫氛围,构建由政府主导,社会、市场、个人积极参与的整体性的多中心协同反贫困治理体系,从整体上统筹,才能从根源上铲除穷根。①

首先,中央与云南大扶贫战略中供给型和环境型政策工具的使用是云南反贫困治理的主要政策工具。这一结论充分体现了云南在反贫困治理中充分发挥扶贫自主性,结合中央"供给侧"改革的战略要求,以市场需求为供给的依据,充分发挥云南的自然资源优势和环境优势,打造云南的健康、旅游、养生项目,走云南的绿色、协调、可持续扶贫之路。同时,不难发现供给型政策工具中教育、医疗、产业等的战略分布平衡,说明云南已充分认识到教育、医疗、资金、信息方面的发展对云南脱贫起着至关重要的作用,这将是云南脱贫的主要努力方面。2020 年是"十三五"的收官之年,也是与"十四五"的衔接之年,期待教育、医疗、资金、信息方面的政策部署能在云南的"十四五"规划中有完善的布局,助益云南经济社会的跨越发展。

其次,云南环境型政策工具的结构分布不平衡及其失衡的比例将为云南优化政策工具、提升政策效率提供依据。在未来,期冀云南省政府在设置环境型政策时将制度规划、金融服务占比、税收优惠、监督约束等进行统筹,调整政策工具比重,制定适合云南经济社会发展的政策,进而优化政策效果,提升扶贫效率。

最后,需求型政策工具的比例最低表明云南省在扶贫领域的市场行为效率低下,也反映出云南省政府的施政偏向,这与云南的区位和地缘政治有关,

---

① 参见冯朝睿:《中西比较视野下的反贫困治理研究述评》,《昆明理工大学学报(社会科学版)》2019 年第 3 期。

也与施政理念有一定的相关性。期冀在大扶贫格局下,云南省领导干部能够锐意进取、改变观念、加强学习、转变作风,以更加开放的姿态,大力发展市场机制,盘活云南的资源,促进生产要素的合理配置和流动,为脱贫攻坚注入市场的血液和基因,攻克贫困问题。

中国的反贫困治理事业的成败对全球反贫困治理的推进具有重大影响。扶贫政策是通过对资源的战略性运用,以协调经济社会活动及相互关系的一系列政策的总称,旨在解决贫困治理问题,服务于政府发展战略。扶贫政策的实施效果既是学术问题,也是经济问题,还是政治问题,更是人类发展的大问题。中国扶贫政策制定与实施的效果事关中国能否如期完成全面建成小康社会的庄严承诺。本章选定2010—2017年中央及云南下发的72份扶贫政策文本,运用内容分析法从理性政策工具X维度和价值治理成效Y维度分别展开分析,制定了代表扶贫政策工具的12项指标和代表扶贫价值的5项指标,分析了多中心协同反贫困治理政策主体之间的内在关系,得出了云南脱贫攻坚战的实施效果良好的结论。虽然中国在反贫困治理方面取得了举世瞩目的成绩,但并不能表明中国所有的扶贫政策在制定和实施中都是完美无缺或没有瑕疵的,因此结合内容分析法的分析,本章节总结提出了三个方面的持续改进意见,既创新性地运用公共管理学的方法量化评价了云南近几年的扶贫治理效果,也为中国脱贫攻坚战的经验总结提供了范例。

第四章　多中心协同反贫困治理的实践逻辑——以滇西北连片特困地区为例

　　滇西边境山区是我国 14 个集中连片特殊困难地区中贫困面最广、贫困程度最深的片区,面临着基础设施瓶颈突出、基本公共服务不足、特色产业发展缓慢等问题。为贯彻习近平总书记扶贫开发重要战略思想和 2015 年 1 月深入云南实地考察的重要讲话精神,全面落实中央、云南省打赢脱贫攻坚战重要决策部署,实现区域扶贫对象"两不愁三保障"的综合标准,滇西北连片特困地区各州市党委、政府在省委、省政府的坚强领导下,围绕全面建成小康社会的总体目标,建立健全反贫困治理体系,加强扶贫干部队伍建设,加大扶贫资金投入,不断形成政府与商业组织、社会团体等的密切合作形式,形成了多中心协同的反贫困治理格局,探索出了独具特色的滇西北连片特困地区的脱贫攻坚之路。

　　滇西北连片特困地区既有历史包袱和资源压力,同时兼具地域特色、民族特性及人口素质特点。[1] 随着国务院扶贫办和国家发展改革委对《滇西边境片区区域发展与扶贫攻坚规划(2011—2020 年)》的批复,该区的扶贫工作迈入了新的历史进程。滇西北连片特困地区大力培育发展扶贫攻坚多元主体,

---

　　① 参见冯朝睿:《多中心协同反贫困治理体系研究——以滇西北边境山区为例》,《西北人口》2016 年第 4 期。

通过借助"扶贫日"平台,不断扩大脱贫攻坚的社会影响,强化社会参与,全面构建以专项扶贫、行业扶贫、社会扶贫"三位一体"的大扶贫格局,[①]从政府为主转向政府、市场、社会协同推进。滇西北连片特困地区多措并举,产业扶贫、旅游扶贫、教育扶贫、社会扶贫、健康扶贫、易地扶贫、帮扶扶贫、电商扶贫、科技扶贫、直过民族扶贫、金融扶贫和生态扶贫等多种扶贫新模式共同发力、协调发展,各相关部门相互协调,致力于如期打赢脱贫攻坚战。

第一节 调研方法、对象及过程

随着我国全面建设小康社会向纵深方向推进,连片特困地区的扶贫开发成为国家脱贫攻坚的主战场。[②] 滇西北连片特困地区位于我国西南边陲,主要分布在横断山区南部和滇南山间盆地,山高谷深,基础设施薄弱,产业落后,民众平均受教育年限短,综合性贫困突出,集边境地区和民族地区于一体,是国家新一轮扶贫开发攻坚战主战场中边境县数量与世居少数民族最多的地区。该地区涵盖云南省的 11 个州市和 56 个县(区),其中 11 个州市分别是保山市、丽江市、普洱市、临沧市、楚雄彝族自治州、红河哈尼族彝族自治州、西双版纳傣族自治州、大理白族自治州、迪庆藏族自治州、德宏傣族景颇族自治州和怒江傈僳族自治州。

解决连片特困地区的贫困问题是全面建成小康社会、实现中华民族伟大复兴的关键。相较于传统政府独揽的单中心反贫困治理模式,滇西北连片特困地区构建的是以政府为主体,非营利组织、社会组织、个人及政府内部各部门间共同协作的多中心协同的反贫困治理模式,形成信息互通、相互协调、全面对接的高效性协调组织网络,从战略、组织、政策、社会、资金、宣传、技术和

---

① 参见徐前、朱红霞:《云南构建三位一体大扶贫格局》,《昆明日报》2016 年 2 月 14 日。
② 参见冯朝睿:《连片特困地区多中心协同反贫困治理的初步构想》,《云南社会科学》2014 年第 4 期。

帮扶等多个方面进行具体的多中心协同,并在产业扶贫、旅游扶贫、教育扶贫、社会扶贫、健康扶贫和科技扶贫等多项扶贫工作中发挥着主导作用。因此,本章以云南具有突出代表性的滇西北连片特困地区为例,深入研究多中心协同在反贫困治理领域的实际应用。

本章节主要采用了文献研究法和实地调研法。在研究过程中,通过多种形式大量查阅国内外相关文献,收集了大量滇西北连片特困地区多中心协同反贫困治理的现状、进展、问题等相关资料,进一步鉴别、筛选、集中整理。在文献研究的基础上,笔者多次到滇西北连片特困地区进行实地调研,在滇西北连片特困地区各州市各部门组织的大力支持与帮助下,获取了从中央到省际再到地方所进行反贫困治理的相关政策文件,通过问卷、访谈、观察等方式了解了滇西北连片特困地区各州市多中心协同反贫困治理的亮点、特色、经验及典型案例等。

第二节　滇西北连片特困地区多中心协同反贫困治理的方式

党的十八大以来,中央对扶贫开发工作作出了新的战略部署,围绕打赢脱贫攻坚战的总目标,完成了脱贫攻坚顶层设计。[①] 从中央政策的顶层设计到地方实施的具体行动都离不开多中心协同的模式,模式应用于滇西北连片特困地区反贫困治理的工作,在滇西北连片特困地区各个层面形成了八种不同的多中心协同反贫困治理方式。

一、战略协同

扶贫开发关系到全面建成小康社会的目标实现。党的十八大以来,扶贫

---

① 参见黄承伟:《深化精准扶贫的路径选择——学习贯彻习近平总书记近期关于脱贫攻坚的重要论述》,《南京农业大学学报(社会科学版)》2017 年第 4 期。

开发就被纳入"四个全面"战略布局,作为第一个百年奋斗目标的重点工作摆在了突出的位置,①各级地方党委、政府把扶贫开发工作作为重大战略任务来抓,因此产生了战略协同。战略协同是指各级部门和组织在中共中央统一战略意图的部署下,结合当地的实际情况,实施协调一致的战略、方针,充分调动、周密组织和有效协调各种资源,密切配合,是打赢脱贫攻坚战的一种协同模式。具体政策来源有:(1)中央层面:《中国农村扶贫开发纲要(2011—2020年)》和《中华人民共和国国民经济和社会发展第十三个五年规划纲要》等。(2)云南省层面:《中共云南省委 云南省人民政府关于深入贯彻落实党中央国务院脱贫攻坚重大战略部署的决定》以及《中共云南省委 云南省人民政府关于打赢脱贫攻坚战三年行动的实施意见》。从中央到地方,各层级各部门都在统一的战略部署下,井然有序、协调一致地进行扶贫开发工作。

为深入贯彻习近平总书记扶贫开发战略思想,全面落实《中共中央 国务院关于打赢脱贫攻坚战的决定》,云南省委、省政府的总体战略分为两步走:第一步,到 2019 年,574 万建档立卡贫困户全部脱贫,88 个贫困县全部摘帽。2015 年起,平均每年脱贫 100 万人以上,按年度计划实现相应数量贫困县摘帽。第二步,到 2020 年,稳定实现农村贫困人口不愁吃、不愁穿,义务教育、基本医疗和住房安全有保障。实现贫困地区农民人均可支配收入增长幅度高于全国平均水平,基本公共服务主要领域指标接近全国平均水平。② 例如 2016 年以来,大理州全州上下认真贯彻落实中央、云南省委、大理州委扶贫工作会议精神,从战略高度出台了《关于贯彻落实中央和省脱贫攻坚重大战略部署的决定》《大理州脱贫攻坚移动信息化建设三年行动计划(2016—2018年)》《大理市贫困残疾人脱贫攻坚工作三年行动计划》《关于在全州脱贫攻坚

---

① 参见《坚决打赢脱贫攻坚战——论学习贯彻习近平总书记中央扶贫开发工作会议重要讲话》,《人民日报》2015 年 11 月 30 日。

② 《中共云南省委云南省人民政府关于深入贯彻落实党中央国务院脱贫攻坚重大战略部署的决定》,《云南日报》2015 年 12 月 31 日。

战中实施群众文明素质提升工程的意见》等系列文件,进一步形成脱贫攻坚政策组合拳。

滇西北连片特困地区脱贫攻坚在战略协同的引导下,逐步走出了一条以政府援助、企业合作、社会帮扶、人才支持为主要内容的道路,战略协同的特征日渐凸显。(1)具有很强的全局性。专项扶贫、行业扶贫、社会扶贫"三位一体"的大扶贫格局是自上而下的指导思想与自下而上的发展意愿有机结合的结晶,是一种典型的战略协同。战略协同在制定上通观全局,把握全局,处理好地方与中央、局部与整体的关系,抓住主要矛盾,解决关键问题。在实施中,以中央统筹为指导,各层级之间把握全局来进一步协同,达到预期效果。(2)具有很强的指导性。脱贫攻坚是全党全社会的共同责任,全面建成小康社会人人有责、人人参与。脱贫攻坚主体复杂多元化,需要合理的指导才能集万众之力助力脱贫攻坚。战略协同便于因地制宜做好每个区域的定位布局和发展规划,整合有效资源,合理分配多种资源,保障脱贫攻坚稳步推进。扶贫工作是一项庞大的工程体系,只有搞好战略规划、战略协同,确定发展目标,采取切实可行的措施,才能确保如期打赢脱贫攻坚战。

二、组织协同

脱贫攻坚是全党全社会的共同责任,只有建立健全正确合理的组织体系才能保障全员参与到脱贫攻坚的伟大事业中来。所谓组织协同是指各级党委、政府和社会组织在上一级的领导下,合理设置组织机构,科学配置相关人员,有效安排职能事务,为打赢脱贫攻坚战形成信息互通、相互协调、全面对接的高效性组织网络,以达到扩大资源总量,高效整合资源,优化资源配置,最终实现全面建成小康社会的目标。具体政策来源有:(1)中央层面:《国务院办公厅关于调整国务院扶贫开发领导小组组成人员的通知》《国务院办公厅转发教育部等部门关于实施教育扶贫工程意见的通知》等。(2)云南省层面:《云南省人民政府办公厅关于加快乡村旅游扶贫开发的意见》《关于推进农村一二三产业融合发展的实施意见》等。(3)滇西北连片特困地区:《中共普洱市委、普洱市人民政府关于举全市之力打赢扶贫开发攻坚战的实施意见》《普洱市群团组织助力脱贫攻坚五年行动计划实施方案》等。这些政策全面贯彻落实了激发群众脱贫攻坚的内生动力的"造血式"扶贫理念,要求各级部门和社会组织在脱贫攻坚工作中要用力、助力、给力,充分调动广大群众关注扶贫、支持扶贫、参与扶贫的积极性和创造性,让他们既是宣传员,又是参与者,更是主力军。

为加强组织领导,坚决打赢脱贫攻坚战,确保如期完成摘帽脱贫任务,滇西北连片特困地区内各个州市纷纷成立了扶贫开发工作领导小组,实行重要领导挂"双组长"制;同时成立脱贫攻坚指挥部,指挥部下设综合协调组、产业发展组、教育扶贫组等多个专项工作组,其中专项工作组的组员来源于各个不同的部门的领导干部。例如,普洱市教育扶贫专项工作组,由市教育局牵头,市政府副市长担任组长,市政府副秘书长和市教育局局长担任副组长,组员由市委组织部副部长、市民宗局局长、市财政局局长、市住建局局长、市农业局局长、市扶贫办副主任等九人构成。要做好教育扶贫这一专项工作,需要该专项工作组的各个成员共同努力,而该工作组的各个成员来源于各个不同的政府部门,①可以分别利用自己所在部门的各种有效资源,形成多部门互相协同、共同发力的高效性组织网络。在这个网络中各方力量摒弃旧有的组织壁垒,相互协同,密切配合,共同致力于教育扶贫工作目标任务的完成。

除了各级政府部门之间的组织协同之外,普洱市的群团组织也参与到了这个高效性的协调组织网络中。普洱市委、市政府根据《中共普洱市委、普洱市人民政府关于举全市之力打赢扶贫开发攻坚战的实施意见》,发动全市群团组织全力参与扶贫开发攻坚战,参与到全市 46.3 万农村贫困人口、9 个片

---

① 参见普洱市扶贫办:《中共普洱市委办公室普洱市人民政府办公室关于成立市脱贫攻坚指挥部的通知》,2016 年 8 月 12 日,见 http://www.puershi.gov.cn/info/egovinfo/1001/xxgk_content/1032-17_F/2017-0824008.htm。

区县(贫困县)、41个贫困乡(镇)、368个贫困村脱贫摘帽出列的工作中。群团组织的扶贫工作任务分为五大类别,分别是素质扶贫、产业扶贫、关爱扶贫、创业扶贫和文化扶贫,[①]其中素质扶贫广泛开展现代农业科学技术培训、农村劳动力转移就业培训和电子商务及"互联网+"培训,从而提升能力素质;创业扶贫争取政策和资金支持,不断提升相关创业政策服务贫困村贫困户的水平;产业扶贫则积极发展特色产业和贫困户有能力经营的产业项目;关爱扶贫是通过实施关爱行动,对没有发展能力的特殊贫困群体进行帮扶;文化扶贫则充分发挥了群团组织密切联系群众的优势,激发干部群众以精神脱贫为指导和引领,最终实现全面脱贫。

组织协同具有下面两个特征:(1)有限理性。每个组织所占有的资源决定了它的局限性,仅仅依靠个别组织的力量是无法打赢脱贫攻坚战、实现脱贫致富的。所以组织间必须借助相互依赖、协同的组织网络,进行多部门间的合作,科学合理地整合有限资源,才能更高效地打赢脱贫攻坚战,全面建成小康社会。[②] (2)高效性。组织协同是通过建立一个信息互通、相互协调、全面对接的高效性组织网络来进行多部门、多组织之间的协同合作,跳过了一系列复杂的程序。多部门、多组织直接沟通交流,加快信息的流通,从而促进了脱贫攻坚工作的快速开展。滇西北连片特困地区这一组织协同的形式把中央统筹、省负总责、地方抓落实的从上而下的管理体制真正落到了实处,并且取得了良好的扶贫效果。

三、政策协同

为在2020年全面实现小康社会,需在一定程度上加快脱贫攻坚步伐。而

---

① 参见普洱市扶贫办:《普洱市群团组织助力脱贫攻坚五年行动计划实施方案》,2016年7月12日,见 http://www.puershi.gov.cn/info/egovinfo/1001/xxgk_content/1032-17_F/2017-0824015.htm。

② 参见齐明山:《有限理性与政府决策》,《新视野》2005年第2期。

脱贫攻坚步伐的加快取决于制度顶层有无统一部署安排,随即政策协同诞生。所谓政策协同,是指中央在产业、教育、旅游、健康等方面出台政策,再由各地区分析当地的情况,因地制宜制定适合发展的具体政策,与市场和社会等主体共同合作,确保广大农户脱贫。研究发现,滇西北多中心协同反贫困治理的政策协同的来源主要有:(1)在中央层面:《中共中央国务院关于打赢脱贫攻坚战的决定》以及习近平等中央重要领导同志关于扶贫开发的一系列重要指示精神。(2)在云南省层面:《中共云南省委、云南省人民政府关于深入贯彻落实党中央国务院脱贫攻坚重大战略部署的决定》以及《关于创新机制扎实推进农村扶贫开发工作的实施意见》。(3)滇西北连片特困地区:各州、市均制定并实施了扶贫开发的重要政策。例如中共普洱市委、普洱市政府颁发了《普洱市易地扶贫搬迁三年行动计划》《普洱市育才引才行动计划(2018—2020年)》《普洱市技能强市行动计划(2018—2020年)》《普洱市教育精准扶贫实施方案》等。这些不同层次的政策充分发扬了政策协同优势,从不同层面推动了反贫困治理。

政策协同在滇西北连片特困地区的体现和落实主要体现在具体的扶贫政策上。以产业扶贫政策为例,产业发展是支持一个地区经济经久不衰的命脉,也是扶贫攻坚格局中最为重要的环节,关系到脱贫后是否会返贫,是探索可持续扶贫模式的关键。在习近平总书记考察云南重要讲话精神的指导下,普洱市委、市政府采取非均衡策略,集中要素投入,优化发展环境,着力供需两侧,突出龙头带动,推进创新驱动,实施品牌撬动,促进内外联动,坚持龙头引领与整体推进并重。① 这种模式摒弃了传统扶贫中的政府推动的单中心扶贫模式,整合了其他市场和社会资源,如专业合作社、致富带头人、发展协会等协同合作,结对帮扶,使贫困人口在精神层面和物质层面摆脱贫困。最终产业政策协同实现了不同扶贫主体之间的共赢,并使之具备了可持续的发展能力。例

---

① 参见普洱市扶贫办:《关于加快推进重点产业发展的意见》,2016年5月19日,见 http://www.puershi.gov.cn/info/egovinfo/1001/xxgk_content/1032-17_F/2017-0824011.htm。

如,普洱市政府给予龙头企业扶持:每年每个产业扶持 10 户左右的龙头企业,5 年累计扶持 400 户左右龙头企业,使规模以上工业企业不少于 200 户,年销售收入超 10 亿元的企业不少于 5 户,让龙头企业在产业中的示范带头作用更加突出。① 2017 年上半年,按照"五个一批"的脱贫路径和"六个精准"的要求,紧盯减少 6.99 万贫困人口、79 个贫困村和 13 个贫困乡退出,2 个贫困县摘帽的年度脱贫任务,率领全市各族干部群众苦干实干,全力推进脱贫攻坚工作并取得了明显成效。②

政策协同具有的两个根本特征。一是不同类型的政策共同发力。不同类型的扶贫政策具有不同的政策导向,主要体现在不同扶贫主体所主导的扶贫模式不同,具体可划分为产业扶贫、旅游扶贫、健康扶贫、教育扶贫、社会保障扶贫、易地扶贫搬迁等。虽然不同区域的扶贫类型重点不同,但在整体上都形成了政策协同的格局。丽江市以旅游扶贫为重点,结合当地旅游资源优势,通过景区开发辐射,带动周边地区发展等举措,预计到 2020 年实现贫困人民不愁吃不愁穿,基本生活有所保障。③ 红河州以农业扶贫为重点,因地制宜、量体裁衣,选择具有优势和发展潜力的产业作为主攻方向,扎实推进产业精准扶贫,实现从单方推进向综合施策转变,从短期脱贫向持续脱贫转变。④ 二是政策制定与执行多中心协同。政策协同在流程上主要是政策制定、执行与评估的相互呼应与配合,同时,还指不同的扶贫政策之间共同发力,产生合力。云南省反贫困治理的政策制定和执行都体现了较强的政策协同特点,政策本身需要协同,如果没有协同,政策就变成真空运作,毫无意义。实践中的政策协

①　参见普洱市扶贫办:《关于加快推进重点产业发展的意见》,2016 年 5 月 19 日,见 http://www.puershi.gov.cn/info/egovinfo/1001/xxgk_content/1032-17_F/2017-0824011.htm。

②　参见普洱市人民政府办公室:《2017 年政府工作报告》,2017 年 3 月 21 日,见 http://www.pes.gov.cn/info/egovinfo/1001/xxgk_content/1001-02_Z/2017-1031013.htm。

③　参见王文慧:《云南丽江旅游促扶贫成效显著》,2015 年 8 月 11 日,见 http://www.ce.cn/culture/gd/201508/11/t20150811_6187404.shtml。

④　参见李树芬:《红河州将资源优势转化为产业优势农业转型升级带动精准扶贫》,《云南日报》2017 年 2 月 28 日。

同形式是丰富的。以普洱市教育扶贫为例,针对留守儿童教育成长问题,市文明办牵头,市教育局、市公安局、市民政局、市财政局、市卫计委、市妇联配合,建立留守儿童领导小组联席会议制度,健全留守儿童关爱体系。① 红河州在农业扶贫中运用"龙头企业+基地+建档贫困户"的新模式,企业、贫困户等多主体紧密协同,在政策执行过程中不断强化企业与贫困群众的利益联结机制,通过引进龙头企业,带动贫困群众增收致富。② 在滇西北连片特困地区,这样的政策协同的例子举不胜举,各级政府都在党和国家脱贫攻坚思想的引领和指挥下,铆足劲,从政策协同上找出路,共唱滇西北连片特困地区的政策协同扶贫之歌。

四、社会协同

据民政部公布的数据显示:截至 2018 年 12 月,中国国内(不包括港、澳、台地区)共登记在案的社会组织有 83 万个,社会服务机构有 45 万个,各类基金会 7200 多个,门类种类众多,涉及业务面广,覆盖群体多,社会力量在中国的经济社会发展中发挥着越来越重要的参与、监督作用。为提升政府登记管理的公共服务职能,政府积极发挥掌舵手的职能,引导社会组织参与脱贫攻坚工作,营造"有钱出钱""有力出力""出谋划策"的社会协同反贫困治理局面。社会协同是指在政府政策的引导和支持下,全社会力量包括民营企业、社会组织和个人通过多种方式充分参与到精准脱贫活动中来。近年来,随着社会扶贫力量的增强,社会扶贫日益显示出巨大的动力和提升空间。通过深入实地调研发现,滇西北连片特困地区反贫困实践具有鲜明的社会协同特点。其政策来源有:(1)中央层面。《国务院办公厅关于进一步动员社会各方面力量参与扶贫开发的意见》等文件,强调了社会力量对扶贫开发事业的重要性。

---

① 参见普洱市扶贫办:《普洱市教育精准扶贫实施方案》,2016 年 11 月 18 日,见 http://www.puershi.gov.cn/info/egovinfo/1001/xxgk_content/1032-17_F/2017-0824016.htm。

② 参见李树芬:《红河州主攻优势产业推进产业扶贫》,《云南日报》2017 年 2 月 17 日。

（2）云南省层面。制定出台了《云南省脱贫攻坚规划（2016—2020 年）》《云南省农村扶贫开发条例》等政策，明确提及全社会力量应积极参与扶贫开发事业。（3）滇西北连片特困地区，也出台了与本地实际情况相结合的扶贫政策。如普洱市出台《关于贯彻落实党中央　国务院和省委省政府打赢脱贫攻坚战决定的实施意见》，强调了社会力量是扶贫开发事业的一个重要力量。这一系列文件为社会力量参与扶贫开发事业提供了政策支持，同时也为社会力量参与扶贫开发提供了指导性意见，激发了社会力量在扶贫开发方面的活力与潜力。

社会协同要求坚持政府引导、多元主体、群众参与、精准扶贫的基本原则，培育多元社会扶贫主体创新参与方式，完善保障措施，进而提升扶贫效力。在滇西北连片特困地区，中央企业在国务院的指导下定点帮扶了普洱市宁洱、景东、镇沅、墨江、江城、澜沧、孟连、西盟 8 个国家级贫困县。宁洱县实施了"311"产业脱贫扶持政策，不断引进龙头企业，创建"龙头企业＋专业合作社＋贫困户"的新模式，建设农村产业合作组织，引导合作组织真正发挥市场能动作用。在教育方面，许多优秀个人、优秀集体都参与到教育扶贫中来，在能力所及之处对学校贫困学生提供资助。例如，浙江大学在景东县设立"求是助学金"和"求是奖教金"，学校每年捐赠 20 万元用于奖励优秀教师、优秀学生，从 2016 年起增加到每年 40 万元。同时地方政府和社会中介组织合力对贫困户进行技能培训，如对贫困户进行十字绣等手工业技能培训。在反贫困工作中，涌现出一批本土优秀民营企业家、少数民族致富带头人，为贫困户创造了一批"就业岗位"，助力脱贫攻坚。

调查研究发现社会协同有以下两个特征：（1）政策的直接支持。如 2014 年发布的《国务院办公厅关于进一步动员社会各方面力量参与扶贫开发的意见》，就直接支持全社会力量全面参与扶贫开发事业。在政策支持下，各级地方党委政府引导全社会力量开展扶贫志愿行动，打造扶贫公益品牌，构建信息服务平台，更好、更快、更深入地参与到扶贫开发事业中来。（2）参与主体多元,范围覆盖面广。正是有了中央的优惠政策支持,国务院扶贫开发领导小组自上而下建立了激励体系,从而有效保障全社会力量在对口帮扶、产业、教育、技能培训、就业等多方面参与扶贫开发事业,社会协同扶贫日益显示出巨大的发展潜力。随着民众参与国家治理、公共事务意识的增强和能力的提升,社会协同反贫困治理将在国家反贫困治理过程中发挥越来越重要的作用。同时,通过社会协同反贫困治理也将能更好地凝聚社会有识之士,在习近平新时代中国特色社会主义思想的引领下共话反贫困治理,共创反贫困治理的社会协同之路。

五、资金协同

资金是扶贫过程中最重要的资源之一,扶贫资金的使用效率直接关系着扶贫的结果。资金协同是指各级政府通过扶贫资金的投入,使贫困区域的各项建设项目能够如期开展,按照项目预设的目标运行。这是一种最直接的帮助贫困户有效脱贫的扶贫方式,也是最古老和最传统的扶贫方式。为了响应中央脱贫攻坚的号召,滇西北连片特困地区的扶贫工作受到了云南省政府、各级部委、中央政府的重视以及全社会的高度关注。中央政府、云南省政府及滇西北区域的各级政府都对滇西北连片特困地区的脱贫攻坚工作给予了大量扶贫资金支持,这些政府资金通过教育、农业、搬迁、医疗、产业等途径为滇西北连片特困地区的脱贫攻坚工作的开展提供了有力的资金支持;同时,也有效地缓解了滇西北连片特困地区资金短缺的问题。政策来源有:(1)中央层面。为了加强中央财政专项扶贫资金管理,提高扶贫资金使用效益,全面贯彻落实《中共中央 国务院关于打赢脱贫攻坚战的决定》,印发《财政专项扶贫资金管理办法》《中央财政专项扶贫资金管理办法》,不断强调资金协同在提升资金使用效率和资金安全及反贫困治理中的重要性。同时,为防止出现扶贫资金滥用、低效使用和挪用的风险,中央进一步加强了扶贫资金的监管,旨在杜绝扶贫资金领域的贪腐行为,确保扶贫资金专款专用,有效使用。(2)云南省层面。云南省委、省政府积极响应国家政策,以国家扶贫资金领域出台的政策为依据,细化后制定出台了《云南省财政扶贫资金产业项目管理暂行办法》《云南省财政专项扶贫资金管理办法》等文件,确保扶贫资金安全与有效的使用。(3)滇西北连片特困地区层面。在云南省委、省政府的领导下,滇西北连片特困地区各级政府相继出台了扶贫资金管理、监督办法。如普洱市出台了《普洱市扶贫资金监管办法(试行)》;大理州委州政府出台了《关于创新信贷扶贫机制实施精准扶贫的意见》;楚雄州人民政府扶贫开发办公室、楚雄州财政局出台了《关于下达 2015 年度扶贫项目贴息款计划及财政财息资金的通知》;迪庆州财政局、迪庆州扶贫开发办公室出台了《关于下达 2017 年度第二批中央财政专项扶贫资金的通知》等,致力于从政策层面确保扶贫专项资金的使用、过程和结果的有效。

财政专项扶贫资金是指列入财政预算“扶贫”支出科目中的财政专项资金,包括发展资金、以工代赈资金、少数民族发展资金、国有贫困农场扶贫资金、国有贫困林场扶贫资金、扶贫贷款贴息资金。[①] 以财政专项扶贫资金为主的滇西北连片特困地区资金协同方式按照《云南省农村扶贫开发纲要(2011—2020 年)》所确定的目标、扶持重点、工作任务进行分配。资金分配坚持向贫困少数民族地区、贫困革命老区、贫困边境地区和集中连片特困地区倾斜,包括国家、省有关部门专项资金的投入和教育机构以及社会企业等的资金投入。这些资金主要针对贫困地区基础设施建设、生态环境保护和民生工程等,重点支持村级公路建设、农业综合开发、土地整治、小流域与水土流失治理等。同时,当地政府也鼓励社会投资,支持贫困地区符合条件的项目借用国际金融组织和外国政府优惠贷款,资金投入于教育基础设施建设,设立教育奖学金,办理建档立卡户实行生活补助及灾后重建等。

除了政府扶贫资金、政府专项扶贫资金外,社会各界的帮扶资金也对滇西

---

① 《云南省财政专项扶贫资金管理办法》,2013 年 10 月 15 日,见 http://www.dhlc.gov. cn/czj/Attach/1703/152315363567C4D.pdf。

北连片特困地区的经济发展和扶贫治理产生了巨大的影响,如浙大定点资金帮扶景东县。2016 年 7 月,浙江大学吴朝晖校长一行调研景东县扶贫工作,与景东县人民政府签订了《浙江大学定点帮扶云南省景东彝族自治县框架协议》,向景东县捐赠 200 万元求是奖教金、求是助学金,70800 元机关团委爱心助学金,50 万元公益净水设备和 10 万元抗洪救灾款,致力于借助高校资源推动贫困地区脱贫致富。同时,在资金整合上,大理市搭建融资平台,组建扶贫开发公司,积极争取金融贷款支持,充分发挥金融机构在脱贫攻坚战中的重要作用。此外,大理市还与农村合作银行签订了《精准扶贫贷款合作协议》,提供 1.5 亿元额度的生产发展贷款,最大限度地整合各方面的扶贫资金,①为大理市脱贫攻坚创造更加开放的资金筹措渠道,充分调动了各方资源,夯实了大理脱贫的资金基础。

六、宣传协同

所谓宣传协同,是指各级党委政府通过国家扶贫日、扶贫工作会议等形式,将中央的扶贫政策逐级传达、落实到地方和基层,并通过宣传动员的方式使贫困户认同和接受扶贫政策。特别是由基层政府(乡镇)和村民自治组织——村支两委通过召开群众大会,动员农户积极加入到脱贫攻坚的队伍中来,及时地将党和国家的扶贫政策、扶贫措施传达给民众,激励贫困户内生脱贫动力,发挥主人翁意识,强化主动脱贫意愿,用产业、教育、医疗、社会帮扶等手段实现可持续脱贫。自 2014 年精准扶贫政策实施以来,云南省及滇西北连片特困地区各级党委政府与中央精神高度统一,牢牢把握在学懂、弄通、做实上下功夫的要求,精心开展各项精准扶贫宣传动员工作,推动学习反贫困工作往实里走、往深里走,由此产生了宣传协同效应。宣传协同的主要渠道有:(1)在中央层面。主要以习近平总书记在中央扶贫开发工作会议上的讲话精

---

① 参见周惠琼:《大理市:多措并举扶贫攻坚》,《云南法制报》2016 年 8 月 12 日。

神为指导,以习近平总书记在贵州召开的部分省区市党委主要负责同志座谈会上的讲话、在银川主持召开的东西部扶贫协作座谈会上的讲话等作为各省市开展脱贫攻坚的宣传指南,指导全国的脱贫宣传工作。(2)在云南省层面。主要围绕中共云南省委、省政府召开的全省扶贫攻坚"挂包帮""转走访"工作动员会、扶贫开发工作会议、扶贫攻坚新闻发布会等开展扶贫政策的宣传;同时,以扶贫驻村干部为主,强化对中央扶贫政策的学习,以加强扶贫宣传工作的能力提升为抓手,以群众喜闻乐见的方式广泛开展宣传。(3)在滇西北连片特困地区。主要以各州、市召开的扶贫开发的重要会议、扶贫文件、扶贫宣传册、新媒体扶贫报道、乡镇村的扶贫文化氛围的营造宣传等方式展开。例如中共普洱市委、市政府召开全市扶贫领域监督执纪问责工作会议、"扶贫日"暨脱贫攻坚百日行动动员会等会议。这些不同类型的会议不同程度地促使脱贫观念深入人心,具有较强的宣传协同的特点。

宣传协同在滇西北连片特困地区主要表现在具体的扶贫会议上,要实现精准脱贫及全面小康社会的建设,必须加大扶贫宣传力度,动员广大干部群众共同致力于扶贫工作。[1] 以普洱市的扶贫工作会议为例,2017年召开的"扶贫日"暨脱贫攻坚百日行动动员会,市委常委、市人大常委会、市政府领导等出席会议,深入学习贯彻习近平总书记系列重要讲话精神和扶贫开发战略思想,认真贯彻落实省委、省政府脱贫攻坚会议精神。[2] 在滇西北连片特困地区,各级党委政府纷纷召开脱贫攻坚的精神传达和工作部署会议,在"四个全面"总体战略的指引下,细化宣传工作目标,制定宣传工作方案,宣传效果十分明显。例如,为认真贯彻落实中央、省委和市委关于坚决打赢脱贫攻坚战的一系列决策部署和抓党建促脱贫攻坚工作的有关要求,中共普洱市委办公室

---

[1] 参见刘茂盛:《宣传是助推精准扶贫的强劲生命力》,2015年12月1日,见 http://dj.zgcs.gov.cn/a/dangjianyaowen/20151211/33.html。

[2] 参见付颖:《普洱市召开2017年"扶贫日"暨脱贫攻坚百日行动动员会》,《普洱日报》2017年10月13日。

印发《关于切实加强党的基层组织建设全力推进脱贫攻坚工作的实施意见》的通知，①要求各个部门认真学习、落实实施意见，确保在 2020 年与全国、全省同步全面建成小康社会；丽江市召开四届市纪委第二十七次常委会议，专题传达学习习近平总书记在深度贫困地区脱贫攻坚座谈会上重要讲话精神和省委召开常委会的会议精神，确保会议精神能够不折不扣地执行。

宣传协同主要具有两个特征：一是上传下达的部署与落实形式。政策的宣传是自上而下且形式灵活多变的，如中央文件的颁布，省、市级座谈会和乡、镇动员会等。在中共中央及云南省的部署下，各州、市均有效地加强扶贫政策在本地区的宣传和执行力度，使中央和地方对政策的认知和落实有共同的重视度。二是增强全社会参与扶贫的意识。传统扶贫模式大多重视金钱物资层面的馈赠和给予，忽视了精神文化层面的熏陶和培育，治标不治本，达不到扶贫的本质目的。现代扶贫模式加强了对扶贫主体的教育和带动，促进贫困户脱贫意识的觉醒。云南省为了提升农民自身的参与和组织能力，建立了农民专业合作社联合会，该联合会是由包括普洱市农民专业合作社联合会在内的13 个农民合作社以及 12 个州市的理事长联名申请筹建的。这样的农民联合会旨在发挥农民自身的主动性和能动性，激发农民的参与活力，提升农民的参与能力，增强农民的向心力和凝聚力，润物无声地在合作社内宣传和贯彻国家、云南省及滇西北连片特困地区扶贫政策，最终将国家的扶贫政策内化为农民自己的主动脱贫意愿。在此目标的指引下，云南各州、市所成立的农民合作社形成了一种特定的"入社动员"的模式，采取"合作参与、市场运作"的方式，带动脱贫对象积极参与技术、营销等方面的培训，使得各方力量及扶贫对象共同致力于脱贫致富奔小康。

---

① 普洱市扶贫办：《关于切实加强党的基层组织建设全力推进脱贫攻坚工作的实施意见》，2017 年 3 月 13 日，见 http://www.puershi.gov.cn/info/egovinfo/1001/xxgk_content/1032-17_F/2017-0825016.htm。

七、技术协同

技术协同的工作有两方面:一是在精准识别、精准管理和精准帮扶三大过程中采用高效科学的信息技术手段,让全社会充分了解并参与到扶贫开发事业中来,让贫困户自我了解贫困标准、脱贫方法与可持续增收的脱贫策略。二是充分发挥技能培训在脱贫攻坚中的重要作用,对建档立卡贫困户实施技能扶贫专项培训行动,转移一批适应社会发展的农民工,培育一批促进产业发展的劳动者,培训一批掌握基本技能的服务者,扶持一批贫困户实现创业带动就业,培养一批适应经济社会发展的技能人才。着力将贫困地区人口资源转化为人力资源和人才资本,有效推动脱贫攻坚。技术协同的政策来源有:(1)在国家层面。中共中央、国务院制定出台的《中国农村扶贫开发纲要(2011—2020年)》明确表明要对农村贫困劳动力进行技术培训。(2)在云南省层面。2015年8月省人民政府下发了《云南省人民政府关于进一步做好新形势下就业创业工作的实施意见》(云政发〔2015〕53号)文件,明确提出了"实施技能扶贫专项行动"。为贯彻落实省政府53号文件要求和全省扶贫开发工作会议精神,省人社厅、省扶贫办、省委农办、省农业厅、省科技厅、省商务厅、省总工会、省民宗委、省残联等部门共同起草了《云南省技能扶贫专项行动方案》,以《云南省扶贫开发领导小组关于印发云南省技能扶贫专项行动方案的通知》等文件印发全省。(3)在滇西北连片特困地区层面。各州、市纷纷出台《技能扶贫专项行动实施方案》,有效助推本地区贫困人口到2020年如期脱贫。以普洱市为例,《关于贯彻落实党中央国务院和省委省政府打赢脱贫攻坚战决定的实施意见》《普洱市全面打赢"直过民族"脱贫攻坚战行动计划(2016—2020年)》等文件都提出了技术扶贫行动的具体要求和安排部署。

在信息化技术方面,国家建立了全国扶贫开发信息系统与全国扶贫对象基础信息管理系统。云南省建立了云南省精准扶贫大数据管理平台;云南多所高校和科研院所都建立了各自的大数据扶贫研究院。县一级也建立了专门的扶贫网站来促进本区域扶贫开发事业的发展。为提升扶贫的效率和准确性,云南民族大学建立了"云南省大数据精准扶贫研究院",以收集、分析云南的扶贫现状,为云南的扶贫提供精准的数据支撑,同时也为云南省扶贫政策的制定和出台提供智力支持和技术保障。在云南省的景东县,浙江大学与景东联建野生食用菌研发实验室,积极探索野生食用菌保护和促繁技术,以技术手段推动云南野生食用菌产业化。同时,云南农业大学建立了"云南高原特色农业研究院""云南普洱茶研究院";昆明理工大学成立了"云南三七研究院";昆明动植物研究所成立了"昆明珍稀动植物研究中心";云南中医药大学建立了"云南三七研究种植基地""云南天麻研究种植基地""云南石斛研究种植基地"等研究机构,用科技及技术助力云南脱贫攻坚。在教育方面,墨江县执行"彩烛工程"(专项培训教师50人)和"相守计划"(专项培训教师50人),为墨江县教育培养出了一批高素质教师,这些教师服务于区域的人才培训,为区域脱贫攻坚贡献了技术和智力。在个人技能培训方面,江城县住建和扶贫等部门牵头对包保工作队员、农村建筑工匠、建房农户开展技术培训;江城县聘请市级专家到现场指导5次,讲解施工图纸、建房技术和建房过程中需要注意的问题和关键环节,累计培训30期2000余人次。经过培训的技术农民,有了一技之长,更易摆脱贫困。

《中共中央国务院关于打赢脱贫攻坚战的决定》明确将技能脱贫作为一项重要举措。人力资源社会保障部、国务院扶贫办决定在2016—2020年,依托全国千所左右省级重点以上的技工院校,组织开展技能脱贫千校行动,①实施技能脱贫千校行动旨在从"授鱼"到"授渔"精准扶贫的转变。各级人力资源社会保障部门、扶贫部门将技能脱贫千校行动作为一项重大政治任务,从脱贫攻坚的战略高度,提高对工作重要性的认识,以更精准的举措、超常规的力度,依托优质技工院校大力开展精准技能脱贫工作。

---

① 参见《人力资源社会保障部　国务院扶贫办关于开展技能脱贫千校行动的通知》,2016年8月1日,见 http://www.gov.cn/xinwen/2016-08/01/content_5096665.htm。

八、帮扶协同

帮扶协同是指为了有效缓解并消除绝对贫困,经济发达地区或有条件实施帮助的政府部门、企业、社会组织、民间组织和个人等通过结对帮扶的形式,一对一或者一对多地有计划、有目标、有措施、有组织地开展帮扶行动。为了贯彻落实有关对口帮扶扶贫的精神指示,中央积极地动员、引导各类企业、社会组织、个人参与云南的脱贫攻坚,切实动员和开展组织干部"挂帮包""转走访"行动,组织工作队进驻云南的各扶贫联系点,使云南的扶贫工作上下联动、形成合力,确保各项任务落实到位,确保云南"大扶贫"格局的形成和帮扶扶贫工作的有效开展,最终形成帮扶的协同效应。帮扶协同最终是为了在大扶贫格局的政策倡议下,充分调动社会各界的扶贫力量,齐抓共管,协同作战,最终打赢脱贫攻坚战。帮扶协同特点的产生体现了人多力量大、众人拾柴火焰高的协同扶贫效应,特别是中国共产党的领导和中国特色社会主义集中力量办大事的制度优势,以及上下一盘棋、一竿子插到底的扶贫政策,都为帮扶协同创造了条件。在云南特别是在滇西北连片特困地区的脱贫攻坚战役中,帮扶协同对滇西北经济发展、社会进步、产业初步形成、医疗保健提质增效、义务教育普及率提升、技能培训的盛行等方面都发挥了巨大的影响。

帮扶协同的政策来源有:(1)中央层面。中共中央办公厅、国务院办公厅制定发布《关于进一步做好定点扶贫工作的通知》《关于进一步加强东西部扶贫协作工作的指导意见》等文件。(2)云南省层面。与上海市签署《关于进一步加强沪滇帮扶合作,携手参与中国面向西南开放重要桥头堡建设战略协议》《关于加强沪滇对口帮扶与重点领域合作框架协议》等一系列文件和会议纪要。(3)滇西北连片特困地区。怒江州人力资源和社会保障局于2017年9月1日制定了《怒江州"三支一扶"人员管理办法》并正式施行。为了配合怒江州的扶贫工作,教育部积极推进定点联系滇西工作,以《教育部定点联系滇西边境山区工作方案》和《教育部、云南省人民政府加快滇西边境山区教育改革和发展共同推进计划(2012—2017)》为支撑的定点帮扶政策体系,为滇西北连片特困地区定点帮扶脱贫提供了政策支持。

在定点帮扶扶贫上,中央单位对滇西北连片特困地区进行定点式的对口帮扶。例如,中央单位定点帮扶普洱市,其中共有5家中央单位定点帮扶普洱市的8个国家级贫困县,分别是中国宝武集团定点帮扶宁洱县、镇沅县、江城县;中国旅游集团定点帮扶西盟县和孟连县;中国工程院定点帮扶澜沧县;国家行政学院定点帮扶墨江县;浙江大学定点帮扶景东县。企业帮扶上,国务院扶贫办公室明确表示,南方电网公司作为新一轮中央、国家机关和有关单位定点扶贫工作责任单位,对口帮扶迪庆州维西县。南方电网公司授权委托云南电网公司作为对口帮扶迪庆州维西县的责任单位,明确扶贫资金、项目和具体工作要求。2013年,南方电网公司计划用于生态移民项目帮扶资金300万元;2014年,南方电网公司安排帮扶资金300万元用于支持攀天阁乡核桃示范基地建设项目;南方电网公司对维西县的扶贫资金从2015年开始由每年300万元调增至每年600万元,重点从产业扶贫、基础设施建设、安居工程建设、基本公共服务项目、能力素质提升等五个方面选择实施项目。公司通过培育适合当地特点的生物产业,激活维西自身造血功能,走内生型脱贫攻坚之路。[①] 在教育帮扶上,教育部与28个部委建立了滇西部际联系工作机制,通过搭建平台、引进资源、开发人力等多种举措,定期研究解决滇西扶贫重大问题。[②] 在挂职干部层面,2013年开始,从教育部机关、直属单位和直属高校选派3批164名优秀干部赴滇西北连片特困地区挂职锻炼,实地推动滇西扶贫工作。[③] 在军队帮扶上,支持驻滇解

---

① 吴思:《南方电网公司助维西自我造血,断穷根、开富源,打通脱贫"最后一公里"——靶向疗法"精准扶贫》,2015年12月4日,见 http://www.csg.cn/epaper/html/2015-12/04/content_3434.htm? div=-1。

② 高靓:《滇西扶贫记》,《中国教育报》2017年4月10日。

③ 教育部:《深入推进定点联系滇西工作建设人力资源开发扶贫示范区》,2015年10月16日,见 http://www.moe.gov.cn/jyb_xwfb/xw_zt/moe_357/jyzt_2015nztzl/2015_zt12/15zt12_fpcx/201510/t20151016_213716.html。

放军和武警部队参与全省脱贫攻坚工作,把地方所需、群众所盼与部队所能结合起来,优先扶持家境困难的军烈属、退役军人等群体,参与贫困地区农村基础设施建设、重点工程项目建设和抢险救灾等突击性工作。①

第三节　滇西北连片特困地区多中心协同反贫困治理实践

世界扶贫看中国,中国扶贫看西部。作者通过调研、走访发现,党的十八大以来滇西北连片特困地区在精准扶贫思想和习近平新时代中国特色社会主义思想的指引下,以因地制宜、因时制宜、打造特色、共同致富为契机,在短短的 5 年时间内,脱贫攻坚取得了丰硕的成果——形成了一条有鲜明云南特色的扶贫之路,也形成了一批扎根云南的扶贫理论成果,为新时代的脱贫攻坚书写了新的故事,同时也为贫困地区可持续发展提供了实践样板和蓝图。

一、多中心协同打造产业扶贫特色

云南省全面深入贯彻落实中共中央、国务院《关于打赢脱贫攻坚战的决定》,将产业扶贫作为完成脱贫目标任务最重要的举措,形成了云南省多中心协同产业扶贫体系。(1)从组织领导层面进行多中心协同,促进产业融合发展。组织领导是扶贫政策能否有效落实的保障。云南省非常重视脱贫攻坚工作,把脱贫攻坚作为省委、省政府的主要考核指标来抓,先后成立了由省政府领导,省农业厅、林业厅、商务厅、科技厅、供销合作社联合社等共同负责的协同扶贫体系,积极发展云南特色产品加工业,拓展产品加工质量和效益,增加当地贫困人口收入。如在烟草生产加工业、矿产业、水利资源、高原特色农业、旅游业等方面,大规模地拓展产业多功能结构和链条,大力发展农旅一体化的

① 参见《云南省脱贫攻坚规划(2016—2020 年)》,2017 年 8 月 15 日,见 http://www.yn.gov.cn/zwgk/zcwj/zxwj/201708/t20170814_142279.html。

现代农业新模式,推进产业结构改造升级,提质增效,不断增收,促进区域经济社会的协同发展,进而减少贫困。(2)从新型经营主体层面进行多中心协同,发挥新型经营主体的示范和带动作用。云南省发展改革委、云南省扶贫办、云南省商务厅等各相关部门采用联动协同作战战略,为新型经营主体提供产业链、资金、技术服务和政策优待,支持和鼓励新型经营主体在贫困地区发展特色产业,缓解贫困地区的就业压力,提高产业增值能力。(3)从投入层面进行协同,调动多方力量,加大产业扶贫投入力度。云南省围绕"村有特色产业、户有增收项目"的脱贫产业发展目标,不断加大省财政投入、中央财政补贴以及中央专项扶贫资金向贫困地区特色产业的倾斜力度。随着资金投入不断增加,贫困群众的增收渠道进一步拓宽,为打赢脱贫攻坚战奠定了良好基础。

滇西北连片特困地区紧抓扶贫工作变革,不断创新和尝试以产业发展带动经济变革的新模式,形成了多中心协同打造产业扶贫的特色,其特点是:(1)具备相对完善的多中心协同产业扶贫组织体系。在省委、省政府的号召下,滇西北连片特困地区辖区内的发展改革委、农业局、教育局、林业局等相关部门积极合作,围绕产业扶贫找准定位,积极探讨、精准对接发展产业扶贫项目。同时,各乡镇党委、乡镇政府、村委组织成立合作社,牵头该区民营企业、新型经营主体、能人大户成为贫困户进入市场的"传动轴"、增收的"稳定器",带动各龙头企业、新型农业经营主体与贫困户形成利益共同体,共同参与产业扶贫工作。(2)发展形成了多中心协同打造产业扶贫的资源平台。滇西北连片特困地区以"造血式"产业扶贫为抓手,坚持政府、市场、农户、科技、金融"五轮"驱动,通过整合资金、扶持贫困农户增收产业、壮大特色产业基地等措施,积极扶持"一村一特"、建设"一村一品",逐步形成乡有支柱产业、村有主导产品、户有增收项目的产业扶贫格局。① (3)形成了多中心协同打造的产业扶贫资金筹措渠道。据统计,2011—2015 年,滇西北连片特困地区共投入财

---

① 参见易水:《解码中国式扶贫"云南样本"》,《创造》2017 年第 5 期。

政资金 2220.25 亿元,其中,中央资金 145.28 亿元,省级资金 75.52 亿元,州市及以下财政性投入 98.08 亿元,业主投入 1765.70 亿元,农户自筹 135.67亿元,占到整体投入类别的 78.22%。2016 年全年完成总投资 266.90 亿元,完成占比 58.21%。[①] 充裕的资金投入为滇西北连片特困地区脱贫攻坚的持续推进夯实了基础。

作为最直接的脱贫攻坚手段,发展特色产业成为滇西北连片特困地区的重要发展策略。滇西北连片特困地区围绕打造多中心协同的产业扶贫成功案例举不胜数。其中,大理市结合自身发展需要,形成了独具特色的多样性产业扶贫模式。(1)建立"党支部+龙头企业+贫困户"的产业扶贫新模式。该模式由基层党组织牵头,并负责筛选、引进龙头企业,多中心协同构建龙头企业和贫困户之间的利益链接机制。截至 2017 年 1 月,"党支部+龙头企业+贫困户"的产业扶贫模式已在大理州全州推广,带动五千万贫困户走上了产业脱贫致富的道路。[②] (2)建立"产金互促"模式。[③] 由基层党组织牵头,组织贫困户成立合作社,由龙头企业带动农户发展养殖等增收产业,让贫困户与龙头产业之间建立利益连接机制。在企业发展的同时,利用精准扶贫的政策,带动贫困户脱贫致富,基层组织抓扶贫的同时又促进基层党建工作建设,进而形成了多元协同、共促脱贫攻坚的产业扶贫新模式。[④] (3)建立多元化个性化扶贫。

---

① 根据调研云南省扶贫办提供数据:《云南省滇西边境区区域发展与扶贫攻坚实施规划"十二五"六大类项目资金落实情况表》《云南省滇西边境片区区域发展与扶贫攻坚项目资金完成情况统计表(2016 年 1—12 月)》。

② 参见刘琼:《产业扶贫的"大理模式"》,2017 年 1 月 20 日,见 http://www.xinhuanet.com/local/2017-01/20/c_1120355210.htm。

③ 大理市祥云县积极探索"产金互促"的扶贫新路,按照"村级党组织+合作社+龙头企业+贫困户"的扶贫模式,由金融机构向符合条件的入股的建档立卡贫困户每户发放 5 万元扶贫贷款,贷款期限为 3 年;贫困户以 5 万元为一股,与合作社签订委托入股分红协议,入股三年,再由合作社将贷款集中入股龙云公司,公司实行定期按股分红,每年将股金分红兑付到合作社,每股分红 3500 元;合作社将 3000 元兑付给农户,用于发展增收产业,500 元留存合作社,作为管理运营费用及村级集体经济发展资金。

④ 参见木胜玉、朱红霞:《大理:4 个贫困县将摘帽　摸索出 4 种模式值得借鉴》,2017 年 2月 8 日,见 http://yn.people.com.cn/n2/2017/0208/c372451-29685649-3.html。

大理州各县因地施策,百花齐放的多元化、个性化扶贫新模式纷纷呈现。祥云县"劳务派遣"带动贫困户转移就业,洱源县"富民产业"进万家助力脱贫攻坚,形成了"政府推动、市场拉动、龙头带动、创新驱动、社会联动、金融撬动"的良好发展局面。

产业扶贫作为一种发挥市场主体角色的、以经济收益为出发点的扶贫开发手段,能有效地促进贫困地区经济发展、增加贫困人口收入,能从根本上缓解贫困,激活贫困地区的发展动力,改变贫困地区的发展面貌,阻断贫困的传递动因,提升人力资本。作为脱贫攻坚的主要手段和方式之一,产业扶贫在滇西北连片特困地区的脱贫攻坚战中发挥了巨大的作用,形成了滇西北连片特困地区产业扶贫的亮点和特色,为滇西北连片特困地区的脱贫攻坚作出了巨大的贡献,也为其产业调整和结构改造升级奠定了良好的基础。期待滇西北连片特困地区的产业扶贫能在将来发挥脱贫致富"吸虹效应"。

二、多中心协同打造旅游扶贫特色

云南以"彩云之南,万宗之绿"而闻名世界。在这片神奇的红土地上,有着丰富的地貌风景资源、水文风景资源、动植物风景资源、古文化遗址、民俗风情和边境旅游资源。这片土地拥有北半球最南端终年积雪的神圣雪山、雄浑苍劲粗野的原始森林、险峻崎岖的峡谷、独特的卡斯特溶洞,使得云南独具自然博物馆的气质。同时,由于这片土地少数民族众多,各具特色的民俗风情、神秘的宗教色彩为云南增添了一份独特的魅力。云南是全国自然资源丰富的旅游大省,在全国消费升级旅游热的大环境下,大力发展旅游服务是云南发展经济、实现增收的最有效和便捷的途径。云南省旅游扶贫的内容有三个方面:(1)发展生态旅游扶贫。云南省具有丰富且珍贵的旅游资源,适合发展旅游业,特别是以自然资源为基础的生态旅游业。2008年,云南省政府发布了《关于加强滇西北生物多样性保护的若干意见》,意见的实施有利于保护生态环境和自然资源,改善贫困地区的生存发展条件,对消化吸收贫困地区的剩余劳动力与发展地方经济具有重大意义。随着脱贫攻坚战的拔寨、攻坚总冲锋号角的吹响,打响以保护生态环境为己任的生态扶贫尤其应景。金山银山,不如绿水青山。在见证了西方资本主义经济发展和城市治理经验教训的基础上,中国走的以预防保护为主、防治结合的生态扶贫治理,适合经济社会发展趋势,适应了绿色经济发展潮流,有着强大的市场和生命力。(2)发展民族文化旅游扶贫。云南省是一个多民族的省份,在其发展过程中,各民族大多保持了自身的文化和风俗习惯,表现出绚丽多彩的民族历史文化,这为云南发展民族文化旅游扶贫提供了基础。同时,由于这些独具特色的民俗风情为世界文明多样化保护发展提供了底板,是世界民族宝库中的靓丽风景,发展民族文化旅游带动脱贫攻坚既体现了因地制宜发展经济的发展理念,也体现了世界文明的交流趋势和需要。(3)发展边境旅游扶贫。云南与缅甸、老挝、越南三个国家接壤,拥有四千多公里的陆地边境线,不但吸引内地游客到边境旅游观光,体验少数民族风情,而且加强了边疆与内地的沟通,形成利用地理优势和资源优势脱贫致富的有效途径。① 云南在"十二五"期间创建 1 个中国旅游经济强县、2 个中国乡村旅游创客示范基地、32 个中国乡村旅游模范示范村、468 家中国乡村旅游金牌农家乐,打造了 350 个旅游特色村、500 多家乡村度假村。② 省级每年投入 3000 万元引导资金,共撬动社会投资 145 亿元发展乡村旅游。③ "十三五"时期,云南省人民政府与腾讯集团合作,联合打造"一部手机游云南"智慧旅游平台,为发展做大做强云南旅游业提供了技术支持。"一部手机游云南"智慧平台已经投入使用,大大提升了云南的旅游服务质量,为云南由旅游大省向旅游强省迈进奠定了良好的基础和条件。现在云南正以更加开放和更加优质的旅游服务向世界发出邀请,未来云南的旅游对云南经济的

---

①　参见胡锡如:《云南旅游扶贫的三种模式》,《经济问题探索》2003 年第 5 期。

②　参见《云南省旅发委召开 2017 年第十四次党组(扩大)会议》,2017 年 6 月 4 日,见 http://news.sina.com.cn/c/2017-06-04/doc-ifyfuvpm7355770.shtml。

③　参见李思凡:《云南:到 2020 年实现旅游产业综合带动 80 万人脱贫》,《昆明日报》2017年 6 月 7 日。

拉动效应巨大。

多中心协同的旅游扶贫格局也已形成。云南省委、省政府制定出台《云南省旅游扶贫专项规划》和《云南省人民政府办公厅关于加快乡村旅游扶贫开发的意见》，滇西北连片特困地区紧紧围绕脱贫攻坚这条主线，促进旅游强省和全区域的脱贫攻坚，在区域内各州、市形成了多中心协同打造旅游扶贫特色。其特点是：(1)建立了完善的多中心协同旅游扶贫组织体系。由省发展改革委、旅游发展委、旅游开发领导小组牵头，省民族宗教委、环境保护厅、住房城乡建设厅、农业厅、水利厅、交通运输厅、林业厅、扶贫办，各州、市人民政府配合，带动市场主体、企业、农民专业合作社、新型农业主体、社会组织等与贫困地区的干部和群众共同致力于旅游脱贫建设。(2)开展了典型的多中心协同旅游扶贫示范工程建设。根据可持续发展战略以及中央和省级层面的旅游扶贫指示，建设了滇西北香格里拉生态旅游开发示范区，并取得了显著成效，在全球生态旅游时尚风潮中抓住机遇。云南省通过媒体宣传，旅游发展委、扶贫办以及市政府的合作促进其发展，推动香格里拉旅游示范区抓住更多良机，既帮助保护当地优秀的传统文化，又帮助贫困地区脱贫。(3)加大了集中的多中心协同旅游扶贫培训力度。滇西北连片特困地区进行了多次针对贫困地区干部、青年、农民的专业技术、技能培训。2017年云南省旅游发展委员会举办的挂钩精准扶贫他撒村官及旅游示范户培训班，对他撒村两委、村小组长、旅游示范户、建档立卡户等30余名学员进行了为期5天的培训，结合当地旅游资源以及具体的种养殖技术，通过理论与操作相结合的方法，培养了一批骨干力量。

以滇西北连片特困地区的大理州为例，其形成的多中心协同旅游扶贫样板，具有较高的代表性。一是旅游管理体制多元协作。大理州成立了旅游发展委员会、旅游市场监管综合调度指挥部和旅游警察支队，形成了多中心协同的旅游扶贫管理系统。① 除此以外，一系列项目及基础设施建设均由省交通

---

① 参见云南省旅发委宣传中心：《大理旅游市场监管创新机制体制亮点多》，2016年4月28日，见 https://news.cncn.com/229826.html。

运输厅牵头,省发展改革委、省旅游发展委、州(市)人民政府配合,县(市、区)人民政府组织实施,开创了大理旅游发展的新格局。二是旅游建设项目多点开花。大理州制定实施了《关于加快全域旅游发展的实施意见》,不断完善环洱海休闲度假旅游设施,发展休闲度假旅游产品,①借助双廊镇的旅游带动效应,形成了以梨花潭为核心,大坪地、木香坪为辐射的旅游发展格局。② 三是旅游交通路网全面覆盖。从全域旅游的高度布局出发,不断加强基础设施的建设,尤其是"五网"(路网、水网、航空网、互联网、能源网)建设,加快完善旅游景区之间的交通网络建设,发展景区直通车,推进旅游大交通体系建设,形成内通外畅的旅游交通网络以及旅游厕所等公共服务设施全覆盖、智慧旅游设施和服务全覆盖的新格局。③

三、多中心协同打造教育扶贫特色

"扶贫必扶智"。④ 让贫困地区的孩子们接受良好教育,是扶贫开发的重要任务,也是阻断贫困代际传递的重要途径。⑤ 扶贫工作要标本兼治,教育扶贫是反贫困的治本之策,也是新时期扶贫开发工作的重要内容。党的十八大以来,教育部采取超常规政策举措,先后实施了学前教育 3 年行动计划、学前教育资助政策、义务教育"两免一补"、普通高中学生资助政策、中等职业教育免学费补助生活费政策、乡村教师支持计划等 20 项教育惠民政策。云南省深入贯彻落实中央扶贫开发战略部署,制定了《云南省加强教育精准扶贫行动

---

① 参见孙一夫:《云南大理州:加快全域旅游发展步伐》,2017 年 2 月 28 日,见 http://travel.sina.com.cn/domestic/news/2017-02-28/detail-ifyavvsh7144726.shtml。

② 参见杨可珠:《大理市全力推进双廊伙山村省级旅游扶贫示范村建设》,2018 年 4 月 4 日,见 http://www.pinlue.com/article/2018/04/0421/045986417011.html。

③ 参见安静:《加快云南大理转型升级成就全域旅游》,《云南日报》2016 年 9 月 14 日。

④ 《习近平给"国培计划(二〇一四)"北师大贵州研修班参训教师回信》,《人民日报》2015 年 9 月 10 日。

⑤ 《习近平:让贫困地区的孩子们接受良好教育,是扶贫开发的重要任务》,2015 年 10 月 16 日,见 http://www.cnr.cn/zgzb/2015jpyfzgclt/zy/20151016/t20151016_520167525.shtml。

计划》，多渠道筹措资金，全面落实"教育精准扶贫"各项任务。全省 2016 年全年统筹中央及省级资金 41.79 亿元，2017 年上半年完成教育扶贫投资 107.09 亿元，不断践行教育公平，补齐教育短板，让贫困地区群众共享教育改革发展成果，贫困家庭孩子共享公平、优质的教育资源。

滇西北连片特困地区是脱贫攻坚主战场中边境县数量和世居少数民族最多的片区，该片区已初步形成多中心协同的教育扶贫格局。（1）建立健全多中心协同的教育扶贫组织体系。为确保如期打赢脱贫攻坚战，滇西北连片特困地区建起了五支教育扶贫革命队伍：一是与教育扶贫工作关系密切的 10 个业务司局；二是教育部直属高校；三是东部地区职教集团；四是挂职干部；五是社会力量。五支队伍共同协调曾宪梓教育基金会、中国教育发展基金会等公益组织及爱心企业的运行和发展，①形成了完善的多中心协同的教育扶贫组织体系。（2）自上而下对口帮扶，做好教育扶贫。2016 年 12 月，经国务院同意，教育部等 6 部门联合印发了《教育脱贫攻坚"十三五"规划》。云南省立足滇西北连片特困地区的实际情况制定了《云南省滇西边境山区教育发展规划（2011—2020 年）》等相关实施规划，形成了系统完整的规划体系和实施方案。在多层政策的指导下，中央和地方共同发力，致力做好教育扶贫工作。（3）大力加强政府与社会合作的教育扶贫协同格局。自 2012 年中央启动集中连片特殊困难地区扶贫开发战略以来，教育部与滇西北连片特困地区的 28 个部委之间建立了滇西北部际联系工作机制；②举办滇西北领导干部经济管理研修班，组织实施滇西北农村青年创业人才培养计划，同时在社会层面，组织实施了滇西北连片特困地区"爱心幼儿园援建工程"，设立滇西北连片特困地区县教学点特殊重点支持项目；③组织东部职业教育集团与滇西北连片特困地区

---

① 参见高靓：《滇西扶贫记》，《中国教育报》2017 年 4 月 10 日。

② 参见高靓：《滇西扶贫记》，《中国教育报》2017 年 4 月 10 日。

③ 参见谢沂楠：《立足滇西、精准发力、加大投入、加快建设人力资源开发扶贫示范区》，2015 年 10 月 16 日，见 http://www.moe.gov.cn/jyb_xwfb/xw_zt/moe_357/jyzt_2015nztzl/2015_zt12/15zt12_fpcx/201510/t20151016_213724.html。

的职业学校和州市政府进行对口支援和战略合作,①政府与社会合作的教育扶贫协同格局逐步形成。

　　为全面贯彻云南省扶贫开发领导小组第七次全体会议和普洱脱贫攻坚工作推进会议精神,在《云南省加强教育精准扶贫行动计划》的指导下,普洱市于2017年11月5日召开了全市教育精准扶贫工作会议,市教育局、市发展改革委、市民政局等市直相关单位负责人参加了此次会议。会议要求各级各有关部门要增强推进教育精准扶贫的紧迫感和责任感,确保教育脱贫各项任务顺利推进,按期完成。根据《云南省加强教育精准扶贫行动计划》的要求,普洱市教育局制定了《普洱市教育精准扶贫实施方案》《普洱市贯彻云南省乡村教师支持计划(2015—2020年)实施意见》和《普洱市人民政府关于加快发展现代职业教育的实施意见》等一系列政策文件,加大对贫困家庭学生的高等教育支持力度以及对民族教育扶持力度,加强教师队伍建设,大力发展职业教育。普洱市景东县内的曼等乡等始终坚持以人为本,把教育扶贫作为脱贫攻坚的一项重要途径。曼等乡成立特困户教育救助和特殊人群特困补助资金专户,全面启动教育扶贫工程,成立了由乡长任组长,乡党委副书记任常务副组长,乡纪委书记和协管教育副乡长任副组长,教育、财政、民政、民宗、扶贫、工会、团委、残联、妇联等部门为成员的救助工作领导小组,领导和管理乡里的教育扶贫相关工作。通过财政相关部门筹资、企业和爱心人士募捐和被资助过的学生工作后的自愿捐助,曼等乡在2016年共筹集了695万元教育扶贫资金,帮助贫困学生133人次实现大学梦,救助特殊人群33人。曼等乡的多主体合作、多中心协同的教育扶贫模式一定程度上解决了贫困家庭学生上学的燃眉之急,让学生放心就学、安心入学、顺利升学,不让贫困生因经济困难而辍学,推动了曼等乡贫困人口的教育脱贫之路。

---

　　①　王磊:《教育部全力推进定点联系滇西边境片区工作》,2015年11月6日,见http://www.zjchina.org/mms/shtml/290/news/2211.shtml。

教育扶贫是阻断贫困代际传递的重要途径,也是激活贫困群众内生脱贫动力和提升贫困群众自身造血能力的重要抓手。治贫先治愚。教育对贫困的改变是根本性的,只有奋力抓教育扶贫的质量,才能为脱贫攻坚提供坚实的人力资源和智力支持,确保贫困人口可持续脱贫。

四、多中心协同打造社会扶贫特色

云南省委、省政府发布《关于深入贯彻落实党中央国务院脱贫攻坚重大战略部署的决定》等文件,其目的是大力弘扬社会主义核心价值观,大兴扶贫济困、爱心奉献的社会风尚,形成社会力量充分参与的云南省社会扶贫体系。(1)建立了多中心协同社会扶贫体系。在精准扶贫理念的引领下,政府、社会、市场协同推进的社会扶贫大格局已初步形成。云南省建立了跨地区、跨部门、跨单位和全社会共同参与的社会扶贫体系,最大限度地调动当地群众的积极性。[1] 政府力量领导民营企业、社会组织和个人通过旅游、教育、产业、公益、技术等多个方面,多中心协同政府、社会与市场正确参与社会扶贫工作,实现社会扶贫重心下移到村、对接到户,加强扶贫开发的成效,帮助贫困地区、贫困人员脱贫。多中心的社会协同扶贫体系有助于凝聚各方主体的力量,形成脱贫攻坚的合力。(2)形成了多中心协同社会扶贫机制。云南省坚持政府引导,完善政策支撑,健全动员机制,搭建参与平台,畅通参与渠道,营造良好的社会参与扶贫氛围,[2]从组织主体、体制机制保障、平台参与、人员配备、扶贫氛围营造上充分调动了社会各方面力量参与扶贫,多元主体形成合力,共同消除贫困,取得了较好效果。

作者通过深入滇西北连片特困地区调查研究,总结出了云南滇西北连片

---

① 参见李程骅:《精准扶贫彰显超强国家治理能力扶贫减贫的中国智慧》,《人民日报》2017年9月4日。

② 参见秦黛玥:《云南:2017年实现29个贫困县摘帽100万人脱贫》,《云南信息报》2017年12月12日。

特困地区多中心协同社会扶贫特色。(1)鲜活的多中心协同社会扶贫构成内容。中国扶贫开发协会副会长黄忠明表示,"社会资源的参与,书写了一个个鲜活的'扶贫故事'"。其中,成立时间超过10年,发起组织各类型支教67次,覆盖学校49所的滇西北支教团,以志愿者的支教行动改变了无数贫穷山区孩子的命运。[1] (2)丰富的多中心协同的社会扶贫工作机制。"干部辛苦一阵子,群众幸福一辈子。""挂包帮""转走访"是扶贫开发最具体、最基础、最重要的工作。作为云南脱贫攻坚的主战场,滇西北到处活跃着"挂包帮""转走访"的扶贫干部队伍。[2] 滇西北各市(州)、各有关部门完善社会扶贫工作体系,建立了社会扶贫工作机制,落实了社会扶贫工作责任,加强协调配合,按职能分工、落实有关政策,推进各项工作。建立定点扶贫工作联席会议制度,健全了干部驻村帮扶机制、社会扶贫工作考核机制、社会扶贫工作激励机制。

调研发现,普洱市在多中心协同社会扶贫领域的探索具有典型代表性。(1)多中心协同社会扶贫参与方式。普洱市举行"动员社会力量,助力精准扶贫"为主题的活动,打造扶贫公益品牌,积极引导社会各方面资源向贫困地区聚集。构建信息服务平台,鼓励支持社会各界人士参与扶贫志愿者行动。同时,构建志愿服务网络,支持参与社会扶贫的各类主体通过公开竞争的方式积极承接政府扶贫公共服务、承担扶贫项目。(2)多中心协同的社会力量大投入。以普洱市群团组织为例,普洱市委、市政府领导市定点扶贫单位、非政府组织、企业事业单位分别倒排时间、明确进度、逐步投入,有重点、有步骤地参与全市46.3万农村贫困人口、9个片区县(贫困县)、41个贫困乡(镇)、368个贫困村脱贫摘帽出列的工作;每年开展3场主题科普服务活动,相关学(协)会的专家面向五大重点人群,开展科普宣传,受众面达20%;宁洱县同心镇那

---

① 参见伍振国、张桂贵:《"2017中国优秀扶贫案例报告会"在京举行》,2017年11月16日,见 http://house.people.com.cn/n1/2017/1116/c164220-29650870.html。

② http://politics.people.com.cn/n1/2016/0104/c1001-28006549.html。

柯里村创建职工农民工创业园,50万元"爱心励志基金"扶持宁洱县同心镇50户农户发展黑木耳种植,涉及7个村民小组,30户建档立卡户;成立普洱市青少年发展基金会,吸纳社会资源参与助力脱贫工作,计划每年筹集资金20万元,用于开展贫困地区爱心救助。普洱市的社会协同扶贫效果明显,特色鲜明。

五、多中心协同打造健康扶贫特色

为贯彻落实《实施健康扶贫工程的指导意见》和《深入贯彻落实党中央国务院脱贫攻坚重大战略部署的决定》要求,云南省建立了本省健康扶贫体系。主要有三个方面内容:(1)健全多中心协同的医疗卫生服务体系。重视并加强贫困地区医疗基础设施建设,政府带头联合健康扶贫开发小组、财政部、金融部等部门,使每个贫困县实现"三个一"目标;① 重视并加强贫困地区医院的重点专科建设,由民政局、财政局为主认真组织88个贫困县县级医院重点专科建设;重视并加大贫困地区的医疗信息化建设,积极推动6大业务应用系统上线。(2)提升多中心协同的医疗卫生服务水平。由省人力资源社会保障厅牵头,各州、市、县、区人民政府逐步提高乡村医生的薪酬、生活待遇,建立并完善乡村医生的退休机制,并培训其对基本药物的合理使用;加大培训力度,在贫困地区培养更多的临床医师、药学人员和乡村医生等。(3)提高多中心协同的医疗卫生保障水平。提高贫困地区人民的医疗保障,资金由民政和计生服务财政预算资金保障;对贫困地区患者医疗报销程度更高,使得起付线降低,报销范围更大,报销比例提高。云南省的健康扶贫取得了良好的成效,农村群众参合率长期保持在98%以上,基本上做到了应保尽保。云南省将儿童先心病、肺癌、儿童苯丙酮尿症等22类病种纳入重大疾病保障范围,实行按病种定额(或限额)付费,不设起付线且将报销比例提高到70%;大病集中救治

---

① "三个一"目标:每个县至少有1所二级县级公立医院,每个乡镇建有1所标准化的乡镇卫生院,每个行政村建有1个标准化的卫生室。

一批覆盖 7.52 万人,已救治 4.29 人;慢病签约服务一批覆盖 13.88 万人,已管理 5.39 万人;重病兜底保障覆盖 6886 人,已救治 5260 人;救治因病致贫返贫 25.9 万人,因病致贫返贫户减少 6.69 万户。①

　　疾病是返贫的主要原因之一,为此,"如何防治贫困人口因病返贫"成为考验云南省政府的一道难题。云南省在满足群众大病输血方面所做的体制机制创新、技术手段创新、后勤保障创新等为云南的健康扶贫开了一个好头。众所周知,云南省曾是全国有名的"血荒"城市,血液采集和库存不到医疗用血需求的 50%,经常会发生医院排队等血、手术排队等血、患者排队等血的情况发生,这使得云南的总体健康、医疗救治体验很差。云南省昆明市大胆创新,出台《昆明市献血条例》,实施全省异地用血报销和报销关口前移的健康医疗制度。自从云南省首次在全国使用"互联网+献血平台"APP 以来,云南的"血荒"情况完全缓解,已经成为全国血液采集和库存最充裕的城市之一,为云南的健康扶贫拓展了新思路,开辟了新阵地,创新了理念和方法。

　　根据党中央、国务院脱贫攻坚重大战略部署的决定和《云南省健康扶贫 30 条措施》,滇西北连片特困地区在健康扶贫方面进行了积极的探索与创新,形成了鲜明的多中心协同的健康扶贫特色。其特点是:(1)建立了完善的多中心协同健康扶贫组织体系。由省级政府、办公厅牵头组织,紧紧依靠各级党委政府和广大基层干部群众,在各州、市扶贫办、卫生计生委的带领下,协调各县区人民政府、发展改革委、财政局、文体局、新闻出版广电局、食药监局、禁毒防艾成员单位、民政局、人社局等部门,鼓励市场主体、社会组织、公民参与到健康扶贫工程中,对表现突出者实施奖励制度。(2)形成了典型的多中心协同健康扶贫内容。积极落实妇幼健康和计划生育政策,发挥中医药(民族医药)特色优势,完善贫困地区食品安全风险监测体系,健全贫困地区基本公共卫生服务体系,加快进行"互联网+健康"工程建设,对从药人员进行免费的培

---

① 参见隋棠:《云南健康扶贫助三十三万人脱贫》,《云南经济日报》2016 年 9 月 22 日。

训制度、开展健康扶贫宣传等。① 由各州、市的卫生计生委牵头,州、市妇联、民政局、财政局、科技局、林业局和各区县人民政府等组织部门配合实施云南健康扶贫工程。

滇西北连片特困地区多中心协同打造健康扶贫特色在德宏州有很好的体现。德宏州制定下发了《德宏州健康扶贫行动计划》,以促进多中心协同打造健康扶贫体系建设。一是多中心协同的落实监督。州委、州政府设立脱贫攻坚指挥部、健康扶贫领导小组,为综合督查指导和专项督查指导提供保障。通过综合和专项督查指导以及定期回访、积极落实、挂号督办等措施,多个部门积极配合,全力保证贫困地区健康扶贫政策的有效落实。二是多中心协同健康扶贫的保障机制。基本建立了"四重保障"机制——基本医保机制、大病医保机制、医疗救助机制、费用兜底保障机制,为贫困群众打造医疗保障防线。在省补助资金不充足的情况下,由县财政统筹解决,在医疗保障方面,全州建档立卡贫困人员 100%参加基本医疗和大病保险,为贫困地区群众的生命健康保驾护航。三是多中心协同的健康扶贫惠民模式。德宏州全面开启先诊疗后付费以及"一站式"即时结报的便民惠民政策。各级医疗机构积极配合,采取由医疗机构先行垫付的医疗结算方式,方便建档立卡贫困人口就医结报;而"一站式"即时结报则是由定点医院按照比例现场直接减免,通过同一个窗口、统一的平台完成结算,在患者出院时一次性结清或延期结清自付费用即可,公立医院、基层医疗卫生单位、妇幼保健院等公立医疗卫生机构已建成了典型的多中心协同的健康便民惠民扶贫模式。

六、多中心协同打造易地搬迁扶贫特色

为深入贯彻习近平总书记扶贫开发战略思想和考察云南重要讲话精神,云南省紧扣"五个一批""六个精准",规划制定出具有云南特色的"易地搬迁

---

① 参见隋棠:《云南健康扶贫助三十三万人脱贫》,《云南经济日报》2016 年 9 月 22 日。

安置一批"路线图,如《云南省易地扶贫搬迁三年行动计划》和《云南省易地扶贫开发项目管理暂行办法》等,形成了多中心协同易地扶贫格局。主要有以下三大方面:(1)形成了以政府为主导,市场、社会、贫困农户协同配合的扶贫格局。云南省在中央"五个一批"的要求下,各级相关部门2015年9月启动了易地扶贫搬迁工作,出台了《云南省易地扶贫搬迁三年行动计划》以及一系列相应的配套政策文件,①保证同期和全国实现全面建成小康社会的目标。(2)形成了资金充分保障、项目示范带动搬迁扶贫的格局。易地扶贫工作的顺利进行,资金筹措保障是关键。云南省制定了《易地扶贫搬迁资金来源及拨付方案》,明确了资金来源,为易地扶贫搬迁工作的启动实施和下一步全面推进提供了有力保障。② (3)形成了不断优化居民生活环境、为民负责的格局。省扶贫办相关负责人表示在完成各项计划后将进一步优化安置点选址、村寨布局、村寨详规和民居设计。③ 2016—2018年,云南省将继续在《云南省易地扶贫搬迁三年行动计划》的基础上投入605.6亿元,完成易地扶贫搬迁30万户100万人及建设3000个安置新村的"36313"目标任务。截至2016年云南省16个州、市启动了304个搬迁村寨示范点建设,规划投资61.2亿元,惠及2.6万户10万人。④

在云南省级层面打造多中心协同易地搬迁扶贫格局基础上,滇西北连片特困地区也随之形成了鲜明的多中心协同易地搬迁扶贫特色,内容如下:(1)建立了完善的多中心协同易地搬迁扶贫组织体系。自易地扶贫搬迁工作启动以来,各级政府充分发挥其在整体项目规划、基础设施建设和公共服务设施建

---

① 参见《云南省全力推进易地扶贫搬迁》,2016年2月24日,见 http://roll.sohu.com/20160224/n438373709.shtml。

② 参见《云南省全力推进易地扶贫搬迁》,2016年2月24日,见 http://roll.sohu.com/20160224/n438373709.shtml。

③ 张明宇:《云南易地扶贫搬迁计划:3年搬迁100万人》,《云南日报》2016年2月18日。

④ 《云南省易地扶贫搬迁实施已惠及2.6万户10万人》,2016年3月7日,见 http://yn.people.com.cn/news/yunnan/n2/2016/0307/c228496-27876452.html。

设与提供方面的领导作用,相关部门多元协作,采取多项措施,快速推进易地扶贫搬迁各项工作的顺利进行,并通过多种媒体渠道,加大宣传力度,引领贫困群众积极参与项目规划、工程建设,明确规定县、乡政府机关是当地易地搬迁扶贫开发的责任承担者;协调财政、金融、建设、土地、水利、公安、交通、科技、教育、卫生、农业、林业、畜牧业、民委、民政、文化广播电视、环保等部门,辅助群众实现易地脱贫。(2)形成了典型的多中心协同易地搬迁扶贫内容。在群众自愿的原则下,选择无安全隐患、基础设施完善、易于发展的搬迁地。在建设和完善生活环境的过程中,各个部门联合起来为贫困群众的居住保驾护航。住建和土地等部门因地制宜,积极选址,金融、财政等部门为农户搬迁及新村寨建设提供资金支持,其他政府部门互相配合共同打造环境良好、适宜居住和劳作的美丽宜居乡村,坚持顺应自然环境,与美丽乡村、产业发展、公共服务相统筹。

保山市在易地搬迁扶贫政策落实中表现突出,充分体现了滇西北连片特困地区内多中心协同的易地搬迁扶贫特色。(1)抓好易地搬迁扶贫多中心协同组织领导体系建设。市委、市政府把易地扶贫搬迁工作作为脱贫攻坚的首要任务,主要领导带头做表率,多次深入基层调研,协调解决搬迁工作中遇到的阻力,各级相关部门紧密配合,分工协作,合力推进易地搬迁扶贫工作的开展。① (2)抓好易地搬迁扶贫多中心协同群众参与机制建设。保山市建立了易地搬迁扶贫信息共享平台,加大易地搬迁扶贫宣传力度,从政策解读到层层传递,将易地扶贫搬迁的惠民政策传到贫困户的耳朵里、行动中,让各个部门在建房工程中,积极发挥群众主体作用,组织农户通过参与建设降低建房成本,多方位主体共同致力于引导、执行、监督、节省成本,进而推动保山市易地搬迁扶贫政策高效、节约、快速落地。

---

① 参见《保山"八个抓好"推进易地扶贫搬迁》,2016 年 8 月 18 日,见 http://news.jiulongw.cn/bsnews/2016-08-18/63736.html。

七、多中心协同打造帮扶扶贫特色

云南省实施省级领导扶贫攻坚挂片联县方案和省级机关企事业单位定点挂钩扶贫,形成了完善的多中心协同对口帮扶扶贫体系。(1)形成了"挂包帮""转走访"的多中心协同帮扶扶贫模式。云南省全面建立了"领导挂点、部门包村、干部帮户"的扶贫攻坚长效机制,扎实开展"转作风走基层遍访贫困村贫困户"工作,组织 17551 个党政机关和企事业单位、57 万名干部职工开展"挂包帮"定点扶贫;选派了 20324 名干部、组建驻村扶贫工作队 6081 支。① 省委办公厅、省政府办公厅印发了《省级领导扶贫攻坚挂片联县方案》和《省级部门(机关)、企事业单位和中央驻滇单位扶贫攻坚挂联县方案》,对贯彻落实"挂包帮""转走访"工作中的相关环节进行了明确的规定,并且予以细化。(2)建立了"上海—云南"多中心协同对口帮扶扶贫体系。上海市委和云南省委签订《关于进一步加强扶贫协作的协议》,两省市政府签署《关于贯彻落实中央决策部署进一步加强对口扶贫协作的协议》。本着"急滇所需,尽沪所能"的原则,上海累计在云南投入帮扶资金约 38 亿元,实施各类帮扶项目近8000 项,覆盖省内 30 多个县,对云南省扶贫工作大踏步前进提供了丰厚的扶贫资源,精准对接的机制让云南省实现更好更快脱贫。②

云南省紧抓对口帮扶扶贫项目,精准对接扶贫项目建设。滇西北连片特困地区紧紧围绕对口定点式帮扶扶贫模式,形成了多中心协同对口帮扶扶贫特色。(1)形成了多中心协同的多方位协同合作的帮扶扶贫组织体系。按照中央和省委、省政府关于东西部扶贫协作的安排,由国务院扶贫办、省扶贫办、国家发展改革委进行指导,各州委、州政府、州委组织部、州委宣传部、州人社局、州教育局、州扶贫办、州旅游局、州卫计委等部门针对滇西北区域积极进行

---

① 《云南省扶贫办主任李新平:把扶贫开发作为最大民生工程》,2016 年 6 月 21 日,见 ht-tp://www.ddgx.cn/html/2016/0621/9374.html。

② 沈则瑾:《急滇所需　尽沪所能》,《经济日报》2016 年 11 月 4 日。

协调。由主要领导牵头,各市各区、各有关部门包括水利部门、交通部门等积极参与滇西北连片特困地区对口帮扶扶贫项目建设,协调动员各方力量,扎实推进脱贫攻坚工作。(2)上海对口帮扶滇西北连片特困地区形成多中心协同的帮扶扶贫体制。自 1996 年中央确定上海与云南开展对口帮扶合作这 20 年来,两省市党委、政府"真情实意、真金白银、真抓实干"推进对口帮扶合作,形成了"政府援助、人才支持、企业合作、社会参与"的帮扶工作格局。① 除了资金上的对口帮扶之外,在技术上,上海面向基层,突出实用技术,帮助云南培训各类脱贫致富急需人才,大力支持在基层开展技能培训工作,实现了扶贫工作从"输血"到"造血"的转变。

滇西北连片特困地区形成的多中心协同对口帮扶扶贫特色,最具代表性的是怒江州。自珠海与怒江开展扶贫协作工作以来,合作机制日益健全,协作成效日益突显,双方共同制定了《珠海市对口帮扶怒江州东西部扶贫协作工作实施意见》《珠海市怒江州对口扶贫协作工作总体计划》等多个对口协作方案。按照"中央要求、怒江所需、珠海所能"的原则,②两市建立了多层次、全方位、宽领域的合作关系。根据广东省委、省政府要求,在 2016 年至 2020 年间,珠海市每年对怒江州四个县(市)各安排 1000 万元帮扶资金,五年共两亿元的扶贫协作资金,按照怒江所需,做好资金划拨与使用工作,大力发动社会力量参与怒江的脱贫攻坚,广泛筹措资金,"真金白银"支持脱贫攻坚工作。③ 怒江结合科学翔实的精准扶贫方案和精准的实施行动计划,取得了明显的扶贫效果。

八、多中心协同打造电商扶贫特色

随着科技的发展,大数据时代的到来,我国农村电子商务发展已进入了快

---

① 参见杨光:《真情真心帮扶　滇沪情深谊长——上海与云南对口帮扶合作 20 年综述》,《云南日报》2016 年 4 月 20 日。

② 参见《珠海市到怒江调研对口扶贫协作工作》,2017 年 12 月 22 日,见 http://www.prcfe.com/web/2017/1222/217296.html。

③ 参见梁涵:《深化对口扶贫协作助推怒江脱贫攻坚》,《珠海特区报》2017 年 2 月 26 日。

速发展的新阶段,日益成为促消费、扩内需,推动农业升级、农村发展、农民增收和精准扶贫的重要引擎。电商扶贫就是将今天互联网时代日益主流化的电子商务纳入扶贫开发工作体系,作用于帮扶对象,创新扶贫开发方式,改进扶贫开发绩效的理念与实践。① 国家高度重视电商的扶贫开发工作。2014 年中央一号文件要求"完善农村物流服务体系","加强农产品电子商务平台建设";2015 年中央一号文件强调要"开展电子商务进农村综合示范";2016 年中央一号文件进一步明确提出,"支持农产品营销公共服务平台建设","促进农村电子商务加快发展"。国务院相继出台了《国务院办公厅关于促进农村电商加快发展的指导意见》《关于大力发展电子商务加快培育经济新动力的意见》《商务部等 19 部门关于加快发展农村电商的意见》等文件,为规范农村电商扶贫工作的落实提供了政策依据。随着科技的进步,网络普及到乡、镇、村,农村网民的占比逐步上升。截至 2017 年 6 月,我国农村网民占比为26.7%,规模为 2.01 亿,全国 832 个国家级贫困县实现网络零售额 818.1 亿元,农村网店数量达 832 万家,带动就业人数超过 2000 万人。云南省紧紧围绕国务院对加快农村电子商务发展的部署和要求,形成了电商扶贫多中心协同体系。(1)完善电商扶贫多中心协同政策体系。云南于 2016 年 7 月制定实施了《云南省人民政府办公厅关于促进农村电子商务加快发展的实施意见》(云政办发〔2016〕69 号),为农产品打开了销售渠道;同时,通过农村电子商务拉动农村内需,释放农村消费潜力,促进农村经济增长,转变农村经济发展方式,促进农民创业就业、致富增收。(2)构建电商扶贫多中心协同组织体系。省商务厅、农业厅牵头,建立了电子商务工作协调机制,省农业厅、商务厅牵头,教育厅、科技厅、发展改革委、工业和信息化委等多部门协调合作,合力通过电商扶贫打赢脱贫攻坚战。(3)加大电商扶贫多中心协同资金投入。省财政统筹资金,鼓励金融机构对农村电子商务有关项目给予信贷支持,加大对

---

①　参见汪向东:《四问电商扶贫》,《甘肃农业》2015 年第 13 期。

农村青年电子商务创业的授信及贷款支持,各级政府安排专项资金,加大力度支持农村电子商务发展。[①]

立足于滇西北连片特困地区广泛的生态农业资源优势,滇西北连片特困地区各个州市大力发展电商扶贫,积极探索建立"高位推动、设施配套、人才培训、政策支持"四大电商发展机制。(1)多中心协同组织体系推动电商扶贫基础设施建设。滇西北连片特困地区不断建立健全片区内和片区外区域联动协调机制,各级脱贫攻坚领导小组积极发挥统筹协调的作用,联合脱贫攻坚相关部门,不断推进设施便利化、政策多样化、队伍专业化、行业标准化建设,全力推进交通网、互联网、物流网建设,实施乡镇通柏油路、行政村通硬化路、自然村全部通公路、宽带和 4G 网络全覆盖,下一步将大力推动建设 5G 网络全覆盖,真正落实"数字中国"建设目标。(2)多中心协同群团组织开展电商扶贫技术知识培训。滇西北连片特困地区依托电子商务培训中心、职业中学等培训机构,联合工会、妇联、共青团、教育局、人社局等单位,针对有创业需求的农村青年、建档立卡贫困人口、返乡大学生、退伍军人等开展电子商务培训,提高了滇西北连片特困地区政府工作人员、中职学校学生与教师对电商发展的认识,解释了电商发展的重要意义、教学中的困惑和疑问,进一步提高了政府工作人员、老师们的电商认识以及学生们对电商的了解。(3)多中心协同政策措施加大电商扶贫资金投入。滇西北连片特困地区结合中央及省对电商扶贫的财政支持政策及措施,按照云南省《关于促进农村电子商务加快发展的实施意见》要求,简化了农村电商小额短期贷款手续,促进农村电子商务创业发展,鼓励商业银行与电子商务企业开展多元化金融服务合作,支持银行业金融机构和支付机构研发适合农村特点的网上支付、手机支付、供应链贷款等金融产品。

阿里巴巴集团在云南省实施农村电子商务战略后,红河州成为首批落地

---

① 参见《云南:电商请进来云品走出去》,《云南日报》2017 年 7 月 13 日。

"农村淘宝"业务的州市之一,先后创建了蒙自、弥勒两个国家级电子商务进农村示范县,建成了2个州级电商服务中心、3个县级电商服务中心、11个乡级电商服务站、117个村淘服务站,正在启动8个县级电商服务中心、96个乡级电商服务站的建设,有注册登记电商企业593户、电商网店2083户,累计培训电商从业人员13000余人。2017年上半年,全州完成农产品线上销售额6.9亿元。红河州区域内元阳县是一个集边疆、民族、山区、贫困四位一体的国家级扶贫开发工作重点县,地处哀牢山脉南段,境内山地连绵,无一平川,是世界文化遗产哈尼梯田的核心区。元阳县委、县政府高度重视电子商务发展,把电子商务作为转方式、调结构、提升县域经济核心竞争力的战略选择,联合电商扶贫相关部门多中心协作,制定了《元阳县电子商务进农村综合示范项目实施方案》,建设县乡村三级电商运行体系,带动县域经济发展,带动建档立卡户发展电商产业;成立了元阳县云上梯田电子商务有限公司、红河元阳梯田云科技股份有限公司,大力实施交通、通信、物流配送等基础设施工程,动员电信、移动、联通3家公司2016年完成投资1784万元,新建45个4G基站,增加宽带新建端口数4100个,新增宽带用户600户,县内有申通快递、国通快递等12家物流服务企业。① 元阳县梯田核心区有20多万亩梯田,主产红米,保留了最传统的独有的哈尼农耕文化和红米的纯种基因。2017年10月13日,元阳红米的官方旗舰店作为"1+1000"电商精准扶贫战略的首个项目正式在天猫平台上线,借助元阳红米官方旗舰店平台,元阳当地在2017年实现3000亩50万斤红米走向全国人民餐桌的目标,直接带动当地1000户贫困户脱贫,完成了从几乎弃种的梯田红米到年销售额1000万元的改变,电商扶贫效果明显。

九、多中心协同打造科技扶贫特色

科技是第一生产力,要想加快脱贫攻坚的步伐,就必须推广科技扶贫。自

---

① 参见王娇:《元阳县"五个抓"发展电子商务为脱贫攻坚注入新"血液"》,2017年10月11日,见 http://www.yy.hh.gov.cn/zwzx/zwyw/201710/t20171011_79802.html。

党的十一届三中全会以来,云南省非常重视贫困地区的科技扶贫工作。根据国务院印发《科技助力精准扶贫工程实施方案》的要求,云南省因地施策,印发了《云南省科技助力精准扶贫工程实施细则》,创新扶贫方式,加强贫困地区科技成果转化应用的力度,结合实际,以不同的模式实施科技扶贫。(1)推进多中心协同科技扶贫工程。发挥科技的作用是加快脱贫攻坚步伐的关键举措。"十三五"以来,云南省大力打造科技园区,不断引进科技型企业,在各个州市建立科技扶贫示范村,带动广大贫困人民依托科技发展生产,大大提高了贫困户自我脱贫的能力。(2)夯实多中心协同科技扶贫措施。结合当地的产业特色,加大力度培育科技型龙头产业;组织高等学校、科研院所,针对贫困地区产业发展和农民需求,组装配套促进农民增收致富的适用技术在广大贫困地区进行试验、示范、辐射和推广,让农民从中受益。(3)形成了多中心协同科技扶贫产业。紧扣脱贫、摘帽、增收 3 个主要目标,整合区域内各项科技资源,加大力度培育高新技术企业,以科技项目为纽带,引导技术性企业在科技扶贫工作中发挥至关重要的作用。

通过实地调查发现,滇西北连片特困地区多中心科技扶贫有以下特点:(1)多中心协同的全面的科技扶贫体系的科学指导。滇西北连片特困地区内各州市分别成立了科技扶贫工作领导小组,由科技局主要负责人任组长,其他科技扶贫相关部门成员为组员,加强了对科技扶贫工作的组织领导,多部门协同共促科技扶贫工作的顺利推进。(2)多中心协同的优质科技、智力投入。依靠人才、智力进行扶贫。依托高校、科研院所和技术推广服务机构的力量,加强各类农村实用技术培训,发挥人才和科技特派员的实际性作用以解决贫困地区特色产业发展和生态建设中的关键技术问题,为脱贫攻坚注入科技的活力。(3)多中心协同的优质科技扶贫成果转化。以市场为导向,围绕产业发展的技术需求,发挥当地自然资源优势,组织实施一批产学研相结合的科技成果转化项目,遴选一批新品种、新产品、新技术等先进适用科技成果在滇西北连片特困地区进行转化推广。各级科技管理部门以政府补助、购买等多种方式对科技成果转化进行扶持,并以科技项目为载体,掀起科技成果转化高潮,提升贫困地区产业技术水平,建立各地的科技扶贫示范样板基地,带动滇西北连片特困地区经济发展和农民增收。

多中心协同科技扶贫在德宏做得尤为出色。为了加快科技扶贫的步伐,德宏州成立了科技助力精准扶贫工程领导小组,围绕全州的脱贫目标和任务,制定了《科技助力精准扶贫工程实施方案》和《"十三五"科技扶贫工作实施意见》,将科技扶贫作为脱贫攻坚的重要举措。(1)科学领导统筹多中心协同科技扶贫。依据《云南省科技助力精准扶贫工程实施细则》,德宏州成立了科技助力精准扶贫工作领导小组,按照细则要求,将各项科技扶贫的具体工作任务安排到各相应的职能部门,实现统筹协调一致的管理;而科技扶贫各相关职能部门在领导小组的指导下,进行部门间的组织协同,合力做好先进技术推广、技术项目实施、技术培训指导等科技扶贫工作任务,为德宏州的脱贫攻坚提供了组织保障。(2)技术培训助力多中心协同科技扶贫。在 2017 年 11 月底,德宏州科协组织举办了 2017 年德宏州科普项目管理科普信息化建设暨农村专业技术协会培训班,培训了近百名科技扶贫及其相关部门工作人员;[1]同时也格外重视基层贫困群众的技术培训,实施了"千人计划",挑选了一批专业技术人才深入基层,推广先进技术,帮助贫困人民群众提升产业发展技术,实现脱贫致富,累计接受培训 5 万人次,培育壮大 10 个特色优势产业。[2]（3)多种举措推动多中心协同科技扶贫。根据《德宏州"十三五"科技扶贫工作实施意见》,德宏州不断完善科技扶贫实施方案,构建了创新创业服务平台,培训了先进技术专业人才,培育了新型技术产业,建立了科技扶贫示范点,等等。德宏州通过采取一系列多中心协同科技扶贫举措加速了脱贫攻坚的步伐,实

---

① 参见何真玉:《深入推进科技助力精准扶贫项目实施　德宏近百人参加培训》,2017 年 11 月 30 日,见 http://www.dehong.gov.cn/news/dh/content-19-38679-1.html。

② 参见刘祥元:《德宏州出台科技扶贫工作实施意见千名科技人员将深入扶贫一线》,2017 年 3 月 27 日,见 http://www.dehong.gov.cn/news/dh/content-16-34895-1.html。

现了 1 万户以上建档立卡贫困户依靠科技脱贫,推动贫困地区经济社会健康、快速、可持续发展。

十、多中心协同打造直过民族扶贫特色

云南是我国少数民族最多的省份之一,在云南的 25 个少数民族中,就有独龙、德昂、基诺、怒、布朗、景颇、傈僳、拉祜、佤等 9 个"直过民族",①全省 13 个州(市)58 个县(市、区)均有分布。"直过民族"聚居区总人口 232.7 万人,其中,建档立卡贫困人口 18.73 万户 66.75 万人。由于特殊的地理位置、历史演变以及不同的社会发展程度,"直过区"贫困面更大、贫困程度更深。② "直过民族"的脱贫成效直接关系着反贫困治理的整体成效,关系着全面建成小康社会的进程。云南省多措共举致力"直过民族"摘帽脱贫:(1)构建了多中心协同直过民族扶贫政策体系,助力"直过民族"找准脱贫路。2016 年 4 月,云南省景洪市召开了直过民族和人口较少民族脱贫攻坚推进会,明确"直过民族"和人口较少民族脱贫主要有五方面困难,即语言难、住房难、行路难、增收难、保障难。针对"五难"问题,云南省编制实施了《云南省全面打赢"直过民族"脱贫攻坚战行动计划(2016—2020 年)》,围绕生存能力、就业能力、创业能力、创新能力、竞争能力的"五力"培养,找准脱贫路径,着力实施提升能力素质、组织劳务输出、安居工程、培育特色产业、改善基础设施、生态环境保护等六大工程。③ (2)健全了多中心协同组织体系,助力"直过民族"落实脱贫法。扶贫办和民宗局协调部门合力推进计划实施,教育部门牵头负责提升能力素质工作,人力资源社会保障部门牵头负责组织劳务输出,扶贫部门负责

① 参见《精准扶贫 合力攻坚 云南确保"直过民族"不掉队》,2016 年 5 月 3 日,见 ht-tp://yn.people.com.cn/news/yunnan/n2/2016/0503/c228496-28259652.html。

② 参见《精准扶贫 合力攻坚 云南确保"直过民族"不掉队》,2016 年 5 月 3 日,见 ht-tp://yn.people.com.cn/news/yunnan/n2/2016/0503/c228496-28259652.html。

③ 参见《云南:今年将有 17.59 万"直过民族"贫困人口脱贫》,2016 年 10 月 16 日,见 ht-tp://www.xinhuanet.com/politics/2016-10/16/c_1119727038.htm。

异地搬迁工作,住房城乡建设部牵头负责安居工程工作,农业部门牵头负责培育特色产业工作,发展改革部门牵头负责改革基础设施工作,形成了多中心协同的"直过民族"扶贫组织体系,力争在少数民族脱贫和边境脱贫方面作出示范,确保"直过民族"聚居区如期全面建成小康社会。(3)落实多中心协同投入机制,助力"直过民族"实现脱贫梦。云南省计划总投资"直过民族"扶贫资金344亿元,包含争取国家支持专项扶贫资金110亿元,省级财政专项扶贫资金约42亿元,省级部门扶贫资金30亿元,州(市)、县(市、区)财政投入9亿元,争取企业集团帮扶20亿元,信贷资金105亿元,园业主自筹扶贫资金28亿元。其中,用于提升能力素质专项扶贫资金7亿元,组织劳务输出扶贫资金3亿元,安居工程资金115亿元,培育特色产业资金70亿元,改善基础设施资金133亿元,生态环境保护资金17亿元。

滇西北连片特困地区是我国14个集中连片特困地区中贫困程度最深的片区,集"老、少、边、穷"于一体,是我国今后新一轮扶贫开发战场中"直过民族"和人口较少民族最为集中的片区。针对"直过民族"贫困因素多样化、复杂化的特点,滇西北连片特困地区采取"一个民族一个行动计划、一个集团帮扶"的脱贫攻坚模式,对每个直过民族分别制定不同的整族帮扶、整族脱贫方案。(1)健全多中心协同组织体系,强化"直过民族"扶贫工作机制。滇西北连片特困地区建立起了"省级统筹,市级负总责,县(区)、乡(镇)抓落实"的脱贫攻坚工作机制,各级扶贫开发领导小组充分发挥统筹协调职能,及时协调解决项目规划,资金整合政策保障等重大问题,以整乡整村推进精准脱贫为平台,统筹整合各部门各类资源,加大项目资金投入,聚焦制约发展瓶颈,全面解决贫困乡村脱贫发展问题。(2)明确多中心协同任务分配,落实"直过民族"扶贫的帮扶责任。滇西北连片特困地区各州(市)、县、乡三级联动,确保贫困县有领导挂联,贫困乡村有领导和单位挂包,贫困户有干部结对帮扶,落实帮扶责任。(3)运用多中心协同的宣传方式,营造"直过民族"扶贫的舆论氛围。多渠道、多形式宣传中央及省委、省政府关于扶持直过民族跨越式发展的重大意义、方针政策,宣传全面打赢直过民族脱贫攻坚战的成功经验和先进典型,发挥工会、共青团、妇联等群团组织作用,动员全社会更加关心支持"直过民族"聚居区脱贫攻坚,为打赢直过民族脱贫攻坚战创造良好的社会环境和舆论氛围。

"直过民族"贫困程度深、脱贫难度大,是当前和今后一个时期扶贫攻坚的重点、难点和社会热点问题。滇西北连片特困地区西双版纳傣族自治州现有基诺族、布朗族、拉祜族、景颇族、佤族等 5 个"直过民族",全州现有直过民族贫困人口 17529 人,其中布朗族贫困人口 4941 人、拉祜族贫困人口 11016人、基诺族贫困人口 1209 人、景颇族贫困人口 145 人、佤族贫困人口 218 人。针对"直过民族"贫困因素复杂多样,西双版纳州编制实施了《西双版纳州"直过民族"脱贫攻坚行动计划》和 5 个"直过民族"脱贫攻坚实施方案,形成了专项扶贫、行业扶贫、社会扶贫"三位一体"的"直过民族"脱贫攻坚新格局。西双版纳州州委州政府、州人大常委会机关充分发挥统筹协调作用,成立了由州委书记任组长,州委副书记、州长任副组长的扶贫开发领导小组,成员包括统战部、旅发委、教育部、农业局等多个脱贫攻坚相关部门责任人,多部门共同发力,组织协调,多措共举,形成了西双版纳州多中心协同的"直过民族"扶贫组织体系。西双版纳州大力加强"直过民族"扶贫工作的投入,计划总投资金166734.47 万元。西双版纳州区域内的勐腊县勐伴镇红毛树村是州人大常委会机关定点帮扶的"直过民族"贫困村,该村在摘帽脱贫中面临着劳动力整体文化素质偏低、村小组产业结构单一、抵御市场风险能力差、土地资源匮乏等困境。立足实际,州人大常委会机关为红毛树村精心制定帮扶计划,带领贫困村群众因地制宜发展产业,积极动员热心企业,确定了"长期+短期效益相结合"的产业扶贫模式,将生猪养殖、橡胶幼林套种黄魔芋和杧果作为红毛树村产业发展的重点,组织村民学习农业技术,邀请民营企业家和农业技术人员进村讲课,开展了蔬菜、砂仁、魔芋种植管理和养殖技术培训。生猪养殖项目第一批养殖的 240 头仔猪已出栏 237 头,毛收入达到 50 万余元,黄魔芋成熟销

售为村民带来 500—800 元的纯收入。红毛树村小组的产业结构将进一步得
到优化,抵御市场风险能力进一步增强,逐步实现脱贫致富,为"直过民族"解
决生产发展中"缺血"和"贫血"燃眉之急,为下一步"造血"脱贫开路奠基。①

十一、多中心协同打造金融扶贫特色

金融是现代经济的核心,金融扶贫是打赢脱贫攻坚战的重大举措和关键
支撑。②《中共中央、国务院关于打赢脱贫攻坚战的决定》准确提出金融扶贫
的一系列政策,其牵头部门——中国人民银行与财政部、银监会、扶贫办等多
个部门紧密协调合作,制定了《关于全面做好扶贫开发金融服务工作的指导
意见》。政策实施力度的加大,进一步明确了创新金融产品和服务、夯实金融
基础设施的重要性,贫困地区金融服务水平明显提升,金融扶贫助推脱贫攻坚
效果显著。③ (1)建立健全金融扶贫政策体系,多中心协同形成自上而下的金
融扶贫格局。为全面贯彻落实《中共中央、国务院关于打赢脱贫攻坚战的决
定》及习近平总书记关于扶贫开发的重要指示,进一步完善金融服务机制,促
进贫困地区经济社会持续健康发展,云南省与国家开发银行签订了《开发性
金融支持云南省脱贫攻坚合作备忘录》,并结合实际,提出了《云南省金融支
持脱贫攻坚实施方案》,大力推动金融服务,增强贫困人口的自我发展能力,
为云南省打赢脱贫攻坚战提供了强有力的金融支撑。(2)积极协调金融扶贫
相关组织,多中心协同强化整体性金融服务体系建设。充分发挥农村金融组
织和商业银行在金融扶贫中的重要作用,支持和鼓励多元金融机构在贫困地
区设立分支机构,各金融机构在优惠政策的引导下开展业务合作,拓宽贫困地

---

① 参见《州人大常委会机关:精准发力拔穷根》,2017 年 11 月 20 日,见 http://www.
bndaily.com/c/2017-11-20/74699.shtml。
② 参见刘永富:《落实中央决策部署　做好金融扶贫工作——在金融扶贫电视电话会议
上的发言》,2016 年 6 月 17 日,见 http://www.cpad.gov.cn/art/2016/6/20/art_624_50701.html。
③ 参见任占伟、蒋晓静:《发挥金融力量　着力精准扶贫陕西信合全力助推实施脱贫攻坚
战略》,《新丝路(下旬)》2016 年第 7 期。

区企业融资渠道;①鼓励保险机构建立健全服务体系,扩大覆盖范围,强化整体性金融扶贫服务体系建设。(3)用活用好金融扶贫政策,多中心协同加大金融扶贫支持力度。国家开发银行和农业发展银行发放长期的异地扶贫搬迁贴息贷款,大力扶持易地扶贫搬迁等基础设施项目,综合运用多种货币政策工具,不断增强金融机构支持扶贫开发的资金实力。② 截至 2016 年 11 月末,国家开发银行和农业发展银行累计发放国家长期贷款高达 105 亿元,农业发展银行累计发放易地扶贫搬迁项目贷款 345 亿元,扶贫再贷款 39 亿元,全省 93个县已实现扶贫小额信贷风险补偿金全覆盖,全省扶贫小额信贷已发放 92 亿元,受益建档立卡贫困户 22 万户。③

滇西北连片特困地区是我国扶贫攻坚的主战场之一,具有经济发展水平低、产业基础薄弱、贫困程度深等特点,资金不足导致连片特困区陷入"贫困性恶性循环"。中央高度重视解决扶贫资金紧张的问题,《中国农村扶贫开发纲要(2011—2020)》专门对连片特困地区金融服务和加强扶贫资金使用管理方法提出了新的任务,进一步明确了中央财政专项资金新增部分主要用于连片特困区的战略方针。滇西北连片特困地区在中央大力支持下,以转变经济增长方式为主线,积极调整和优化区域产业结构,加快特色农业产业和产业园区建设步伐,极大地推动了滇西北连片特困地区区域经济发展。(1)完善了多中心协同金融扶贫组织体系。在云南省扶贫开发领导小组的带领下,滇西北连片特困地区协调各州市,各级扶贫开发相关部门加强组织领导,健全责任机制,建立和完善由人民银行牵头,发展改革委、扶贫、财政、金融监管等多部门参与的工作联动机制,不断加快金融机构网点的建设,构建了功能完善、分工合理、产权明晰的金融协作扶贫体系,充分发

---

① 参见《七部委:支持贫困地区符合条件企业上市融资》,《证券日报》2016 年 3 月 26 日。
② 参见《云南省金融部门发力金融精准扶贫》,《云南日报》2017 年 9 月 21 日。
③ 参见《云南:93 个县实现扶贫小额信贷风险补偿金全覆盖》,《云南日报》2017 年 2 月 3 日。

挥各类金融机构对滇西北连片特困地区扶贫开发工作的支持作用。(2)增强了多中心协同金融扶贫资金实力。滇西北连片特困地区各州市各级金融机构积极支持贫困地区农村危房改造、抗震安居工程、整乡整村推进等重点项目建设。针对贫困地区实际需求,改进贷款营销模式,优化审批流程,不断加大信贷投放力度,创新发展思路,改善经营理念,为地方经济发展提供了可靠的资金来源。

　　滇西北连片特困地区内保山市生态环境恶劣,工业基础发展滞后,经济社会发展缓慢。依托金融扶贫战略,保山市政府不断加强和改进金融服务水平,出台了《关于金融支持扶贫开发工作的实施意见》等政策,大力推进贫困地区普惠金融发展。2016 年,上海浦发银行与云南省人民政府设立1000 亿元云南浦发扶贫投资发展基金,助力云南脱贫攻坚,保山市在目标谋划、基金争取、基金管理、项目落地等方面采取有效措施,三个月完成浦发基金 100 亿元的争取。通过强化队伍、高位推动、扶贫部门牵头迅速成立市县两级浦发基金融资工作小组,抓实整体谋划,快速落实资金,基本形成了商业金融、政策性金融、合作型金融、新型金融分工合作的多中心整体性的金融扶贫组织体系。截至 2014 年末,保山市就已经有各类金融机构 9 家,小额贷款公司 16 家,村镇银行、农信社等地方法人金融机构 5 家,金融机构网点数达 243 个,金融机构从业人员达 2183 人。[①] 金融扶贫项目中,已建设水库 4 个 553 万立方米,实施饮水工程 776 件,幼儿园、小学、中学教学和宿舍楼 132 幢 24.7 万平方米,县医院、乡卫生院、村卫生室 415 个 16.4 万平方米,公共文化活动场(室)435 个 16.2 万平方米,实施产业项目 71 个,发展食用菌种植及蔬菜高效栽培 1.2 万亩,实施生态建设和环境保护项目1379 个,实施苗族、佤族、傈僳族民族扶贫项目 24 个,改善民族地区的生产生活条件,让"决不让一个兄弟民族掉队,决不让一个民族地区落伍"的要

---

① 　范应胜:《滇西连片特困区域经济发展与金融支持政策研究——以保山市为例》,《时代金融》2014 年第 17 期。

求落到实处。金融扶贫效果显著。

十二、多中心协同打造生态扶贫特色

在脱贫攻坚伟大事业中,云南具有丰富多样的生物物种以及优美的自然环境,为建设多中心协同的生态扶贫体系夯实了生态基础。(1)多中心协同调查植物资源,组建植物药物资源库。作为植物种类最丰富的省区,云南省林业厅、科学院、规划院等共同助推植物资源的发现与更新,几十种植物列入《国家重点保护野生植物名录》,对生物资源的探索和保护发挥了重要作用。同时,政府加大对保护珍稀的生物资源的投入力度,全省投入植物资源调查经费 1880 万元,组织专业调查队伍 14 个,举办省级调查技术培训 3 期,举办各州、市培训 9 期,为国家中医药资源库的建设创造了条件。其中,中国知名企业云南白药系列产品中的多种中草药均来自云南植物药物资源库。(2)多中心协同保护生物多样性。为贯彻落实科学发展观,云南省提出,一定要坚持绿水青山就是金山银山,努力将绿色生态优势转化为经济发展优势,实现经济发展和生态建设双赢、人与自然和谐共生,生态文明建设、绿色发展走在全国前列。① 云南省制定并实施了《云南省生物多样性保护战略与行动计划(2012—2030 年)》,为生物多样性的保护保驾护航。(3)多中心协同改善生态环境,筑牢生态扶贫屏障。云南省人民政府发布《云南省生态保护红线》,明确云南省的生态保护红线面积和基本格局,并将其划分为三大红线类型及十一个分区,有利于多中心分类施策,以更好地保护云南省的生态环境。根据《2017 年云南省环境状况分报》显示:截至 2017 年底,云南省全省城市建成区绿地率 31.8%;全省已建各种类型、不同级别的自然保护区 161 个,总面积约 286 万公顷,占全省国土总面积的 7.3%。2017 年,云南省完成年度新增水土流失治理面积 4770 平方公里;

---

① 参见《云南省省长陈豪:扶贫新部署,转型新路子,绿色新发展》,2016 年 3 月 5 日,见 http://fangtan.china.com.cn/2016-03/05/content_37943711.htm。

完成退耕还林工程建设任务 160 万亩。①

　　滇西北连片特困地区是世界上重要的生物资源宝库以及云南省自然资源较为丰富的地区,该地区在扶贫开发过程中始终坚持的生态意识对扶贫政策的推进发挥了重要的作用。云南省于 2008 年发布了《关于加强滇西北生物多样性保护的若干意见》,高度重视生物物种保护以及生态资源保护,省直各委、办、厅、局和各州、市政府为生态环境建设共同发力,形成了滇西北连片特困地区多中心协同生态扶贫特色。(1)建立了完善的多中心协同生态扶贫组织机制。根据省委、省政府要求,滇西北连片特困地区形成了由各州、市人民政府、林业、水利、土地、环保、财政等部门成立的生态扶贫领导小组,在生物多样性保护方面成效显著,保护区面积达到区域总面积的 13% 左右,森林覆盖率达到 60% 左右。(2)构建了典型的多中心协同的整体性生态扶贫内容。环保、林业、土地、水利等部门带动群众加大对生态脆弱区、珍稀濒危的动植物资源、典型生态系统类型、绝大多数特有物种的有效保护;教育、宣传、环保等部门增强公众对生物多样性的保护意识和参与程度;带动居民、企业减少对空气、水质、土地的污染和破坏。(3)形成了充分的多中心整体性协同生态扶贫资金投入。云南省委、省政府整合各方资金,包括争取到的国际资金援助、企业慈善捐助等,在生态保护、环境治理、水能矿产开发生态补偿、新能源利用和科研等方面投入生态扶贫资金约 70 亿元,用于滇西北连片特困地区环境保护和生态建设,促进生物多样性保护;省财政将投入生态扶贫资金 5000 万元,引导和筹集社会各方投入,建立滇西北连片特困地区生物多样性保护专项资金。

　　滇西北连片特困地区多中心协同打造生态扶贫特色在怒江州有很好的体现,有以下三个方面的特色。(1)多中心协同确立整体性生态扶贫领导体系。怒江州在州级行政中心召开了"怒江花谷"生态建设动员大会,州委、州政府

---

① 参见《云南省 2017 环境状况公报》,2018 年 6 月 4 日,见 http://ynxwfb.yn.gov.cn/ynxwfbt/html/2018/shengzhibumen_0606/809_3.html。

确立了"生态立州"的发展思路和"以生态建设为主"的发展战略,由全州各级各部门共同发力,进行生态修复、实施并完善生态保护机制,正确处理生态建设与经济发展之间的关系,保证经济效益、社会效益、生态效益同步提升,做到百姓富、生态美的有机统一。① (2)多中心协同确立整体性生态扶贫任务目标。自 2016 年起,利用五年时间,通过财政、土地、交通、林业等部门牵头,调动企业与人民群众的力量,在怒江、澜沧江河谷主干公路沿线、道路面山、城镇村庄庭院,基于原有花木的基础上,以点线结合、见缝植绿的方式,大力种植观赏花木,着力打造"四季有花、常年伴绿、景随路移、独具特色"的"怒江花谷"景观,②使生活环境得到改善,水土流失得到遏制,生态系统得到修复。(3)多中心协同建设生态扶贫工作机制。滇西北连片特困地区辖区内各林业部门充分发挥组织、协调、指导和服务作用,交通运输、运政管理、公路养护部门与有关方面协作配合,做好"怒江花谷"生态建设涉及公路沿线的宣传发动、地块落实、种植组织和花草管理管护工作,为怒江州生态系统的保护筑牢了绿色防线;怒江州水务部门负责搞好江河渠道的生态堤防建设,确保绿色水利工程有序落地;教育、工会、共青团、妇联和学生、志愿者组织及其他社会团体都充分发挥了各自的作用,积极参与生态建设,生态扶贫成效显著。

第四节 滇西北连片特困地区多中心协同
反贫困治理存在的主要问题

扶贫事业推进效果如何是能否顺利实现全面小康社会的关键。作者通过走访调研发现,在深入贯彻落实中共中央精准扶贫政策过程中,虽然云南连片

---

① 参见《云南怒江:创新旅游发展思路打造"怒江花谷"》,2016 年 9 月 23 日,见 http://zgly.xinhuanet.com/2016-09/23/c_1119614258.htm。

② 参见《云南怒江:创新旅游发展思路打造"怒江花谷"》,2016 年 9 月 23 日,见 http://zgly.xinhuanet.com/2016-09/23/c_1119614258.htm。

特困地区多中心协同反贫困治理取得了显著的成效,形成了具有云南地域特色的多中心扶贫治理体系,但仍存在以下六个方面的问题。

一、贫困人口的致富意识淡薄,福利依赖现象严重

福利依赖现象是指缺乏独立生活能力和条件的人对他人形成的依赖关系。福利依赖主要表现为救助者在接受扶贫政策带来的各种帮助后,丧失自我脱贫的意愿和能力,处于对政策过高的心理预期和依赖心理的状态。云南贫困地区的贫困人口大多为弱势群体,同时也是长期享受低保政策和五保政策的最特殊群体。他们缺乏基本的生活保障,缺乏致富能力,对国家的扶贫保障政策抱有很高的依赖度,一旦失去政策兜底,就会面临陷入绝对贫困的边缘境地。同时部分贫困户过度强调自身利益的诉求,忽视了政策的针对性,他们将精准扶贫政策等同于普惠型的国家政策,对政策的认知仅仅局限于给钱给物,缺乏培养自身可行能力的愿望,期望政策能解决自身的潜在致贫根源,因而形成了对政策的福利依赖。

在云南省的扶贫过程中,由于贫困户对于扶贫政策的理解存在偏差,出现了"政策懒汉"现象,重物质扶贫轻精神扶贫的做法以及扶贫目标的偏离在一定程度上造成了贫困户"等靠要"的扶贫政策依赖现象的存在。部分贫困地区的建档立卡农户在当地扶贫政策支持下满足了"两不愁三保障"的条件,但其中仍然有一些人存在不想脱贫的意愿,原因是害怕失去政府提供的各项优惠补贴。贫困群众"等要靠"思想和自力更生脱贫的意愿较弱,对脱贫攻坚工作的开展造成了一定负面影响。

二、义务教育的推广困难重重,教育扶贫效果不明显

扶贫先扶智,教育是最根本的扶贫,也是长久脱贫的关键。云南省是我国主要贫困地区之一,众多贫困县和山区致贫原因多样,贫困程度深。虽然近几年在国家精准扶贫的大扶贫政策指导下,许多贫困县区切实享受到了国家的

扶贫优惠政策,贫困程度得到了一定程度的改善,贫困县区义务教育的均衡发展也受到了高度的重视,但由于云南贫困县域达88个之多,其中包含许多深度贫困县域,因而义务教育均衡发展不能一蹴而就,需要时间来慢慢改变。云南拥有1590万少数民族,少数民族人口占全省总人口的三分之一,大多数深度贫困堡垒位于少数民族聚集地,在这种小型、同质性的乡村民俗社会中,村民共享一套文化特质与现代文化具有明显差异的村寨文化,扎根于村民生产生活的贫困土壤之中,在代际间不断传递,积累形成顽固的贫困文化。同时这些地区存在学校偏远、贫困家庭入学困难、教育水平低等问题,义务教育的普及仍亟待提升。这种贫困文化阻碍了贫困地区人民融入主流文化,并且使之与精准扶贫中产业发展和教育发展政策无法顺利对接,教育扶贫在当地脱贫攻坚战中收到的效果不甚理想。

三、扶贫资金存在监管漏洞,使用效率有待提升

一些地区在投入扶贫资金过程中,所投资金的运作效率和使用效率较为低下,监管制度较松散,特别在县、乡、村一级,资金的分配使用方面存在问题较多。例如,一些农村地区扶贫资金的使用没有预算或预算模糊,缺乏专项测算的精准资金使用项目,扶贫资金的使用监管甚至会出现使用者和监管者合一的情形,致使扶贫达不到较好的效果。同时省扶贫办对扶贫资金的管理制度重视度还需提高,应根据实际发生的问题对现存制度进行调整,改善扶贫资金使用率低的问题。云南部分地方政府所制定的扶贫资金管理制度缺乏可行性,在执行过程中出现因相关个性指标不符合实际导致的一系列问题;同时云南省一些贫困地区扶贫项目资金的公开度不足,导致出现资金挪用、被吞噬等现象时有发生,难以保证扶贫资金使用的真实性和精确性。

(一)扶贫资金使用效率低下

扶贫项目的资金管理不仅是形式上的管理,更是效率上的管理。当缺乏

对扶贫项目资金的有效规划时,扶贫项目在运行中就会失去资金支持,使相关活动的开展受到阻碍;同时,缺少科学合理的资金规划引导,项目在建设期间也只会盲目运转。在云南省贫困地区的一些县乡镇政府,领导对于扶贫项目资金的绩效管理认识并不充分,对资金的管理方式较为单一,加上管理思想较为陈旧,使得扶贫资金的使用效率不高。而进行绩效管理时,提高扶贫资金的使用效率是其基本目标之一,当出现资金使用效率与绩效管理目标相脱离时,管理目标的达成难度也会相应增大。

（二）对扶贫资金的监管力度不够

扶贫项目实施难度大、范围广、任务重,虽然各级政府相对重视与扶贫项目有关的监管事宜,但困于有限的监管资源,要在规定时间内实现对扶贫项目的全面监管难上加难。当对扶贫项目资金监管松弛时,思想意识可能会忽视扶贫资金的使用注意事宜,将使监管的实际力度处于更低的水平,这时与扶贫项目相关的资金绩效管理活动也就难以开展。如果扶贫项目的监管水平持续低下,也会带来扶贫资金被占用挪用等贪污腐败的现实问题。

（三）扶贫资金的绩效管理不够全面

现阶段扶贫项目资金绩效管理活动开展中存在的问题之一就是扶贫项目资金绩效管理的全面性不足。由于管理者对扶贫项目相关管理活动的开展没有足够的认识,导致扶贫资金的绩效管理存在一定的局限性。如果政府或者组织没有具体规划扶贫项目资金的使用,那么较好水平的扶贫资金绩效管理也就难以保障。另外,扶贫资金的管理和使用都是动态过程,处于变化中的各环节难以全面兼顾。

四、扶贫攻坚队伍人员构成单一,少数民族扶贫干部缺乏

建立一支政治过硬、思想先进、群众拥护的精准扶贫基层党员干部队伍是

扶贫工作高效运行的关键。虽然云南各州、市均成立了专门的扶贫开发领导小组,整体上全面跟进各项扶贫工作的实施,明确分工、权责一致、监督落实,但作为脱贫攻坚主战场之一,云南的贫困面积大,贫困成因深,难免会发生帮扶人员的专业能力欠缺的情况,在进行帮扶的过程中出现理论上的缺乏和专业水准的不足,导致扶贫中过度强调经济指标,扶贫项目的选择无针对性和科学性,缺少对项目效果和可行性的预估,造成资源浪费、扶贫效果不佳,等等。

驻村基层干部担负着整合农村社会资源、宣传党和政府各项农村优惠政策以及贯彻落实农村扶贫中心工作的重任。但现实中,扶贫基层干部基本都来自各级党政机关和事业单位,大多只具备和擅长某一方面的业务能力,可能缺乏针对扶贫工作所要求的工作能力,当被下派带有着复杂农村环境的基层时,缺少相应的经验和人才支持,难以调动自身优势去解决时间紧、任务重、要求高的乡村社会治理的扶贫工作。特别是在少数民族聚集地居多的云南省贫困地区,下派的驻村基层扶贫干部难以融入当地的语言交流环境和独具特色的少数民族社会环境,致使贫困地区的脱贫工作受到阻碍。

五、返贫人员比例较高,返贫机制有待加强

重返贫困机制建设是扶贫工作的重点之一,该机制可以保障人们不会因病、自然灾害、地理位置、沟通缺乏而返贫,目的是达到长久脱贫而非短暂性脱贫。依据国家统计局统计监测公报,2018 年全国有 1386 万农村贫困人口实现脱贫,有 190.5 万户因病致贫、返贫的贫困户脱了贫,占贫困户总户数的40.1%。截止到 2018 年底,全国农村贫困人口还有 1660 万,其中因病致贫、返贫占 40% 以上。尤其是在脱贫工作取得显著进展的今天,老年人、病人、残疾人等特殊贫困群众比例增大,特别是中西部地区农村居民抵御疾病尤其是大病的能力弱,因病致贫时有发生。[①] 依据能力贫困理论,因病返贫是返贫人

---

① 唐云云:《脱贫攻坚战要从"打赢"向"打好"转变》,《人民日报(海外版)》2018 年 2 月6 日。

口自身导向形成的能力缺失返贫中的重要内容,主要体现在身体健康水平的下降。因病返贫主要是由于高昂医疗费用支付所致;而"因老致贫"则在因病致贫的基础上又增加了人类生命周期律的影响,"人老体衰,务工没法干,务农干不了",同时由于养老服务体系建设滞后,农村老人出现成批"因老返贫"现象。①

此外,环境导向形成的返贫现象,主要是因灾返贫。因灾致贫是由于区域内地震、滑坡和泥石流等自然灾害多发,使脱贫人口重新面临生存与发展困境。重大自然灾害一方面给区域受灾群众造成生命与财产损失;另一方面还会在一定程度上破坏公共服务设施、经济基础设施,影响区域发展环境,毁损发展根基,让扶贫的投入和扶贫效果大打折扣。还有,近年愈发引起社会关注的是气候突变带给贫困人口的影响,因旱、涝、气候失调等原因引发水资源分配不均和气温升高,严重影响粮食正常生产,致使气候变化责任最少的贫困人口承担着气候变化带来的最大的威胁。② 另外,市场风险应对能力缺失和知识技能水平相对较低也是农村脱贫人口返贫的重要原因。现阶段重返贫困机制是促进扶贫工作全面落实、加强贫困地区有效监管、建立脱贫群众实时监督保障的重要体制,随着脱贫攻坚战接近尾声,如何确保脱贫攻坚的现有成果不被侵蚀,确保已脱贫人口不返贫,建立起长效的重返贫困机制尤为关键。

六、技能培训实施强度不足,培训效果有待提高

"授人以鱼,不如授人以渔。"技能培训是培养贫困地区人口的劳作、生活生产技能,提升贫困地区人口自主脱贫的能力,关乎贫困人口自身生存技能的长远发展,关乎贫困人口自发摘掉贫困帽的积极程度,关乎贫困人口数量的可

---

① 郑瑞强、曹国庆:《脱贫人口返贫:影响因素、作用机制与风险控制》,《农林经济管理学报》2016年第6期。

② 郑瑞强、曹国庆:《脱贫人口返贫:影响因素、作用机制与风险控制》,《农林经济管理学报》2016年第6期。

持续减少速度。云南省针对贫困户的各项技能培训在不断深入实施中,虽有部分农户积极响应,努力学习,但仅仅保证了培训过程的顺利开展。在培训后期,大范围的专业指导以及就业问题无法全面落实,培训人员的数量、专业知识和基本素养也达不到后期技能要求程度,技能培训过程中未根据农户自身的条件建立相应的培训机制,技能培训的针对性不够强,培训效果不太理想的情况也依然存在。

(一)技能培训的方式和内容针对培训对象的精准度不够

云南少数民族众多,一些贫困地区技能培训的内容和方式难以适应当地的客观需要,整个培训工作的长远性规划欠缺,且技能培训对云南省贫困地区现代化农业生产技术水平、经营管理能力以及现代文化吸收能力的影响较弱,培训的实际效果并不能满足当地农村发展中的现实需求,培训设计与运作之间存在的差距较大。

(二)技能培训的质量有待提升

据相关调查统计,像云南这样的边远民族地区,职业技能培训的方式大多是以"三段式"为主,整个培训方式的分配比例不太合理,以实践和课堂式的传统教学方式占比过大,而以其他形式参与培训的内容所占份额极小,不符合科学的教学方式分配。除此之外,在云南省少数民族地区,技能培训大多是以师徒相传的方式进行,职业生涯规划课程在这些地区体现得不太明显,但对于发展较为落后的贫困地区来说,合理的职业规划课程是有开设的必要性的。因为科学的课程安排不仅能够提升受培训村民的职业素养和职业技术水平,还能给予其一定的心理关怀和协调,提高受训对象对未来职业的期待值。

(三)贫困地区的培训机构基础设施和师资力量不足

在云南省大多数职业技能培训机构中,教学和实践设备等硬件设施不够齐全,软件和技术支持上更是缺乏高水平的师资,整个培训队伍中缺少熟悉边疆少数民族地区对技能培训实际需求的教师,整体培训水平处于低质量运行状态。因此,提高云南省贫困地区贫困人口的职业技术素养,增强其面向未来的生存及发展能力是脱贫攻坚工作和地区经济发展的重要方向,有利于贫困地区剩余劳动力的转移、云南省的产业结构的改善以及新空间的拓展,因此加强职业培训效果尤为重要。

第五节　多中心协同反贫困治理能力的提升策略

一、宣传+有效激励方式助力贫困户脱贫意识转变

党的十九大报告指出,坚决打赢脱贫攻坚战,注重扶贫同扶志、扶智相结合。贫困群众既是扶贫开发的对象,也是脱贫致富的主体,脱贫攻坚目标终究要靠贫困群众辛勤劳动来实现。全面激活贫困群众的脱贫内生动力,调动贫困群众发展的积极性,是提高扶贫开发工作质量和防范贫困循环风险的重要保障。所谓激发贫困群众的内生动力,即提升贫困地区贫困群众对自我的认知能力,促进其在具有制约性空间发展良性行为习惯的养成。脱贫攻坚作为一项系统工程,开展具有多维度、大范围和立体化的激发贫困群众内生动力的活动,将有助于整体过程的顺利展开、大扶贫格局的构建以及全面建成小康社会目标的实现。

要激发贫困群众的内生动力,必须将思想教育工作作为后续云南省扶贫工作的引导点,在思想上带领贫困群众形成积极向上的心态,同时用喜闻乐见和通俗易懂的方式宣传国家的扶贫政策,使其理解国家实施优惠政策的用意,打消某些贫困群众"等靠要"的念头;将产业扶贫、技术扶贫和项目扶贫等作为支撑,解决贫困地区利益诉求不当和需求不明等问题。在推进和实施国家扶贫政策时,要关注贫困地区的扶贫对象个性化、差异化的服务需求,轻领导

意识重服务意识,与贫困地区的群众多沟通,特别是在少数民族聚集地,必须尊重当地的风俗习惯,增加民众与基层干部互动的机会,使其知悉扶贫项目执行、后期评估等系列性工作过程,强化信任和利益共享机制。在多方力量参与产业扶贫的过程中,通过激励机制和市场选择作用使贫困群众参与其中,培育其竞争协作意识,增加贫困群体的自我发展和管理能力。

在具体"扶智扶技"措施上,要设法提高农民专业合作社在农业技术指导、农业信息传递分享、生产引领等方面的作用;鼓励民族乡村建立各类专业合作社,通过发展合作社带基地、基地连农户的模式,促进形成农产品生产与销售一体化的产业发展新格局;全面落实各项惠农政策,加快推进农村房屋权、土地承包经营权和林权三权改革,设法增加农户财产性收入;建立分层分类的少数民族群众培训机制,在县乡两级农民培训学校、职业中专和技工学校,定期开展种植、养殖、防疫、农产品加工等方面的科技培训,普及农业科技知识,提升少数民族贫困群众农业经营水平,增强自身脱贫能力。

二、劝导+强制政策方式的执行迫在眉睫

教育发展是中华民族发展壮大的根本保障,也是功在当代、利在千秋的国家大事。发展贫困地区的教育是提升群众素质和能力、阻断贫困代际传递的重要途径。为了更好地让教育惠及贫困地区的贫困人口,教育部门还需从劝导到强制适龄儿童必须接受义务教育政策的执行上狠抓落实,对于屡教不改者应采取行政及法律手段以保障适龄儿童受教育权利。

(一)完善贫困地区的各类教育基础设施

基础的教育设施和教学硬件是青少年接受良好教育的保障。必须加大深度贫困地区的教育资金投入,特别是边远地区、山区和少数民族地区的资金投入,构建教育信息化平台,利用现代化教学手段提高教学效率和教育资源共享率。

（二）实现贫困地区学校师资的均衡化发展

地方政府方面应加大对偏远地区政策倾斜的力度和教育帮扶资金的投入,鼓励云南省内名校与乡县内学校建立长期的支援关系,实现优秀教学资源的共享以及教学管理、人才培养和课程制度制定等方面的合作,补齐县域落后学校的短板,实现云南省内教育的均质化发展。同时地方政府应优化乡镇学校老师的工资待遇,在职称评教方面给予政策倾斜,改善其工作生活条件,以吸引高质量师资流入。

（三）进行个性化的精准帮扶,建立多元化的教育帮扶模式

根据贫困群体的贫困成因、受教程度以及个体差异等实际情况,制定不同类别的教育帮扶计划。针对技术技能缺乏者或欠缺知识的农村劳动力,给予定期的基础职业技术知识培训,与企业合作进行教育帮扶,给不同年龄段提供适合的助学岗位,实现实践教学的育人目的。探索乡村教育基金会模式,充分激发社会力量在教育扶贫中的内生动力,进一步吸纳政治上有觉悟、经济上有实力、社会上有影响、事业上有热心的乡贤能人、致富能手、外出创业成功人士的资金,以冠名、赞助、联合的形式在本村成立教育帮扶基金会,拓宽教育帮扶的受教面,化解潜藏在村级扶贫对象与非扶贫对象中的矛盾。①

三、构建由中央—省—市—县—村—户的统筹资金保障体系

提高扶贫资金使用效率,加强对扶贫资金的监管,扶贫资金的精准使用是下一阶段扶贫资金管理需要重点解决的问题。各级政府(从中央到地方)在保证财政资金供给的同时还需对资金做到精准预算、精准使用、精准划拨、精准评估。对于直接发放给贫困户的扶贫资金做到严格监管,构建中央—省—

① 参见宋超:《湘南地区教育精准扶贫的志智双扶》,《文教资料》2018 年第 19 期。

市—县—村—户的扶贫资金划拨渠道,避免多余的环节,确保扶贫资金能够精准使用。

(一)对扶贫资金的使用进行有效规划

当扶贫项目资金足够维持项目运转时,扶贫项目将主要进行项目的建设以及项目目标的达成,并不断地投入以支持扶贫项目的整体性建设。一旦出现扶贫项目资金的使用事宜不合理的情况,就会对扶贫资金绩效管理产生不利影响,因此能否有效规划使用扶贫项目资金,对于扶贫项目实施的成功与否起着关键的作用。在进行扶贫资金的绩效管理过程中,以有效规划使用扶贫资金事宜为核心,以扶贫项目的达成为目标,兼顾项目过程中的科学管理和合理监督,提升扶贫项目的整体绩效管理水平。

(二)加强对扶贫资金链的监管

更好地提升扶贫项目资金的绩效管理水平离不开对扶贫资金链条的有效监管。地方政府在规划扶贫项目资金的使用事宜时,对资金动态变化监管得越严格,资金链出现问题的可能性就越小。开展具体的监管工作时,必须明确中央和地方、年度资金绩效评价与项目资金绩效管理以及财政部门与行业部门这三个主客体之间的关系。针对云南省贫困地区扶贫项目资金的实际监管情况,规范相应监管工作开展的程序并明晰各级人员的监管权责关系,以此强化监管力度。同时着重对扶贫项目资金管理过程中出现的典型问题的公开处理,以优化管理环境。总而言之,有效监管扶贫资金链的流动情况能够支持扶贫资金的绩效管理,提高扶贫资金的使用水平,助力扶贫项目的顺利完成。

(三)促进云南省贫困地区扶贫项目资金绩效管理体系的完善

在云南省贫困地区展开全面的扶贫项目绩效管理时,构建完整的绩效管理体系是十分必要的,有助于提高扶贫资金链的管理有效性和运转高效性。

在构建过程中,地方政府可以引用全面预算管理模式进行扶贫资金的有效管理和规划,并且全面兼顾各层面的事宜。同时在横向管理涉及多环节过程时,要注意统筹规划各层面的事务,在不同时期开展体系化的扶贫项目资金的绩效管理工作,增强管理成效。

四、构建多民族+多工种+多领域的人力充沛的扶贫干部队伍

随着全面脱贫总攻的发起,脱贫攻坚干部队伍建设需构建更广门类、更大范围、人员更多样的扶贫队伍,特别是在云南这样少数民族地区聚集的省份,应该大力培养少数民族干部,整合物力、人力、时间,全力落实扶贫政策,定期对基层干部进行组织培训,提高扶贫基层干部的组织管理能力,为打赢脱贫攻坚战协同发力。

(一)改善基层党组织结构,发挥党建扶贫引领带动作用

党建扶贫是脱贫攻坚战中极具中国特色的一种扶贫方式,在扶贫开发过程中不断地发挥着其政治优势和组织优势。基层党组织是贫困地区扶贫开发的重要力量,也是与贫困群众接触最多的群体。改善基层党组织结构,创新党建扶贫机制,发挥党组织在脱贫攻坚最前线的作用,对于云南省贫困地区的脱贫效果以及脱贫进程具有重要的意义。在具体的实施过程中,不仅要壮大基层扶贫组织力量,提升基层扶贫人员的专业能力,改进基层党建的造血功能,还应该充分认识云南省贫困地区扶贫工作的边界性和多样性,注意扶贫资源分配的合理性和公平性,完善村级党组织制度,发挥基层党建的保障作用。

(二)转变农村基层党员的思想观念,改进扶贫工作方式

党员干部的思想建设对贫困群众的思想转变具有引领作用。在云南省一些深度贫困地区,基层党员干部思想陈旧,扶贫方式落后,与新时代对基层党员干部要求相距甚远,在这种条件下完成时间紧、任务重的脱贫攻坚任务非常

困难。因此,必须转变农村基层党员的思想观念,加强对党员的思想教育以及对扶贫领域的学习培训,使其融入新时代的扶贫工作。另外,要充分利用现代网络工具,运用高科技产品宣传党和国家的优惠政策,助力贫困地区的脱贫攻坚工作。

(三)加强基层扶贫工作队伍的作风建设

基层党组织的作风问题与基层干部在群众中的公信力息息相关,关系着群众的向背。因此,要顺利推进贫困地区的扶贫开发工作,就必须正党风严党纪,在群众中树立起基层党组织的公信力。同时严厉惩治基层扶贫队伍中的恶风恶习,营造良好的工作氛围。

五、构建医疗+保险+工会+贫困户自我组织等多措并举的防返贫机制

脆弱性是贫困人口最显著的特征之一,当遭遇重大疾病以及自然灾害等系列冲击时,贫困人口不能抵抗外界带来的伤害,极易陷入贫困的状态。因此为了高效应对该贫困漩涡,云南应在基本医疗、大病报销、商业医疗保险、工会、贫困户自我组织等机制建立上下力气,切实保证脱贫户在遇到天灾人祸时能够通过健全的社会保障体系保持基本生存质量,不让病患和意外成为返贫的突破口。在政府方面,针对医疗对象的精准识别,国家应该具体细化相关政策,从顶层设计上进行调整,形成一整套系统完整高效的动态监控机制;在整个医疗体系方面,医院等单位应加快完善医疗扶贫细则,建立脱贫人口返贫风险预警指标体系,并根据不同类型群体的返贫特征,设计多元主体的防返贫风险预警体系,健全脱贫人口返贫动态风险防范体制以及完善后期对脱贫人口的扶持等。同时建立"基本医保+大病医保+补充医保"的多层次医保体系,与社会救助紧密衔接。确保既保基本又保大病,既保范围内又保范围外,提高重特大疾病的保障水平,减少因病致贫、因病返

贫发生。①在整个医疗扶贫体系中,要实现对贫困群体高效的动态管理,必须加强医疗体系中多部门之间信息的共享和沟通,利用大数据等高科技手段跟踪贫困人口医疗方面的情况,并根据所建立的风险预警体系,加大对贫困人口医疗方面的扶持力度,提高贫困人口应对环境型因素致贫的能力,防止脱贫群体返贫。

六、开展精准技能培训,提升贫困地区人员的技术水平

技能培训应精准把脉,有的放矢地展开。在后续的培训工作中,培训举办者应科学地根据受培训人口的能力和素质,因地制宜,有针对性地选择适合的培训课程,充分吸引贫困户进行培训以提升其内生动力,让贫困者真正拥有一技之长。

(一)加大技能培训宣传力度,构建多平台的培训网络

加强云南省贫困地区的技能培训力度对于提升贫困人口的内生发展动力具有重要的意义。首先,地方政府应该动员社会组织多方力量,加大对贫困地区培训经费的投入,建设完整的培训配套硬件设施,同时以给予培训师资政策倾斜等吸引性的措施来集合高质量师资,整合当地优质的教育资源作为构建进修学校、技校以及培训中心等多种机构的教育支撑,以此形成教育合力,为构建当地人力资源供需网络奠定基础。其次,充分利用多种媒体平台和行政组织,加大对云南省边远山区以及少数民族聚集地关于职业技能培训的宣传,提高教育资源利用率,构建具有及时性、有效性和针对性的职业技能培训信息的共享平台,使培训信息更广泛地覆盖到各个贫困地区,并结合当地劳动部门优势,开展具有实效的培训活动,包括农业培训和就业培训等,打造县乡村三个层次相互联系的教育培训网络。

---

① 参见邓永超:《乡村振兴下精准扶贫中防治返贫的优化机制》,《湖南财政经济学院学报》2018年第4期。

(二)提高对贫困对象培训的精准度

云南省贫困地区的培训群体大多是低学历或没有任何教育经历的对象,要建立精准的培训计划,必须要切合当地贫困人口的实际需求。因此,在培训之前首先要通过走访调研,充分了解村民的培训需求,或建立培训需求调查系统,根据调查结果构建对应的培训对象档案信息库以及高效的动态管理机制。其次,培训时间长短和培训内容必须根据不同群体来设立。针对学历和教育背景的不同,建立基础技能班和精修班,根据不同年龄层次设立长训短训的培训体系。在培训过程中,创新培训服务体系,积极融合社会和企业的力量,使其参与到技能培训中,不仅有助于培训质量的提高,而且有利于企业的长远性发展。职业技能培训内容要依据培训群体受教育习惯和思维方式有层次地进行设定,既要点面结合,又要注重理论与实践的结合。对于基础技能班,偏重于一般性的技能理论知识的培训;而对于精修班,具体的岗位操作专业技能占比例较大。特别是在云南省少数民族地区,风俗习惯对其影响较大,因此相应的培训课程也应融入对当地风俗的理解,这样可以提高培训的实效性。对于师资的安排,不仅要考虑其所擅长技能,还要考量对当地经济发展实际需求的了解程度,避免培训质量的下降。

(三)建立激励机制,提高培训人员的积极性和主动性

在职业技能培训过程中,一方面提高技能培训质量,另一方面也要极大限度地调动参与培训人员的积极性,这是技能培训见实效的关键。调动其参与培训的主动性,不仅要根据人员来源层次的不同设置满足不同实际培训需求的课程,还应该建立一个多层次、大范围、多角度以及精神激励与物质奖励相结合的激励体系,依据农户差异化的需求分层定位,设定不同的奖励制度和补贴标准,同时减少特困农户参与培训的相关费用,建立完善的培训补贴制度,激发农户参与培训的热情,增强其参与过程的获得感。

（四）跟踪评价培训质量，持续促进培训效果的提升

由于民族差异和地域差异，云南省贫困地区的职业技能培训具有一定的特殊性，因此对其培训后的成效进行跟踪评价具有重要的意义。贫困人口接受技能培训后，一方面可以通过对比培训之前个人的收入水平、工作绩效，看实际情况是否有所改善或提升；另一方面调查培训人员将培训所学应用到实际生产生活的情况，根据调查结果改进培训的内容和方式。同时结合内部评价和外部评价，鼓励培训组织人员在进行自我评价的基础上接受利益相关者的外部评价，并且评价指标体系必须科学合理、多式多样。除此之外，还可以通过网络调查和访谈形式，收集培训人员对培训过程和效果的看法，以及政府相关部门对职业技能培训班定期的检查结果，并以此为依据进行培训质量的提升。

中国的反贫困治理之路没有终点。改革开放以来，中国共产党带领中国人民发动了人类历史上规模空前的反贫困战役，使7亿中国人口摆脱了贫困，减贫人口占到世界减贫总人口的70%以上，提前实现了联合国千年发展目标，人民生活水平实现质的飞跃，创造了人类历史上的减贫奇迹。云南作为集中连片特困地区的典型代表，在中央政府坚强有力的领导下，有步骤、有目标、有计划地完成了减贫任务，为中国打赢脱贫攻坚战奠定了坚实的基础。云南及滇西北连片特困地区是我国14个集中连片特困地区中贫困程度最深的片区，是国家新一轮扶贫开发攻坚战主战场中边境县数量和世居少数民族最多的地区。近年来，云南及滇西北连片特困地区围绕全面建成小康社会的总体目标，以多中心治理为理论指导，自上而下探索构建独具特色的滇西北连片特困地区多中心协同反贫困治理体系。本章通过文献整理、政策梳理、实地调研云南省扶贫办、教育厅、财政厅、发展改革委等协同扶贫部门和云南11个州市扶贫办、教育局、发展改革委等扶贫工作有关部门，深入基层，以访谈、座谈、观察等方式为基础进行实证研

究。在研究该区域减贫脱贫政策及实施情况与效果的基础上,总结提炼出了云南多中心协同反贫困治理的 12 个特色。同时,由于云南特殊的区位、地缘政治、气候、民族、基础设施、教育、医疗等方面的复杂因素影响,使得云南的反贫困治理十分艰难。因此,在多中心协同反贫困治理能力方面,云南滇西北连片特困地区还存在很大的改进空间。本章在分析了云南多中心协同反贫困治理的不足以及存在问题的基础上,给出了 6 条相应的建议。期冀将云南的脱贫攻坚中好的做法进行宣传,同时,也期冀云南能以此次脱贫攻坚为契机不断提升经济发展和社会服务能力,在第三次产业转移的大潮中,发挥引领带动作用,锻造教育扶贫、产业扶贫、健康扶贫、生态扶贫、金融扶贫、电商扶贫、帮扶扶贫、易地扶贫搬迁等多举措、全方位联动的扶贫大格局,齐抓共管,全局协同,加速完善滇西北产业布局和结构,提升滇西北经济社会发展质量,建设一个更加富足美好的云南,为中国全面脱贫事业和"两个一百年"奋斗目标的如期完成,以及世界反贫困治理进程的向前推进贡献智慧。

第五章 多中心协同反贫困治理效果研究

反贫困治理是世界宏观经济研究的永恒话题之一,中国作为一个贫困人口数量巨大、贫困类型多样、贫困成因各异、贫困复杂程度较高的大国,研究其反贫困治理问题意义重大,尤其是集中连片特困地区的脱贫攻坚问题。随着扶贫开发工作的持续推进,集中连片特困地区作为脱贫攻坚战中的"硬骨头"被高度重视,多主体从多方面对其实施反贫困治理,但具体的治理效果仍需进一步有效测度与研究。本章应用多层次模糊综合评价法,以滇西北连片特困地区多中心协同反贫困治理效果评价为切入点,从产业扶贫、教育扶贫、社会保障扶贫等七个方面构建滇西北连片特困地区多中心协同反贫困治理评价指标体系,并进行模糊量化统计分析。期冀该地区多中心协同反贫困治理模式能为云南脱贫攻坚提供实践参考本。

第一节 多层次模糊综合评价法概述

多层次模糊综合评价法,即是一种运用模糊数学来研究处理以及解决模糊现象的评估方法,它将层次分析法和模糊综合评价方法进行了有效结合,具有结果清晰、分析系统完整的特点,是解决模糊的、难以量化的各种非确定性问题的有效手段之一。

一、层次分析法简介

层次分析法(the Analytic Hierarchy Process, AHP)是一种将定性分析与定量分析有效结合,并对复杂问题进行系统化、层次化,从而解决现实问题的分析与决策方法。其基本原理是将与决策有关的元素分解为目标层、准则层、方案层等层次,继而对相应层次进行评估分析,计算层次中每个元素的权重,以此为决策提供判断依据。

层次分析法由美国著名运筹学家托马斯·塞蒂(T.L.Satty)在20世纪70年代中期正式提出。1977年,托马斯·塞蒂在第一届国际数学建模会议上发表了《无结构决策问题的建模——层次分析法》,首次提出了层次分析法,引起了人们的关注。20世纪70年代初,托马斯·塞蒂在为美国国防部进行"根据各个工业部门对国家福利的贡献大小而进行电力分配"课题研究时应用了层次分析法,证明了其实用性,从而将其作为一种层次权重决策分析方法正式提出。1980年,托马斯·塞蒂陆续出版了有关层次分析法的论著。1996年,在层次分析法的基础上,托马斯·塞蒂又提出了网络分析法,奠定了层次分析法在多种领域被广泛应用的基础。

而层次分析法在我国的引进起源于1982年的中美能源、资源与环境学术会议。1982年11月,在该学术会议上,托马斯·塞蒂的学生H.Gholamnezhad介绍了层次分析法,美国Moorhead大学能源研究所所长Nezhed教授也首次向我国学者介绍了多层次模糊综合分析法。该方法得到了与会人员的认可,我国学者也由此开始对层次分析法进行深入了解和研究,从而提高被评价对象有限次序评估或权重计算的精确性。1988年,第一届国际层次分析法研讨会在中国天津召开。至此,层次分析法被逐渐广泛应用于经济计划、行为科学、能源分析、成果评价等诸多领域,在我国得到了较快的发展。

二、模糊综合评价法简介

由于实际评价中经常存在"亦此亦彼"的模糊现象,比如评价因素复杂、评价对象层次化、评价标准和评价影响因素模糊、定性指标难以定量化等,使得人们难以使用绝对的"非此即彼"的语言来准确描述客观现实,更难以采用经典数学模型加以统一度量。因此,美国自动控制专家查德(L.A.Zadeh)教授在 1965 年发表了著名论文"模糊集合",在科学界引起了爆炸性的反响,并被公认为模糊数学诞生的标志。[①] 而模糊综合评价法在中国最早是由学者李洪兴和汪培庄提出。

自 1965 年查德教授第一次提出模糊集合理论以来,模糊集合理论就被广泛应用于各个领域。[②] 但 Zadeh 模糊集合理论依旧存在缺点与错误。其缺点包括:第一,难以准确描述客观世界的所有模糊现象导致的局限性;第二,不存在补集,导致系统的不完备性;第三,没有统一理论指导的"算子"拼盘,缺乏一定的科学性。其错误包括:第一,定义了不存在的补集,导致思维、逻辑和概念混乱;第二,将错误和缺点当作"对传统的挑战"和"摆脱传统的约束"的先进成果,误导人们认为模糊集合理论必然与概念、逻辑和常规思维相悖。[③]

只有克服 Zadeh 模糊集合理论的三个缺点和两个错误,模糊集合的理论和应用才能得到更好的发展。于是,研究者们在模糊综合数学的基础上提出了一种新的综合评价方法,即模糊综合评价法(Fuzzy Comprehensive Evaluation,FCE)。模糊综合评价法可以将定性评价转化为定性与定量相结合的评价,即能够多层次多角度地考虑多种因素的影响,利用最大隶属度原则

---

① 参见蒋泽军、王丽芳、高宏宾:《模糊数学教程》,国防工业出版社 2004 年版,第 3 页。

② 参见彭宏洪、杨东可:《一种完全犹豫模糊环境下的 TOPSIS 方法》,《模糊系统与数学》2018 年第 1 期。

③ 参见高庆狮:《Zadeh 模糊集合理论的缺陷及其改进:C ∗ -模集合理论》,《北京科技大学学报》2005 年第 5 期。

和模糊变换原则对主体进行综合评价。①

三、基于层次分析和模糊评价的多层次模糊综合评价法

多层次模糊综合评价法是将模糊综合评价法应用于多因素上,每一层评价结果又是高一层评价的输入,直到目标层为止。② 在复杂大系统中,需要考虑的因素较多,而且因素之间经常存在不同的层次,应用单层次模糊综合评价模型很难得出正确的评价结果。在这种情况下,就需要将评价因素集合按照某种属性或某种标准划分为不同的类别,先对每一类进行综合评价,然后再对各类评价结果进行类别之间的高层次综合评价。这样,就产生了多层次模糊综合评价法(Multi-level Fuzzy Comprehensive Evaluation, MF-CE)。③

多层次模糊综合评价法是在层次分析法确定各指标权重的基础上,应用模糊综合评判理论对被评判对象进行决策,可以全面考虑影响评价系统的各种因素,有效弱化个人主观臆断对评判结果造成的负面影响,易化实验控制、减少样本数量,提高指标权重确定的信度和效度,得到更客观的评价结果。④尤其在对涉及多因素的复杂事物的评判中,多层次模糊综合评价法能够很好地解决由于评判因素过多而造成的权数难以恰当分配、得不到准确评判结果的问题。⑤

---

① 参见王然:《基于多层次模糊综合评价法的融资平台公司财务风险研究——以青岛城投公司为例》,硕士学位论文,华中农业大学工商管理系,2013年,第32页。

② 参见周丽婷、杨干生:《中国城市公共住房政策执行力评估指标体系的构建——基于多层次模糊综合评判的分析》,《广州公共管理评论》2017年第00期。

③ 参见赵迎子:《基于多层次模糊综合评价法的小区域森林火灾风险分析》,硕士学位论文,山东农业大学林学系,2014年,第6—7页。

④ 参见李力红、张怡:《AHP——模糊综合评判法在心理学中的应用》,《东北师大学报(哲学社会科学版)》2008年第3期。

⑤ 参见闫建文、徐传召、文位忠:《基于模糊多层次综合评价的风电建设项目社会评价》,《西安理工大学学报》2011年第2期。

第二节　多层次模糊综合评价法的内涵

多层次模糊综合评价法是在模糊数学的基础上所建立起来的一种综合评价方法。该方法根据既定目标来测评对象系统的属性,运用模糊数学对受到多种因素影响的事物或对象作出一个总体的评价,具有结果明确、过程清晰以及系统性强的特点,能较好地解决由于实际情况的复杂性所带来的一系列评估问题。

一、多层次模糊综合评价法的原理

多层次模型是研究人员根据某种特性或标准对初始模型的因素集进行二次细分,然后结合定性方法和定量方法,在初始评价的基础上进行更高一级综合评价的过程。模糊综合评价模型是一种运用模糊变换原理分析和评价模糊系统的数学模型,可分为一级模型和多级模型。[1] 多层次模糊综合评价法成功结合了两者的优势,特别适用于多因素、多层次、多维度且影响因素难以量化的评价问题。[2]

多层次模糊综合评价法的基础思想是采用模糊综合评判决策法来进行综合评判,辅以层次分析法确定权重。基于系统工程对各要素的排序原理,采用层次分析法把一个复杂的问题表示为有序的递阶层次结构,在定性分析和专家意见的基础上,通过两两判断比较定量分析得出相对科学的权重,再根据最大隶属度原则评定对象所属等级,也可根据评价对象综合分值的大小进行评价和排序。[3]

---

[1]　参见王晞、李伟:《空间数据质量的模糊综合评价方法探讨》,《现代测绘》2011年第3期。

[2]　参见刘洪民、杨艳东:《大学研讨课教学绩效多层次模糊综合评价研究——基于学生的视角》,《教学研究》2016年第4期。

[3]　参见赵永刚:《区域主导产业选择指标体系的设计》,《武汉工程大学学报》2008年第5期。

二、多层次模糊综合评价法的操作步骤

模糊综合评判法主要适用于受到多种因素影响,并且因素间界线不明确的事物评价。[①] 模糊综合评价法是根据某种标准或特征建立指标体系,在建立权重矩阵并转换矩阵的基础上,结合相应的专家评价和定量计算,对受到多因素制约的对象作出评价。由层次分析法(AHP)和模糊综合评价法(FCE)结合而成的多层次模糊综合评价法的一般操作步骤如下:

1. 确定评价目标;

2. 对评价目标进行分解,构建层次结构模型;

3. 邀请相关领域的专家对各层次指标进行比较,构造判断矩阵;[②]

4. 根据构造的判断矩阵确立各指标权重并进行一致性检验;

5. 确定评价因素权重集与评定等级;

6. 邀请多位专家及评测人填写 FCE 问卷,建立单因素评价集;

7. 分别计算评价指标的综合评价结果与单项评价结果。

其中前四步是层次分析过程,后三步是模糊综合评价过程。在判断矩阵构建过程中可以采用德尔菲法(Delphi)——由专家多轮打分完成,该方法根据专家打分数据计算得到各评价指标的权重及其排序,同时将计算得到的各指标权重作为 FCE 的权向量。

三、多层次模糊综合评价法的特征

多层次模糊综合评价法运用模糊数学来实现决策的最优,较好地解决了综合评价中的模糊性问题。该方法运用数学模型的思维,兼具多因素、多层

① 参见季佳佳、赵冬玲、杨建宇、王修贵、杜萌:《基于多层次模糊综合评判法的土地变更调查数据质量评价研究》,《中国土地科学》2015 年第 4 期。

② 参见王守文、颜鹏:《基于多层次模糊综合的产学研合作区政策评价》,《科技进步与对策》2014 年第 23 期。

次、复杂问题批判的功能。从应用过程和应用效果等方面来看,多层次模糊综合评价法具有以下几个特征。

（一）函数关系

各个评价因素之间进行相互比较,将最优的评价因素值作为评价的标准,对其余欠优的评价因素给予相应的评价值。依据各类评价因素的相应特点,确定评价值与评价因素值之间的隶属度函数。

（二）系统性

多层次模糊综合评价法把研究对象作为一个系统,经过分解、比较判断、综合这一流程来形成决策依据。系统的思想在于无论该因素在评价对象中占据何种地位,都不剥离各个因素对结果的影响。因此,每一层因素的权重设置最后都会直接影响到评价结果,而且每个层次中的每个因素对结果的影响程度都是可以量化的,使评价的过程和结果都具有清晰性和明确性。多层次模糊综合评价法可用于对无结构特性的系统或多目标、多准则、多时期的系统进行综合评价。

（三）可信性

传统的综合评价方法众多,但受权重、关系矩阵、评语集、隶属度等因素的影响,在使用最大隶属度准则时,常常容易出现被掩盖介于两个隶属度之间的不良情况,没有一种可以适用于各种场合以及所有情况的方法。因此,在多层次模糊综合评价法应用时,考虑多个影响因素对评估对象的影响及影响程度,结合多个评价主体对各个影响因素的意见,可有效解决评价过程中因受多因素制约而出现的评价模糊性问题,降低主观因素对评价结果的影响,使模糊现象的评估结果更清楚可信。

（四）客观性

多层次模糊综合评价法在评价过程中将专家的主观判断与客观的定量分析相结合，根据专家学者的意见对绩效进行量化分析，客观地获得最终的评价结果。该评价方法避免了评判过程中过多的主观性，在最大程度上降低由于个人主观臆断而带来的评价结果的误差，从而提高评价结果的客观性与准确性。

（五）可操作性

整个评价步骤明确，评判规则简单，指标量化和数据处理部分可通过计算机软件实现，整体可操作性强。① 比如，在权重计算与模糊评价过程中可以采用 MATLAB 软件编程实现。MATLAB 软件基于云模型理论进行仿真，可有效对评估对象作出综合决策，减少专家主观因素对评价结果的影响。而且模型的评估方式比传统方法更加简单，操作便捷，不易出错，能大大提高计算的速度与精度，使评价结果更具准确性。

第三节　多层次模糊综合评价法的运用

在对各种绩效进行评估时，需要综合各种指标对评价结果的影响，且不同指标之间呈现出不同的层次性，因此运用单层次模糊综合评价模型已经无法得出科学的评价结果，需采用多层次模糊综合评价模型来对评价对象进行综合评估。② 多层次模糊综合评价法自产生以来，对模糊现象绩效评估的科学

---

① 参见丁家玲、叶金华：《层次分析法和模糊综合评判在教师课堂教学质量评价中的应用》，《武汉大学学报（哲学社会科学版）》2003 年第 2 期。

② 参见刘智：《多层次模糊综合评价模型在生产性服务业发展评价中的应用》，《西昌学院学报（自然科学版）》2016 年第 4 期。

性有目共睹,被国内外专家学者广泛研究和应用。基于多层次模糊综合评价
法的绩效评估研究案例比比皆是,本书摘录了其中的几个应用研究领域。

一、基于多层次模糊综合评价法的教育质量与绩效分析

21 世纪初,欧、美、日等发达国家流行的研讨课被相继引入我国的一些研
究性大学,激发了包括教学方法、学业评价和考试机制在内的新一轮教学改革
探索,但对研讨课程实施后的绩效评价研究较少。刘洪民、杨艳东对大学研讨
课教学绩效进行了多层次模糊综合评价研究。他们以浙江科技学院创新管理
课程的研讨课为例,基于学生的视角构建了大学研讨课绩效评价的指标体系,
包括研讨课学习环境创设的有效性、研讨课研讨教学的有效性、研讨课学业评
价反馈的有效性、学生研讨课的主要收获、学生的总体满意度,进而对大学研
讨课的教学绩效进行综合评价,为我国大学研讨课程发展提出建设性意见。①

关志民、束军意、马钦海在分析影响学位论文质量的主要因素包括选题的
合理性、专业理论知识的牢固性、成果的创新性和行文写作的规范性及其相应
关系的基础上,建立了学位论文质量的综合评价指标体系;结合学位论文质量
评价的特点,构造了相应的多层次模糊综合评价模型,最后通过一个应用实例
说明了模型的有效性。研究表明,提高学位论文质量评价的客观性、科学性和
准确性,不仅有利于在明确自身优势与不足的基础上,采取相应的有效措施提
高人才培养的质量,而且对自身在教育全球化激烈竞争环境下的生存和发展
也具有十分重要的现实意义。②

二、基于多层次模糊综合评价法的产业风险评估

王守文、颜鹏采用多层次模糊综合评价法对产学研合作区政策进行了客

---

① 参见刘洪民、杨艳东:《大学研讨课教学绩效多层次模糊综合评价研究——基于学生的
视角》,《教学研究》2016 年第 4 期。

② 参见关志民、束军意、马钦海:《学位论文质量的多层次模糊综合评价模型及其应用》,
《科研管理》2005 年第 3 期。

观评价,响应全面推进中国特色国家创新体系建设的号召,建立了产学研多种形式结合的新机制。产学研合作的成功离不开配套政策的支持,因此对产学研政策进行评价有利于制定科学有效的政策。在对产学研合作区域竞争力推动力量进行量化分析和对产学研合作政策分类的基础上,构建了多层次模糊综合评价模型,将指标体系的客观情况与专家的主观评价相结合,对中国产学研合作政策的制定情况进行了总体评价。最后参照分析结果,对产学研合作政策的合理制定和产学研合作区竞争力的提高提出了相应的改善意见。[1]

王帅、杨培涛、黄庆雯引入多层次模糊综合评价法构建了中小企业信用风险评估模型。近年来,中小企业成为社会经济持续发展和繁荣稳定的重要因素,商业银行竞相成立了中小企业贷款的专门机构。但中小企业的信息具有不透明等特点,传统的信用评价方法难以有效地把控风险,使得商业银行面临较大的运营风险。基于此,他们在评价指标体系的构建过程中综合了定性因素与定量因素,并通过算例分析表明了该评价方法的有效性,从而在一定程度上克服了中小企业信息不对称度较高的问题,提高了中小企业信用风险评估的有效性,为商业银行等非金融机构提供了一种新的中小企业信用评价方法。[2]

牟炜运用多层次模糊综合评价法对企业营销效果进行测评,包括对企业的市场营销活动及其营销效果进行分析、测量和评价,将影响企业营销效果的各因素纳入评价指标体系,并按权重排序。最后根据所得的综合得分进行逆推,找出企业在营销过程中的薄弱环节,为企业的下一步计划和营销活动的完善提供科学依据。对企业的营销效果进行测评,分析其产生的原因和过程,能够实现企业对自身营销活动产生的实际效益的全面把握和了解,为企业各项

---

[1] 参见王守文、颜鹏:《基于多层次模糊综合的产学研合作区政策评价》,《科技进步与对策》2014年第23期。

[2] 参见王帅、杨培涛、黄庆雯:《基于多层次模糊综合评价的中小企业信用风险评估》,《财经理论与实践》2014年第5期。

营销活动的决策行为提供理论指导和数据支持,从而明确企业营销活动的前进方向,达到预期的营销目标。①

三、基于多层次模糊综合评价法的生态建设评价

张钰莹、罗洋研究了我国生态文明的多层次综合评价问题,通过对以往该方面研究成果的整理,总结出了现有的综合评价指标体系,建立了生态文明建设的多层次模糊评价模型,并运用灰色粗糙集对现有指标体系进行筛选,在不削弱指标内容的前提下,成功将原有25个指标减少为10个指标。然后邀请专家学者参与指标的评估,通过构建判断矩阵计算各指标权重,并运用模糊综合评价法对我国生态文明建设进行了评价和分析。结果表明我国生态文明建设处于一般水平。最后根据评价的结果,并联系实际情况提出了加快我国生态文明建设的建议措施。②

张连刚、支玲、张静、谢彦明在对我国东、中、西部6个省区658个农户调查数据统计分析的基础上,应用多层次模糊综合评价方法对构建的林业专业合作组织满意度评价体系进行了实证分析。在满意度评价过程中借助结构方程模型(SEM)的参数估计结果得到评价指标权重。结果表明:农户对林合组织的满意度处于"基本满意稍偏高"水平;在所有的满意度指标中,农户对林合组织的服务满意度最低,对民主的满意度最高。根据林业专业合作组织的满意度评估结果,提出了相关的政策建议,努力提高林合组织服务水平,充分发挥林合组织服务功能,逐步提升林合组织管理水平。③

闫建文、徐传召、文位忠结合我国风力发电产业发展的实际情况,根据风

---

① 参见牟炜:《企业营销效果的指标体系与模糊综合评价方法》,硕士学位论文,大连海事大学管理系,2006年,第36—58页。

② 参见张钰莹、罗洋:《生态文明建设的多层次模糊综合评价》,《四川建筑科学研究》2017年第1期。

③ 参见张连刚、支玲、张静、谢彦明:《林业专业合作组织满意度的多层次模糊综合评价》,《林业科学》2014年第8期。

电建设项目自身的特点,运用模糊数学的理论和方法对风电建设项目进行了社会评价。随着风力发电技术的日益成熟、风力发电成本的持续下降和国家政策的支持,风电作为新兴的能源,发展速度越来越快。该文运用 AHP 的基本思想,创造性地将其与模糊综合评价思想相结合,建立风电建设项目社会评价的模糊多层次综合评价模型和指标体系,确定各指标权重。最后,运用该模型对某单位风电建设项目进行社会评价,验证其实用性,为项目的投资决策和资本运作提供科学依据。[①]

四、基于多层次模糊综合评价法的社会公共服务质量评估

汪贤武基于多层次模糊综合评价方法对通信服务业企业社会责任展开了评价研究。在移动互联网时代,传统的消费方式、服务形态和生产方式正在被打破和重构,资费问题、客户隐私泄露、遭受恶意侵害等事件的频发把公众视线频繁聚焦于通信服务企业。伴随着一系列制度的出台,通信行业被推上了改革的风口浪尖。社会责任成为通信服务企业必须面对的课题。汪贤武构建了通信服务业社会责任评价的指标体系,基于层次分析法的原理,结合相关资料和数据,采用多层次模糊综合评价方法对通信服务业社会责任进行评价,并归纳了评价结果的应用路径,对我国社会责任的理论和实践发展形成了有益的补充和促进。[②]

周丽婷、杨干生针对如何有效提高公共住房政策执行力,提高各级政府公共服务和社会管理职能的问题,采用以模糊数学理论为基础的多层次模糊综合评判法来对住房政策执行力进行评估。城市住房问题是困扰经济发展和城市化进程的一大难题,其实质是公共住房问题,即低中收入阶层等困难群体的

---

① 参见闫建文、徐传召、文位忠:《基于模糊多层次综合评价的风电建设项目社会评价》,《西安理工大学学报》2011 年第 2 期。
② 参见汪贤武:《通信服务业企业社会责任评价研究——基于多层次—模糊综合评价方法》,《华东经济管理》2015 年第 7 期。

住房保障问题。在对公共住房政策执行力进行评判时,根据层次分析法的基本原理,邀请经验丰富的业内专家进行打分,计算出各种公共住房政策执行力指标的权重,并应用模糊综合评价法对住房政策执行力进行综合评价。这不仅解决了地方政府正遭遇的瓶颈问题,也为执行力的评估提供了一种科学、精准、易于操作的工具,具有方法学上的意义。①

季佳佳、赵冬玲、杨建宇、王修贵、杜萌为改善现有土地变更调查数据质量评价方法过于刚性化的缺点,采用多层次模糊综合评价法,以 2012 年度甲、乙两省为例,探究土地变更调查中错误量相近省份的数据质量评价方法。研究结果表明错误量的大小无法直接表明数据质量的优劣,证明了多层次模糊综合评价法不仅能快速识别影响数据质量的重要因素,还能增加评价结果的客观合理性,从而为进一步完善成果数据提供参考意见和技术支持。②

第四节　反贫困治理效果评价的意义

一、扩宽了多层次模糊综合评价法的应用领域

国内外学者在多个领域都应用过多层次模糊综合评价法。通过查阅文献可知,多层次模糊综合评价法已经被应用于环境资源保护、教育、基础设施、企业发展、旅游、公共部门管理等多方面的绩效评估。在环境资源保护方面,主要用于生态修复评价、小城镇水环境整治效果评价等。在教育方面,主要用于教学质量评估,比如大学课程的绩效评价。③ 在基础设施方面,主要用于内河

---

① 参见周丽婷、杨干生:《中国城市公共住房政策执行力评估指标体系的构建——基于多层次模糊综合评判的分析》,《广州公共管理评论》2017 年第 00 期。

② 参见季佳佳、赵冬玲、杨建宇、王修贵、杜萌:《基于多层次模糊综合评判法的土地变更调查数据质量评价研究》,《中国土地科学》2015 年第 4 期。

③ 参见刘洪民、杨艳东:《大学研讨课教学绩效多层次模糊综合评价研究——基于学生的视角》,《教学研究》2016 年第 4 期。

航道护岸结构形式的评价与选择、电网建设项目评价、水库风险评估、交通规划等。在企业发展方面,主要用于企业的信用评估、发展质量等,比如中小企业的信用评估,具体包括行业状况、上下游状况、产品状况、管理水平、财务状况和资信状况等。① 在旅游方面,主要用于旅游资源开发、绩效评估等,比如对民族地区旅游环境质量的评价与优化。在公共部门管理方面,主要用于对地级市农业发展绩效的评估。

多层次模糊综合评价法作为一种科学有效的评估方法,主要用于受多种界限不明因素影响的事物的评价。② 党的十八大以来,中央高度重视偏远地区的脱贫工作,提出了"精准扶贫"战略思想。习近平总书记在党的十九大报告中指出从现在到 2020 年是全面决胜小康社会决胜期。精准扶贫对于解决"三农"问题、决战全面小康,起着至关重要的作用,且具有很强的实践价值。由于精准扶贫绩效评估这一研究课题的特殊背景和新颖性,鲜有采用多层次模糊综合评价法来对精准扶贫绩效进行评估。因此本章使用多层次模糊综合评价法来评估滇西北连片特困地区的精准扶贫绩效,从而提高了精准扶贫绩效评估的科学性与客观性,扩宽了多层次模糊综合评价法的应用领域。

二、丰富了多中心协同反贫困治理效果的评估方法

改革开放以来,各级政府积极响应国家扶贫政策,竭力开展扶贫工作,但受区域自然条件等因素的制约,扶贫效益究竟如何、经济是否得到均衡发展等问题亟待解决。为此,学者们主要使用文献研究法和数据包络分析方法来评估精准扶贫效果,采用德尔菲法以及最大、最小函数法等方法来确定评判指标隶属度。比如,王小宁、刘浩武、邹海双以国家重点扶贫革命老区——庆阳市的精准扶贫为例,运用数据包络分析方法对庆阳市不同投向的财政扶贫资金

---

① 参见王帅、杨培涛、黄庆雯:《基于多层次模糊综合评价的中小企业信用风险评估》,《财经理论与实践》2014 年第 5 期。

② 参见陈水利、李敬功、王向公:《模糊集理论及其应用》,科学出版社 2005 年版,第 29 页。

使用效率进行实证分析,进而了解庆阳市财政扶贫和经济均衡发展状况,为再次攻坚扶贫提供有力的理论决策依据,有效推进精准扶贫和供给侧结构性改革,促进以财政融资为发展动力的革命老区经济均衡发展。[1] 刘胜林、王雨林、庆天慧运用文献分析法对国内外相关文献进行了研究,发现理论界针对精准扶贫研究的重点主要在精准扶贫的问题及其原因、瞄准方法、路径与对策、个案分析等方面,并对上述方面的相关代表性观点进行了概述,从精准扶贫内涵的界定、精准扶贫对象的识别、明确精准帮扶的措施、实现贫困的"进退有序"、与各类扶贫工作相协调等方面对未来研究方向进行了展望。[2]

但传统的绩效评估方法具有适用度不高、无法有效处理不确定因素间相互关系等缺点。[3] 因此,本书将多层次模糊综合评价的方法应用于多中心协同反贫困治理效果的评估,将定性分析与定量分析有效结合,使评价因素、评价主体更加多元化,提高问卷反馈根据的有效性,增加评估结果的科学性和客观性,为精准扶贫的绩效评估提供了一种新方法和新思路。

三、将层次分析法与模糊综合评价法相结合开展反贫困治理研究

在反贫困治理领域,学者们通常将层次分析法与模糊综合评价法作为两种独立的方法单独使用,因此,将层次分析法与模糊综合评价法结合应用于反贫困治理领域是本书的一大创新。模糊综合评价法是一种基于模糊数学的综合评价方法。该方法根据模糊数学的隶属度理论,将受到多种因素制约的事物或对象的评价由定性评价转化为定量评价,适合解决各种复杂、受多因素制

---

① 参见王小宁、刘浩武、邹海双:《财政扶贫效益与区域均衡发展——基于 DEA 的实证分析》,《开发研究》2017 年第 4 期。

② 参见刘胜林、王雨林、庆天慧:《基于文献研究法的精准扶贫综述》,《江西农业学报》2015 年第 12 期。

③ 参见王帅、杨培涛、黄庆雯:《基于多层次模糊综合评价的中小企业信用风险评估》,《财经理论与实践》2014 年第 5 期。

约的问题。层次分析法通过明确问题、构建层次递阶结构模型、构造判断矩阵、层次单排序和层次总排序五个步骤来计算各层次构成要素的权重,结合各层次构成要素确定总目标的组合权重,从而可得出不同可行方案的综合评价值,为选择最优方案提供参考和依据。其关键环节是建立比较判断矩阵以及判定判断矩阵是否合理。判断矩阵的科学性将直接影响到它的应用效果。但层次分析法在应用中存在几点不足:一是判断矩阵的一致性与人类思维的一致性有差异;二是检验判断矩阵的一致性比较困难;三是当判断矩阵不具有一致性时,将其调整成一致性比较麻烦。

结合层次分析法和模糊综合评判法,可以使两种方法的缺点得到互补,优势得到发挥。将两种方法合二为一,即形成了多层次模糊综合评价法。该方法可以克服层次分析法存在的不足,是一种比传统的层次分析法更科学、更简洁的方法。由于在应用层次分析法对判断目标进行总体评价时,缺乏统一的、具体的指标量化方法,因此在实际使用中,应只采用层次分析法对指标权重进行分析,然后运用模糊综合评价法对指标值进行量化计算和评价。从最初的单因素、单目标、定性评价到多因素、多目标、定量评价,建立更有效、更精确的评价方法,对精准扶贫政策科学有效的制定,以及滇西北连片特困地区多中心协同反贫困思想和政策的改进具有重大的理论与实践意义。

第五节　评价因素识别与指标建立

全国脱贫攻坚的重点在集中连片特困地区,而集中连片特困地区的脱贫关键在西部地区,滇西北连片特困地区是重点难点地区。滇西北连片特困地区脱贫攻坚的效果对全面脱贫与全面小康社会目标的实现具有重大的影响。本节在理论研究与实证分析的基础上,构建了滇西北连片特困地区多中心协同反贫困治理评价指标体系,并利用问卷调研获取的一手数据对滇西北连片特困地区多中心协同反贫困的治理效果进行模糊综合评价。期冀对滇西北连片特困地区的反贫困治理进行客观公正的评价,为云南的脱贫攻坚提供指导,为全国的脱贫攻坚提供借鉴。

一、评价因素的识别

在文章前一部分提到多层次模糊综合评价法的应用。例如,我们在对旅游景点进行选择时,考虑的因素有旅游费用、旅游地的景色和交通情况等。这些因素相互制约,相互影响。鉴于滇西北连片特困地区多中心协同反贫困治理运行的复杂性,作者通过实地调研、文献查询等方式,分析了影响滇西北连片特困地区反贫困治理效果的各方面因素,但各评价因素的内涵与相互关系错综复杂,不同的评价因素反映滇西北反贫困治理不同方面的水平。因此,评价因素的选择应具有针对性、可计算性、广泛性和全局性。[1] 基于上述评价因素的选取原则,我们总结了滇西北连片特困地区反贫困治理效果评价指标体系的初级评价因素,如表5-1所示。

表 5-1　初级评价因素表

编号	评价因素名称	评价因素构成
	教育扶贫	
01	高中阶段教育毛入学率的增长幅度	(特困地区和重点县年度高中在校学生总数/特困地区和重点县上年 15—17 岁年龄组人口数−1)×100%
02	引进人才增长率	(今年引进人才数−上年引进人才数量)/上年引进人才数量×100%
03	义务教育辍学率降低幅度	(上一年度小学和初中辍学人数/特困地区和重点县上两学年在校小学和初中学生总数)×100%−(特困地区和重点县考核年度小学和初中辍学生人数/特困地区和重点县上一学年初在校小学和初中学生总数)×100%

① 参见牟炜:《企业营销效果的指标体系与模糊综合评价方法》,硕士学位论文,大连海事大学管理系,2006 年,第 16 页。

编号	评价因素名称	评价因素构成
04	学前三年教育毛入园率的增长幅度	(特困地区和重点县考核年度幼儿园或学前班人数/特困地区和重点县考核年度 3—6 岁年龄组人数)×100%-(特困地区和重点县上年幼儿园或学前班人数/特困地区和重点县上年 3—6 岁年龄组人数)×100%
05	参加各种职业技术培训劳动力的增长率	(滇西北年度参加技术培训劳动力数量-滇西北上年参加技术培训劳动力数量)/滇西北上年参加技术培训劳动力数量×100%
	产业扶贫	
06	旅游收入占 GDP 的比重	(本年度滇西北旅游收入/本年度相同地区生产总值)×100%
07	旅游收入对第三产业产值的贡献率	(本年度滇西北旅游收入/本年度相同地区第三产业产值)×100%
08	第三产业从业人数占全社会从业人员比重	(滇西北地区第三产业从业人数/全社会从业人数)×100%
09	以工代赈投资计划完成情况	
10	农业投资增加生产能力（或效益）	单位投资新增生产能力=某时期新增生产能力/某时期投资额
11	农业投资增加农产品产量	单位投资增加农产品总量（总值）=［投资后产品产量（产值）-投资前产品产量（产值）］/农业生产投资额
12	农业投资提高劳动生产率	投资后的劳动生产率/投资前的劳动生产率×100%
13	农业投资利润率	年利润额/农业投资总额产×100%
14	投资效果系数	年平均利润与税金总额/投资额
15	投资回收期	项目全部投资额/某项目年利润和税金总额
16	扶贫对象参与当地产业发展的比重	滇西北地区考核年度参与当地特色产业发展的扶贫对象户数/滇西北考核年度扶贫对象总户数
	社会保障扶贫	
17	有合格乡村医生/执业（助理)医师村的增长率	滇西北连片特困地区和重点县考核年度有合格乡村医生、执业(助理)医生行政村数-滇西北连片特困地区和重点县上年有合格乡村医生、执业(助理)医师行政村数/相同连片特困地区和重点县上年有合格乡村医生、执业(助理)医师行政村数×100%

续表

编号	评价因素名称	评价因素构成
18	有合格卫生村室的增长率	（滇西北连片特困地区和重点县考核年度有合格卫生室行政村数-滇西北连片特困地区和重点县上年有合格卫生室行政村数）/相同连片特困地区和重点县上年有合格卫生室行政村数×100%
19	安全饮用水人口占总人口比重的增加幅度	［（滇西北连片特困地区和重点县考核年度获得安全饮用水农村人口/相同连片特困地区和重点县考核年度农村总人口）-（相同连片特困地区和重点县上年获得安全饮用水农村人口/相同连片特困地区和重点县上年农村总人口）］×100%
20	通电自然村的增长率	（滇西北连片特困地区和重点县考核年度通电自然村数-相同连片特困地区和重点县上年通电自然村数）/相同连片特困地区和重点县上年通电自然村数×100%
21	通公路自然村的增长率	（滇西北连片特困地区和重点县考核年度通公路自然村数-相同连片特困地区和重点县上年通公路自然村数）/相同连片特困地区和重点县上年通公路自然村数×100%
22	无房户或住危房农户的下降率	（滇西北连片特困地区和重点县考核年度无房户或住危房农户数-相同连片特困地区和重点县上年无房户或住危房农户数）/相同连片特困地区和重点县上年无房户或住危房农户数×100%
金融扶贫		
23	连片特困地区和重点县贷款余额的增长率	（滇西北特困地区和重点县考核年度年末各项贷款余额-滇西北连片特困地区和重点县上年年末各项贷款余额）/相同连片特困地区和重点县上年年末各项贷款余额×100%
24	财政专项扶贫资金的到户比重	滇西北扶贫对象考核年度获得财政专项扶贫资金数量/滇西北考核年度实际使用的财政专项扶贫资金总额
25	本级预算安排财政专项扶贫资金的增幅	（年度本级预算安排的财政专项扶贫资金-上年滇西北地区本级预算安排的财政专项扶贫资金）/上年滇西北地区本级预算安排的财政专项扶贫资金×100%
对口扶贫		
26	东西扶贫协作投入增长率	（滇西北考核年度对口帮扶省实际投入总额-滇西北上年对口帮扶省实际投入总额）/滇西北上年对口帮扶省实际投入总额×100%

编号	评价因素名称	评价因素构成
27	参与定点帮扶单位占比	滇西北特困地区和重点县本年度参与定点帮扶单位数量/相同地区单位数量×100%
	异地搬迁扶贫	
28	异地扶贫搬迁投资计划完成情况	滇西北地区年度实际完成易地扶贫搬迁投资/滇西北当年计划易地扶贫搬迁投资
29	异地搬迁投入资金增长率	(滇西北考核年度异地搬迁实际投入总额-滇西北上年异地搬迁实际投入总额)/滇西北上年异地搬迁实际投入总额×100%
	生态扶贫	
30	生态补偿资金投入年增长率	(滇西北考核年度生态补偿实际投入总额-滇西北上年生态补偿实际投入总额)/滇西北上年异地搬迁生态补偿总额×100%
31	城市区绿地建设率	(滇西北城市区绿地面积/滇西北城市市区总面积)×100%

二、指标选取基本原则

评价指标是指总目标的衡量单位,既是项目绩效评价内容的载体,也是项目绩效评价内容的外在表现。其围绕着项目绩效,建立逻辑严密、相互联系、互为补充的评价体系。对项目的评价就是将一些归类的指标按照既定的规则与方法,从某一方面的状况或全面的综合状况对评判项目作出优劣评定。因此,为了使滇西北反贫困治理效果评价结果具有客观性、全面性和科学性,评价指标的选取应遵循以下基本原则。

1. 综合性原则。选取的指标要具有综合性。一般来说,单一指标只能评价目标的某一方面,选取的指标综合起来应能够展现被评价事物的总体结构、功能及适应性等方面的情况。

2. 科学性原则。评价指标体系必须遵循科学的理论依据,即指标本身要具有科学性。单个指标在理论上应比较完备,指标与数据的计算必须以科学理论为依据,客观合理地反映被评价对象的信息。

3.规范性原则。指标选择应遵循使用国家公认的、常见的指标及计算原则。为了避免使用不常见的、难以统计的指标,我们应使指标标准化、规范化,并使数据资料易得,计算方法简单。

4.实用性原则。评价指标体系应力求达到层次清晰、指标精炼,要选取具有可操作性、含义明确且易于被理解的指标,以便于指标的量化,并且指标量化所需资料收集方便,能够利用现有方法和模型求解。

5.代表性原则。定量指标要能够反映滇西北连片特困地区多中心协同反贫困治理成效,尽量剔除由于自然条件或人为因素差异而导致的定量指标计算结果与客观实际的较大差异。[①]

6.可操作原则。定量指标要尽量简明,具有科学性与可操作性,便于实际中的搜集测算和管理。[②]

7.精炼性原则。滇西北连片特困地区多中心协同反贫困治理绩效评价体系的建立以能说明问题为目的。指标并非越多越好,需要有针对性地选取指标,突出重点,抓住主要矛盾。

三、指标选取方法及应用

本书采用德尔菲法对指标进行选取。德尔菲法又名专家咨询调查法,是采用背对背的通信方式征询专家小组成员的预测意见,经过几轮征询,使专家小组的预测意见趋于集中,最后作出符合未来发展的趋势预测结论。[③] 本书首先总结了德尔菲法在相关领域取得的代表性研究成果,并通过对这些成果

---

① 参见沈奇涵:《市政工程施工管理评价指标体系探讨》,《现代商贸工业》2009 年第 16 期。

② 参见张凭博:《基于 AHP 模糊综合评价法的企业培训效果评估研究》,硕士学位论文,大连海事大学管理系,2008 年,第 39 页。

③ 参见袁勤俭、宗乾进、沈洪洲:《德尔菲法在我国的发展及应用研究——南京大学知识图谱研究组系列论文》,《现代情报》2011 年第 5 期。

的分析借鉴,完善德尔菲法在本书中的应用。

(一)德尔菲法在评价领域的应用

在应用德尔菲法的相关文献的查询中,作者发现德尔菲法常常结合文献分析法、田野调查法等方法,在评价指标的选择与权重的确定、评价体系的构建、绩效的考核与评估等方面被予以广泛应用。这反映出评价领域是德尔菲法的第一大应用领域。[1] 例如学者胡春萍、杨君在构建政府绩效指标体系的过程中,表明咨询专家的选择、初始指标集的确定和咨询问卷的拟订以及进行多轮征询和数据处理是应用德尔菲法来构建指标体系的关键环节。[2]

(二)德尔菲法在层次分析法领域的应用

层次分析法是将与决策有关的元素分解为目标、准则、方案等多个层次的研究方法,在寻找影响研究对象的主要因素以及构建判断矩阵并确定其权重时,引入德尔菲法能够充分运用专家知识、经验以及主观判断能力,无疑能够提高分析效果的准确性,因此层次分析法是德尔菲法的重要应用领域之一。[3]

(三)德尔菲法在确定影响因素相关领域的应用

通常我们的研究对象具有多种复杂的影响因素,如果能够找到并分析这些影响因素,那我们就可以通过测量这些影响因素来判断研究对象的发展情况,根据研究对象的现有状况判断研究对象的演进方向。因此,如何确定研究对象的影响因素一直是许多学科的重要研究内容。德尔菲法就是其中的方法

---

① 参见袁勤俭、宗乾进、沈洪洲:《德尔菲法在我国的发展及应用研究——南京大学知识图谱研究组系列论文》,《现代情报》2011 年第 5 期。

② 参见胡春萍、杨君:《德尔菲法在构建政府绩效指标体系中的应用——以乡镇政府为例》,《陕西行政学院学报》2007 年第 4 期。

③ 参见袁勤俭、宗乾进、沈洪洲:《德尔菲法在我国的发展及应用研究——南京大学知识图谱研究组系列论文》,《现代情报》2011 年第 5 期。

之一。在研究对象的影响因素过于复杂、难以运用其他方法对其影响因素进行筛选确定时,我们可以运用德尔菲法,利用专家知识经验对研究对象的影响因素予以确定。

(四)德尔菲法在教育相关领域的应用

德尔菲法在教育领域的运用主要包括:学生的创新实践能力平台建设质量、就业竞争力、毕业论文、创业能力和毕业质量评价、学校竞争力评价指标体系、学科群建设指标体系、学生核心能力指标体系等相关指标体系的构建。此外,课堂教学质量的影响因素分析、教学内容优化与评价、科研项目评价、高校贫困生助学金评定等都适用于德尔菲法。

(五)德尔菲法在土地集约利用评价、生态环境方面的应用

由于土地资源的稀缺与土地的利用效率不高,土地资源的集约利用引起了人们的重视。土地集约利用的涉及因素较多,且很大程度上取决于政策及人为的因素,因此它适宜用德尔菲法进行研究决策。随着土地资源稀缺性加剧,土地集约利用的评价研究势必将引起更多学者的关注,基于德尔菲法的土地资源集约利用及其相关研究也将会涌现出更多研究成果。

工业化进程加快的同时也造成了资源枯竭和工业污染,生态问题已经引起了人们的高度重视。德尔菲法同样也被应用于生态环境和可持续发展的相关领域。这些领域主要包括:区域生态环境质量、区域经济可持续性发展、土地可持续性利用、草原适宜放牧率、生态旅游的可持续性、生态旅游的开发潜力、城市宜居性、绿化景观的价值评价、低碳社会评价指标、城市生态支持系统指标体系等。此外,生态环境影响因素分析、绿化生态树种选择、生态环境影响因素分析、旅游竞争力评价等也适合应用德尔菲法进行研究。[1]

---

[1]　参见袁勤俭、宗乾进、沈洪洲:《德尔菲法在我国的发展及应用研究——南京大学知识图谱研究组系列论文》,《现代情报》2011 年第 5 期。

（六）德尔菲法在医学方面的应用

早在1983年的时候，王莹、黄奇帆就将德尔菲法运用于制定职业病诊断标准。[1] 因此医学领域也是我国最早应用德尔菲法的领域之一，也是德尔菲法应用最成熟的领域之一。德尔菲法在医学领域的应用主要包括：应急能力和服务能力的评价、医疗机构的创新能力评价、服务质量和服务满意度评价、医疗人员的资质、工作内容和工作范围、培训提纲的评定、医护人员人力资源配置、技术水平影响因素分析、传染病暴发流行预警指标体系、医疗设备利用情况的评价、亚健康影响因素、医学科研协作的影响因素的分析。除此之外，卫生城市评选、医疗机构的设立、健康教育机构资源配置等也同样适用于德尔菲法。[2]

在本节内容中，德尔菲法被运用于指标的选取及确定。首先需要设置一个评分标准：不重要＝1；一般＝2；比较重要＝3；重要＝4；很重要＝5。然后分别邀请当地政府干部、相关专业的资深教授、咨询界的咨询专家等参与打分。综合专家的打分情况和修改意见，结合指标选取的基本原则，对表5-1中的指标进行归纳整理与重新选取，再将所得初选指标体系反馈至专家，邀请专家对初选指标进行第二轮打分，综合第二轮专家的打分情况和修改意见，对初选指标体系进行合理删减与归纳，最终得出多中心协同反贫困治理的综合评价指标体系。

四、指标体系的建立

根据项目效果评价的基本要求，结合实际了解情况，严格遵循指标体系应

---

[1] 参见王莹、黄奇帆：《特尔斐法在制订职业病诊断标准中的应用》，《化工劳动保护（工业卫生与职业病分册）》1983年第2期。

[2] 参见袁勤俭、宗乾进、沈洪洲：《德尔菲法在我国的发展及应用研究——南京大学知识图谱研究组系列论文》，《现代情报》2011年第5期。

具有的综合性、科学性、规范性、实用性、代表性、可操作性和精炼性原则,从产业扶贫、教育扶贫、社会保障扶贫、金融扶贫、对口扶贫、异地搬迁扶贫以及生态扶贫这七个方面考虑,设定了 7 个二级评价指标和 21 个三级评价指标。具体评价指标见表 5-2。

表 5-2　多中心协同反贫困治理评价指标体系

目标层	二级指标	三级指标
多中心协同反贫困治理	产业扶贫(包括农业扶贫、企业扶贫、旅游扶贫)B1	农业投资利润率 C11
		以工代赈投资计划完成情况 C12
		扶贫对象参与当地产业发展的比重 C13
		旅游收入占 GDP 的比重 C14
	教育扶贫 B2	学前三年教育毛入园率的增长幅度 C21
		义务教育辍学率降低幅度 C22
		高中阶段教育毛入学率的增长幅度 C23
		参加各种职业技术培训劳动力的增长率 C24
		引进人才增长率 C25
	社会保障扶贫(包括健康扶贫)B3	有合格乡村医生/执业(助理)医师村的增长率 C31
		无房户或住危房农户的下降率 C32
		通公路自然村的增长率 C33
	金融扶贫 B4	连片特困地区和重点县贷款余额的增长率 C41
		财政专项扶贫资金的到户比重 C42
		本级预算安排财政专项扶贫资金的增幅 C43
	对口扶贫 B5	东西扶贫协作投入增长率 C51
		参与定点帮扶单位占比 C52
	异地搬迁扶贫 B6	异地扶贫搬迁投资计划完成情况 C61
		异地搬迁投资资金增长率 C62
	生态扶贫 B7	生态补偿资金投入年增长率 C71
		城市区绿地建设率 C72

第六节　问卷测量

一、问卷设计的标准

运用多层次模糊综合评价法对各项指标进行评价时,作者采用了德尔菲法和问卷调查的方式,邀请相关专家和相关部门人员进行提问测评打分。关于问卷设计的标准,作者将从问卷设计的一般标准和此次问卷设计的标准两部分展开阐述。

(一)问卷设计的一般标准

问卷是一个收集与主题相关的诸多数据、为达到调查目的而设计的一系列问题的集合本,是定量调研的最基本手段,也是收集数据的一种控制工具。其作用是提供给管理者决策时所需的信息,以满足决策的信息需要,从而最大程度地为能够达到最好的决策效果提供信息支持。但拟定合格的调查问卷并非容易的工作,必须从实际出发,且考虑到各方面的问题。

在问卷设计之前,首先,必须对问卷中设计的问题是否能够达到收集所需数据的目的进行周全考虑。问卷设计人员需事先透彻了解调研项目的主题,围绕主题初步拟合出从被调查者那里能得到最多资料的问题,尽量保证既不能让一个有价值的问题未涉及,也不能让任何一个意义不大的问题占用问题数量和受访者时间。

其次,要考虑到问卷执行的可行性。这里包括两个问题:第一,受访者对题目的感兴趣程度。如果受访者对调查问题不感兴趣,一般不会参与调研,就算参与亦不会耐心认真回答所有的问题,该调查效率就达不到调研的预期。为此,如果问卷设计的内容较为严肃,问卷设计者可适当用相对生动的语言进行问题编写。第二,保证受访者可以充分理解问卷的内容。拟定的问题要适合潜在的应答者,拟定问题时应当考虑到他们的语言习惯,避免使用专业术语和艰涩的语言,尽量使用简单易懂的日常用语。而后,问卷设计应要求逻辑严密。问题与问题之间需要存在某种因果或者承接关系,可以划分类型或类别进行设计,使问卷看起来一目了然,层次清晰。当受访者面对该类问题时,大脑中思考环境相似,便于给出一个最为精确的答案。同时,问卷的长度也应该得到有效控制。问卷太长可能会导致受访者中途拒答或者随意答题,容易导致调查结果失真。①

最后,收集好问卷信息,对问卷信息进行数据录入和处理,需要考虑数据处理的便利性和可行性。

综上所述,作者总结了一些设计问卷时的诸多标准,具体如下:

1. 主题明确

始终明确问卷调查的目的是服务于研究主题,根据调研主题,确定区域和受访人群,根据受访对象,集合具体实际问题,进行问题拟定。要求问题目的明确,重点突出。

2. 问题全面

问卷设计需要兼顾全面性,因全面性直接关涉问卷的内容效度,故而所服务于主体的方方面面的问题都应被罗列拟定。对一个现象的起因、经过、结果,应反思各个方面,进而有一个具体的掌控和了解,对所需要的所有数据进行周全而严谨的提问。可以采用层级分析法分解问题,从上层的问题开始逐级分解,最后以具体的每一个小问题的形式呈现问卷。同时尽量避免敏感性问题,其中涉及敏感性问题时可以采取一定的技巧,例如采用间接提问、委婉表述、情境假设等方法进行调查,确保受访者的心态平和,回答客观。

3. 选项卡设置全面

问卷设计时,问题的全面是一方面,另一方面选项卡的设置也应得到重视。问卷设计者在设计选项卡时,首先需要考虑程度划分是否合理。选项卡

---

① 参见钟柏昌、黄峰:《问卷设计的基本原则与问题分析——以某校 2011 年教育学硕士学位论文为例》,《学位与研究生教育》2012 年第 3 期。

应包括受访者所有的可能情况以及受访者心中预给出的所有答案,从而使调研者充分了解到受访者的具体情况,使问卷调查的目的得到最好的体现。

4.问卷清晰

问卷设计需具有清晰性的特点,能够使受访者一目了然,即问题的描述语言逻辑清晰、不含糊。同时需要保证受访者充分理解问题,对问卷所需受访者的年龄、知识、经验范围等进行具体斟酌后再设计问卷,减少晦涩、专业性较强的术语,如需使用专业术语时旁附注释。尽量不使用抽象或有歧义的概念,这将导致问题指向不明。问题评判标准需客观严谨,便于量化分析。

5.问卷设计精简

除了保证问题清晰、针对性强之外,问卷长度是问卷设计者不可回避的问题。通常,一般性问卷的回答时间控制在5—10分钟,切不要超过15分钟。在问卷设计过程中,问卷设计者应综合考虑,需要保证一个题目只问一个问题,避免问题主体过多,受访者回答的针对性模糊,且减少或者不设置强制要求受访者回答固定数量的选项,以免违背被采访者的真实感受。同时为了识别不真实的回答,在问卷设计中需要设置必要的验证性题目,以此作为判断问卷有效性的依据。受限于问卷长度和受访者心理,不宜出现重复问题。在保证所有方面问题均有所涉及且能达到验证回答有效性的同时需兼顾问卷问题的针对性,则要求问卷设计者严格斟酌每一个问题,既保证它的存在对主题意义有所贡献,突出调查目的,同时也要保证问卷的可靠性。

问卷的最终目的都是帮助我们收集需要的数据,所以在设计问卷时应当考虑资料校验、整理和统计的便利性。针对不同主题,选择不同类型的问卷,设置不同种类的问题,服务于调查结束后的数据回收处理。

(二)滇西北连片特困地区多中心协同反贫困治理调查问卷设计标准

此次问卷设计主要服务于滇西北连片特困地区多中心协同反贫困治理效

果的模糊综合评价过程。针对多中心协同的主题,问卷设置亦是从多个中心出发,对每一个中心的反贫困治理效果进行数据收集与处理。问卷详细设计内容见附录3。

第一,兼顾问卷的全面性和清晰性。虽然多层次模糊综合评价法最终呈现出来的效果是模糊的三个程度(显著、一般、较差),在处理数据中也是基于模糊数学进行,但是该问卷数据的来源都是真实具体、不含糊的,并且我们的权重赋值也是非常严谨和细致的。针对调查问卷的每一个问题,得到每一个具体的数据,经过专家打分之后对每一个数据的好坏程度进行划分,再根据问卷调查得到的数据进行一一匹配,得出最终结果。

第二,兼顾问卷的针对性和可靠性。本问卷主要结合了层次分析法,从不同的模块进行设计提问,分别对每一个扶贫中心进行问题设置。每一个中心的问题互相呼应,相互关联,突显出多中心协同反贫困治理效果的主题。此次调查问卷的问题具体真实,极具针对性,调查结果是具体客观的数据,便于回收分析数据。最后,控制问卷的长度。回答问卷的时间控制在10分钟左右,在问卷中既不浪费一个问题,也不遗漏一个问题。

二、问卷内容

本次调研问卷的目的是了解滇西北连片特困地区多中心协同反贫困治理成效,调研对象为扶贫单位中从事扶贫相关工作的干部、各类企业、社会组织及贫困户个人等。考虑到调研走访部门较多,为了获得更好更真实的数据以支撑滇西北连片特困地区多中心协同反贫困治理研究,本问卷主要包括以下部分。

1.答卷说明。这部分主要是向答卷者说明本次问卷调查的目的与意义,并且诚挚地邀请受访者参与本次调查,向受访者保证此次调查所收集到的数据信息只用作研究并保密。

2.受访者的基本信息,包括参与问卷调查者的所在单位、单位类别、担任职务以及工作时间。因本次调研所涉及部门较多,我们可以根据第一部分的基本信息,选择相应部分让调查对象进行填写。

3.调查项目的相关信息。作者根据产业扶贫、教育扶贫、金融扶贫、社会保障扶贫、对口扶贫、易地搬迁扶贫以及生态扶贫七个方面提出与之相对应的问题,以便调查对象填写。每一个方面所设置的问题数量较少,一是问题过多无法保证所获数据的真实性;二是问题过多容易导致被调查对象的耐心缺失,所获得问卷的效度难以保证。

为了保证答卷人准确把握问卷的测量内容,并且确保大规模发放的调查问卷的填写能够顺利进行,在初步完成调查问卷设计的基础上,首先邀请了十几位相关领域的专家对初试问卷进行了试填,并根据专家所提出的意见进行修改,最终确定了调查的正式问卷。

三、问卷调查过程

问卷调查过程通常包括"确定调研问题、问卷内容设计、实施调查过程、数据处理分析"等步骤。由于滇西北连片特困地区多中心协同反贫困治理效果的问卷设计重点关注多中心协同和扶贫效果,因此多中心协同反贫困治理效果成为问卷调查的主要内容及重要特点。在调查过程中,作者选择了普洱市、大理州、西双版纳傣族自治州、红河州、昭通市等共计五个地区,走访了各个地区的重点扶贫单位。本次调研一共发放问卷 250 份,剔除掉无效问卷或数据缺失的问卷,最终收回有效问卷 223 份,有效回收率为 89.2%,综合问卷情况如图 5-1 所示。

同时,研究还采用了半结构访谈的调查方法,以确保数据的真实性。半结构化访谈是指按照一个粗线条式的访谈提纲而进行的非正式访谈。该方法对访谈对象的条件、所要询问的问题等只有一个粗略的基本要求,访谈者可以根据访谈时的实际情况灵活地作出必要的调整。至于提问的方式和顺序、访谈对象回答的方式、访谈记录的方式和访谈的时间、地点等没有具体的要求,由访谈者根据情况灵活处理。采用半结构式访谈,一是可以对问卷填写的内容提出疑问,保证问卷所获数据的真实性及准确性;二是问卷作为一种结构性访谈方式,具有调查规模有限、效度低等缺点,而半结构式访谈能够在一定程度上弥补问卷调查的缺陷。

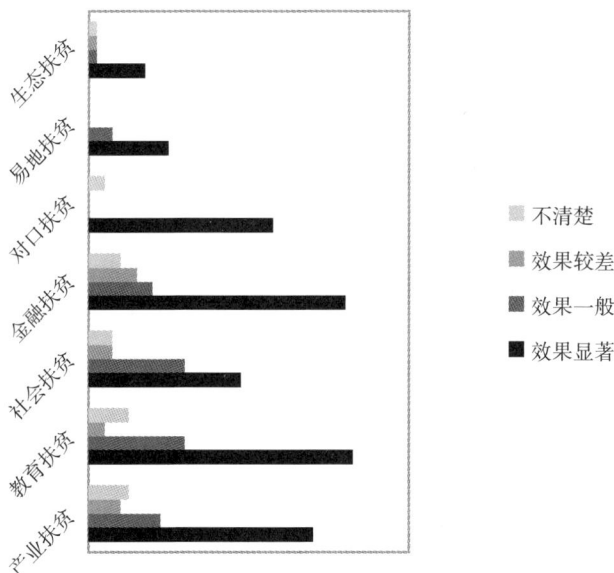

图5-1　问卷调查情况

第七节　多中心协同反贫困治理效果
评价结构模型与数据处理

一、效果评价结构模型

（一）建立层次结构模型

层次结构模型是将相关的各个因素按照各自不同的属性自上而下分解成若干层次,同一层的诸因素从属于上一层的因素或对上层因素有影响,同时又支配下一层的因素或受到下层因素的作用。最上层为目标层、通常只有 1 个因素,依次为二级指标层和三级指标层。① 本章将要评价的滇西北连片特困地区多中心协同反贫困治理效果评价进行了分层,根据目标层、二级指标层和三级指标层的数量和架构隶属关系,构建了滇西北连片特困地区多中心协同反贫困治理效果评价的层次结构模型图,总共分为三个层级。最高层级是目标层,即滇西北连片特困地区多中心协同反贫困治理;中间层级为二级指标层,即影响滇西北连片特困地区多中心协同反贫困治理的二级影响因素,包括产业扶贫B1、教育扶贫 B2、社会保障扶贫 B3、金融扶贫 B4、对口扶贫 B5、异地搬迁扶贫B6 和生态扶贫 B7;最低层级为三级指标层,即影响滇西北连片特困地区多中心协同反贫困治理的三级影响因素,包括 C11 到 C72 的 21 个评价指标。

(二)选定优先次序

本步骤是为了将知识和经验转化为决策者所需的定量信息。这里主要采用德尔菲法。首先邀请相关专家、学者等对各层因素间的相对重要度进行判断打分,进而构造因素间的成对比较判断矩阵(如表5-3)。

表5-3 因素间成对比较判断矩阵示意表

A1	B1	B2	B3	...	Bn
B1	B11	B12	B13	...	B1n
B2	B21	B22	B23	...	B2n
...	...	...	...	...	...
Bn	Bn1	Bn2	Bn3	...	Bnn

(三)构造判断矩阵

从层次结构模型的第 2 层开始,对从属于上一层每个因素的同一层诸因素,用成对比较法和1—9 比较尺度构造成对判断矩阵 A:

---

① 参见蒋吉、许艳:《基于多层次模糊综合评价法的小城镇水环境整治效果后评价——以宁绍平原河网地区为例》,《浙江水利科技》2016 年第 1 期。

$$A = (a_{ij})_{n \times n}$$

其中判断矩阵具有如下性质:(1) $a_{ij} > 0$;(2) $a_{ij} = 1/a_{ji}$;(3) $a_{ii} = 1$。对判断矩阵的一致性检验,计算一致性指标 C.I.:

$$C.I. = \frac{\lambda \max - n}{n - 1}$$

上式中,$\lambda \max$ 为判断矩阵的最大特征值,n 为判断矩阵的阶数。判断矩阵的一致性程度越高,C.I.的值越小;当 C.I. = 0 时,判断矩阵达到完全一致性。但在构建判断矩阵的过程中,思维判断的不一致是影响矩阵一致性的重要原因之一。仅仅根据 C.I.值判断矩阵是否具有一致性显然是不妥当的,因此在层次分析法中以一致性比例来解决该问题。作者引入平均随机一致性指标 R.I.,R.I.是用于消除由矩阵阶数影响所造成判断矩阵不一致的修正系数,具体数值参照表5-3。

$$C.R. = \frac{C.I.}{R.I.}$$

C.R.为层次总排序的随机一致性比例,当 C.R. < 0.1 时,一般认为判断矩阵的一致性是可以接受的,否则应对判断矩阵进行适当修正,直到 C.R.符合判断标准为止。[1]

表5-3　随机一致性指标值

矩阵阶数	1	2	3	4	5	6	7	8
RI	0	0	0.58	0.90	1.12	1.24	1.32	1.41

二、数据处理

(一)确定指标权重

为明确滇西北连片特困地区多中心协同反贫困治理效果评价指标的具体

---

[1]　参见蒋吉、许艳:《基于多层次模糊综合评价法的小城镇水环境整治效果后评价——以宁绍平原河网地区为例》,《浙江水利科技》2016 年第 1 期。

权重,首先按照上述的方法进行建模,根据专家的评分结果构建每个层次相应的判断矩阵,计算各指标权重,并对判断矩阵进行一致性检验。指标具体权重的计算如下。

1. 目标层和二级指标层判断矩阵 A(B1—B7 的权重分别为 0.2,0.2,0.15,0.2,0.1,0.075,0.075)。

A	B1	B2	B3	B4	B5	B6	B7
B1	1	1	4/3	1	2	8/3	8/3
B2	1	1	4/3	1	2	8/3	8/3
B3	3/4	3/4	1	3/4	3/2	10/3	10/3
B4	1	2	4/3	1	2	8/3	8/3
B5	1/2	1/2	2/3	1/2	1	4/3	4/3
B6	3/8	3/8	3/10	3/8	3/4	1	1
B7	3/8	3/8	3/10	3/8	3/4	1	1

判断矩阵一致性检验:

归一化特征向量 $W_1 = [0.2,0.2,0.15,0.2,0.1,0.075,0.075]^T$;$\lambda max = 7.706$;$C.I. = 0.127$,$C.R. = 0.096 < 0.1$,判断矩阵通过一致性检验,满足要求。

2. 二级指标层和三级指标层的判断矩阵 B1(C11,C12,C13,C14 的权重分别为 0.3,0.25,0.2,0.25)。

B1	C11	C12	C13	C14
C11	1	6/5	3/2	6/5
C12	5/6	1	5/4	1
C13	2/3	4/5	1	4/5
C14	5/6	1	5/4	1

判断矩阵一致性检验:

归一化特征向量 $W_2 = [0.3, 0.25, 0.2, 0.25]^T$；$\lambda max = 4$；C.I. = 0，C.R. = 0 <
0.1，判断矩阵具有完全一致性，满足要求。

3. 二级指标层和三级指标层的判断矩阵 B2（C21，C22，C23，C24，C25 的
权重分别为 0.15，0.25，0.2，0.15，0.25）。

B2	C21	C22	C23	C24	C25
C21	1	3/5	3/4	1	3/5
C22	5/3	1	5/4	5/3	1
C23	4/3	5/4	1	4/3	4/5
C24	1	3/5	3/4	1	3/5
C25	5/3	1	5/4	5/3	1

判断矩阵一致性检验：

归一化特征向量 $W_3 = [0.15, 0.25, 0.2, 0.15, 0.25]^T$；$\lambda max = 4$；C.I. = 0，
C.R. = 0<0.1，判断矩阵具有完全一致性，满足要求。

4. 二级指标层和三级指标层的判断矩阵 B3（C31，C32，C33 的权重分别为
0.4，0.375，0.225）。

B3	C31	C32	C33
C31	1	16/15	16/9
C32	15/16	1	5/3
C33	9/16	3/5	1

判断矩阵一致性检验：

归一化特征向量 $W_4 = [0.4, 0.375, 0.225]^T$；$\lambda max = 4$；C.I. = 0，C.R. = 0<
0.1，判断矩阵具有完全一致性，满足要求。

5. 二级指标层和三级指标层的判断矩阵 B4（C41，C42，C43 的权重分别为

0.3,0.5,0.2)。

B4	C41	C42	C43
C41	1	3/5	3/2
C42	5/3	1	5/2
C43	2/3	2/5	1

判断矩阵一致性检验：

归一化特征向量 $W_5 = [0.3,0.5,0.2]^T$；$\lambda max = 3$；$C.I. = 0$，$C.R. = 0 < 0.1$，判断矩阵具有完全一致性，满足要求。

6. 二级指标层和三级指标层的判断矩阵 B5（C51,C52 的权重分别为 0.6,0.4）。

B5	C51	C52
C51	1	3/2
C52	2/3	1

判断矩阵一致性检验：

归一化特征向量 $W_6 = [0.6,0.4]^T$；$\lambda max = 2$；$C.I. = 0$，$C.R. = 0 < 0.1$，判断矩阵具有完全一致性，满足要求

7. 二级指标层和三级指标层的判断矩阵 B6（C61,C62 的权重分别为 0.25,0.75）。

B6	C61	C62
C61	1	3
C62	1/3	1

判断矩阵一致性检验：

归一化特征向量 $W_7=[0.25,0.75]^T$；$\lambda\max=4$；C.I.=0，C.R.=0<0.1，判断矩阵具有完全一致性，满足要求。

8. 二级指标层和三级指标层的判断矩阵 B7（C71，C72 的权重分别为 0.25，0.75）。

B7	C71	C72
C71	1	3
C72	1/3	1

判断矩阵一致性检验：

归一化特征向量 $W_8=[0.25,0.75]^T$；$\lambda\max=4$；C.I.=0，C.R.=0<0.1，判断矩阵具有完全一致性，满足要求。

（二）建立单因素评价集

从滇西北连片特困地区多中心协同反贫困治理效果的角度出发，将反贫困治理效果分为四个等级，即效果显著、效果良好、效果一般、无效果，并通过调查问卷的方式，获得指标评价数据，比如指标参与定点帮扶单位占比（%）C52 为 100%。考虑到不是所有指标都能获得数据，因此我们结合问卷调查，邀请当地专家（不少于 10 位）对指标进行打分。比如对于"农业投资利润率"指标，有 40% 的人认为效果显著，30% 的人认为效果较好，30% 的人认为效果一般，没有人认为无效果，则"农业投资利润率"这项指标的隶属度矩阵表示为 $[0.4,0.3,0.3,0]$。具体评分情况见表 5-4。

表 5-4　评分情况

二级指标	权重	三级指标	权重	评分情况			
				显著	较好	一般	差
产业扶贫	0.2	农业投资利润率	0.3	0.4	0.3	0.3	0.0
		以工代赈投资计划完成情况	0.25	0.5	0.3	0.1	0.1
		扶贫对象参与当地产业发展的比重	0.2	0.5	0.4	0.1	0.0
		旅游收入占 GDP 的比重	0.25	0.4	0.4	0.2	0.0
教育扶贫	0.2	学前三年教育毛入园率的增长幅度	0.15	0.2	0.5	0.2	0.1
		义务教育辍学率降低幅度	0.25	0.7	0.3	0.0	0.0
		高中阶段教育毛入学率的增长幅度	0.2	0.4	0.3	0.2	0.1
		参加各种职业技术培训劳动力的增长率	0.15	0.5	0.2	0.3	0.0
		引进人才增长率	0.25	0.3	0.5	0.2	0.0
社会保障扶贫	0.15	执业医师村的增长率	0.4	0.4	0.3	0.3	0.0
		无房户或住危房农户的下降率	0.375	0.6	0.4	0.0	0.0
		通公路自然村的增长率	0.225	0.5	0.3	0.1	0.1
金融扶贫	0.2	特困地区和重点县贷款余额的增长率	0.3	0.4	0.3	0.2	0.0
		财政专项扶贫资金的到户比重	0.5	0.3	0.6	0.1	0.0
		本级预算安排财政专项扶贫资金的增幅	0.2	0.1	0.5	0.3	0.1
对口扶贫	0.1	东西扶贫协作投入增长率	0.6	0.6	0.2	0.2	0.0
		参与定点帮扶单位占比增长率	0.4	0.6	0.3	0.1	0.0
易地搬迁扶贫	0.075	异地扶贫搬迁投资计划完成情况	0.25	0.7	0.2	0.0	0.0
		异地搬迁投资资金增长率	0.75	0.6	0.4	0.0	0.0
生态扶贫	0.075	生态补偿资金投入年增长	0.5	0.2	0.5	0.2	0.1
		城市区绿地建设率	0.5	0.6	0.3	0.1	0.0

三、滇西北连片特困地区多中心协同反贫困治理效果评价

(一)总体治理效果评价

由此表计算得准则层指标评价结果如下:

B1=[0.445,0.345,0.185,0.025];

B2=[0.435,0.365,0.165,0.060];

B3=[0.498,0.338,0.142,0.023];

B4=[0.290,0.490,0.170,0.020];

B5=[0.600,0.240,0.160,0.000];

B6=[0.625,0.350,0.025,0.000];

B7=[0.400,0.400,0.150,0.050]。

计算得到目标层指标评价结果如下:

A=[0.446,0.371,0.154,0.028]

以上结果表示,滇西北连片特困地区多中心协同反贫困治理的效果在"效果显著、效果较好、效果一般、无效果"的程度分别是[0.446,0.371,0.154,0.028]。基于此,作者给出评判等级与相应分数对应进行量化(见表5-5)。

表5-5 评价打分表

评价等级	效果显著	效果较好	效果一般	无效果
分数	100	85	70	50

由表5-5可以得到滇西北连片特困地区多中心协同反贫困治理项目所产生的效果评分为:100×0.446+85×0.371+70×0.154+50×0.028=88.315。

从计算结果可以看出,滇西北连片特困地区多中心反贫困治理效果总得

分为 88. 315 分,扶贫效果显著。而滇西北连片特困地区多中心反贫困治理效果分别由产业扶贫、教育扶贫、社会保障扶贫、金融扶贫、对口扶贫、易地搬迁扶贫以及生态扶贫这 7 个二级指标构成,我们可以继续计算 7 个二级指标中各项指标的得分,评价每一个二级指标分别在滇西北连片特困地区多中心协同反贫困治理效果中所占比重,进而得出各个项目在脱贫攻坚过程中的贡献率占比,从而为打赢脱贫攻坚战给出精准提升方案。

(二)单项治理效果评价

1. 产业扶贫效果评价

计算结果表示,二级指标产业扶贫 B1 的效果在"效果显著、效果较好、效果一般、无效果"的程度分别为[0. 445,0. 345,0. 185,0. 025]。于是,由表 5-5 可以得到二级指标产业扶贫项目所产生的效果评分为:$0.445 \times 100 + 0.345 \times 85 + 0.185 \times 70 + 0.025 \times 50 = 88.025$。

2. 教育扶贫效果评价

计算结果表示,二级指标教育扶贫 B2 的效果在"效果显著、效果较好、效果一般、无效果"的程度分别为[0. 435,0. 365,0. 165,0. 060]。于是,由表 5-5 可以得到二级指标教育扶贫项目所产生的效果评分为:$0.435 \times 100 + 0.365 \times 85 + 0.165 \times 70 + 0.060 \times 50 = 89.075$。

3. 社会保障扶贫效果评价

计算结果表示,二级指标社会保障扶贫 B3 的效果在"效果显著、效果较好、效果一般、无效果"的程度分别为[0. 498,0. 338,0. 142,0. 023]。于是,由表 5-5 可以得到二级指标社会保障扶贫项目所产生的效果评分为:$0.498 \times 100 + 0.338 \times 85 + 0.142 \times 70 + 0.023 \times 50 = 89.620$。

4. 金融扶贫效果评价

计算结果表示,二级指标金融扶贫 B4 的效果在"效果显著、效果较好、效果一般、无效果"的程度分别为[0. 290,0. 490,0. 170,0. 020]。于是,由表 5-5

可以得到二级指标金融扶贫项目所产生的效果评分为:$0.290×100+0.490×85+0.170×70+0.020×50=83.550$。

5.对口扶贫效果评价

计算结果表示,二级指标对口扶贫 B5 的效果在"效果显著、效果较好、效果一般、无效果"的程度分别为[0.600,0.240,0.160,0.000]。于是,由表 5-5 可以得到二级指标对口扶贫项目所产生的效果评分为:$0.600×100+0.240×85+0.160×70+0.000×50=91.60$。

6.易地搬迁扶贫效果评价

计算结果表示,二级指标易地搬迁扶贫 B6 的效果在"效果显著、效果较好、效果一般、无效果"的程度分别为[0.625,0.350,0.025,0.000]。于是,由表 5-5 可以得到二级指标易地搬迁扶贫项目所产生的效果评分为:$0.625×100+0.350×85+0.025×70+0.000×50=94.00$。

7.生态扶贫效果评价

计算结果表示,二级指标生态扶贫 B7 的效果在"效果显著、效果较好、效果一般、无效果"的程度分别为[0.400,0.400,0.150,0.050]。于是,由表 5-5 可以得到二级指标生态扶贫项目所产生的效果评分为:$0.400×100+0.400×85+0.150×70+0.050×50=87.00$。

综上分析可知,多中心协同反贫困治理模式的实施在滇西北连片特困地区取得了良好的扶贫治理效果,尤其在易地搬迁扶贫和对口扶贫方面成绩优异,在生态扶贫、金融扶贫、社会保障扶贫、教育扶贫和产业扶贫五个方面成绩良好。同时分析结果还显示,多中心协同反贫困治理模式非常符合滇西北连片特困地区自然气候条件恶劣,经济基础薄弱,人口素质较低,基础设施落后,第一产业发展滞后,第二、三产业发展还处在初级阶段等社会特性。云南省委、省政府及滇西北各区域政府立足实际,充分借助社会各界力量有效构建了多方参与的大扶贫格局,接近了脱贫攻坚的目标,取得了良好的成绩,为滇西北贫困人民早日脱贫交上了一份满意的答卷。

（三）结语

反贫困治理事关人类发展大计，事关社会文明进程，事关公共政策公平正义，是宏观经济学一直以来的研究焦点。阿玛蒂亚森对印度贫困问题的研究丰富的在反贫困治理方面的应用，巴纳吉、迪弗洛、克雷默因采用实验性研究方法研究全球减贫问题而问鼎诺贝尔经济学奖，由此可见世界学人对贫困问题的关注和贫困问题本身的重要性。作为世界第二大经济体，中国的减贫事业对世界发展和人类命运共同体的构建意义重大。中国作为一个负责任的大国，勇挑时代赋予的历史使命，特别是党的十八大以来，以习近平同志为核心的党中央更是将中国的脱贫攻坚提上了国家治理的重要位置，全力以赴致力于解决中国的绝对贫困问题，改善民生，实现共产党人的执政诺言。2015 年，习近平总书记在阜平考察时提出"因地制宜、科学规划、分类指导、因势利导"，明确要求各项扶持政策要进一步向边远贫困地区倾斜。滇西北连片特困地区在扶贫倾斜政策的指导下，因地制宜，因时制宜，走出了一条以"易地搬迁扶贫+对口扶贫+社会保障扶贫+教育扶贫+产业扶贫+生态扶贫+金融扶贫"为中心的协同反贫困治理的滇西北边境山区脱贫攻坚之路。

党的十八大以来，习近平总书记频频同各地干部群众座谈，共商脱贫大计。基于脱贫攻坚的政策背景，本章采用多层次模糊综合评价法，从滇西北连片特困地区多中心协同反贫困治理效果评价的角度入手，通过对评价方法的概述、指标体系的建立以及实际的问卷测量的分析，围绕产业扶贫、教育扶贫、社会保障扶贫等 7 个二级指标，构建了滇西北连片特困地区多中心协同反贫困治理效果评价体系。同时，通过对滇西北连片特困地区五个区域扶贫重点单位的实地调研走访和对调研数据的分析得出：滇西北连片特困地区多中心协同反贫困治理扶贫效果良好，尤其在易地搬迁扶贫和对口扶贫方面成绩优异，在生态扶贫、金融扶贫、社会保障扶贫、教育扶贫和产业扶贫五个方面成绩良好。滇西北连片特困地区因地制宜,因时制宜,走出了一条适合滇西北边境山区的脱贫攻坚之路。

同时,也需要注意到效果评价的研究是一项复杂的工程,由于能力与资金有限,在研究评估过程中难免会存在一定的局限性。比如在指标的选择与评估上,进行评估的相关人员由于视野有限,选择会出现分歧与不确定,这也会对最终评估结果造成一定的影响。因此,本书定量评估部分总体上属于探索性规范研究,鉴于资金有限、调研样本的选取较小,研究的全面性与整体效果有待提升。但本研究只是一个开始,作者将在此研究基础上展开更加深入的实证研究,在之后的工作学习中,将继续带着问题研究、思考,以期此论题不断完善。

下　篇

多中心协同反贫困治理模式构建的策略及 2020 年后反贫困治理展望

第六章　多中心协同反贫困治理
模式的构建策略

发现问题是探索问题的过程,解决问题才是发现问题的最终目的。连片特困地区的扶贫工作一直以来是国家关注的重点,滇西北连片特困地区作为全国典型的特殊困难地区,其反贫困工作已然成为重中之重。因此,探索滇西北连片特困地区反贫困治理模式应对策略已刻不容缓。基于实践调研,在多中心治理理论的指导下,本章节从"制度性分权:多中心协同反贫困保障""多主体参与:多中心协同反贫困力量""差异化产业:多中心协同反贫困路径""跨区域共享:多中心协同反贫困要素""联席性商议:多中心协同反贫困治理机制"五个方面总结提炼了滇西北连片特困地区的多中心协同反贫困治理模式策略,期冀从理论和制度设计上为国家全面脱贫攻坚、云南全面小康社会的实现进行有益探索。

第一节　制度性分权:多中心协同
反贫困治理的制度保障

所谓制度性分权,包括两个关键点:一是分权;二是制度性。其核心问题在于如何把握集权与分权的度,即分权的标准问题。美国著名政治学家拉斯韦尔和卡普兰关于"政治人理性"做了这样一个基本假设,即"政治人是追求权力最大化的人"。他们认为,政治人"要求关乎他们所有价值的权力最大化,希望以权力决定权力,还把别人也当作提高权力地位和影响力的工具"①。不难看出,拥有多少权力就决定拥有了多少资源。作为政治人,无论是中央政府还是地方政府,二者都有追逐权力的意愿。集权下的中央政府失去监督,分权下的地方政府失去控制,都将导致监督失衡和控制不力的非理性结果。因此,在进行反贫困治理时,既不能过度集权,也不可过多分权,制度性地分权调整既保障了政府和社会之间战略性和根本性的关系,也给多中心协同反贫困治理创造了良好的政治环境。

改革开放 40 多年的发展,中国书写了世界经济史上经济发展的中国篇章,40 多年日新月异的发展创造了中国经济增长奇迹。但如今在全球经济整体疲软、国际格局"东胜西降"、新旧力量此消彼长的大背景下,我国处于百年未有之大变局,政治、经济体制改革已进入深水期和攻坚期,经济发展也处于短期波动与中长期下行交织的时期,以往持续增长的态势已难以维持,经济发展进入了新常态。在此背景下,如何继续推进改革实现社会治理能力和治理水平的现代化,如何在政治上实现更理性的制度性分权,从而有效地保障多中心协同反贫困的实现,已然成为全社会关注的焦点问题。

针对中国新的宏观经济发展形势,在制度运行方面习近平总书记多次在讲话中提到"中央统筹、省负总责、市县抓落实的管理体制"和"党政一把手负总责的扶贫开发工作责任制"。为了将习近平总书记的系列讲话精神落实到扶贫工作中,云南滇西北连片特困地区在整个脱贫攻坚战过程中始终坚持"政府主导,分级负责"的原则。针对扶贫工作中存在的致贫堡垒,结合脱贫攻坚工作目标,云南省政府因地制宜,制定了产业扶贫、转移就业脱贫、易地扶贫搬迁、教育扶贫、健康扶贫、生态扶贫、社会保障扶贫、社会扶贫、特困地区帮

---

① 刘雅莉:《从选择性到制度性:我国中央与地方政府之间分权问题研究》,硕士学位论文,山东大学行政管理系,2009 年,第 10 页。

扶扶贫、农村基础设施建设扶贫、金融扶贫、人才扶贫、科技扶贫等一系列具体扶贫政策,并责令和监督相关单位高质量执行实施扶贫领域一系列文件精神。另一方面,在"三位一体"的大扶贫背景下,政府成为社会、市场参与云南省扶贫工作的发动者,引导并带动民间组织、社会力量、个人和企业等多元主体参与到大扶贫的战略行动中,为贫困人口提供扶贫资金和扶贫岗位,共同凝聚成脱贫攻坚合力,向全面小康社会目标奋进。

为督促政府高效进行脱贫攻坚工作,使其发挥主导作用,云南省印发了《云南省贫困县党政领导班子和领导干部经济社会发展实绩考核办法》《云南省州市党委和政府扶贫开发工作成效考核实施办法》以及《脱贫攻坚督查巡查工作实施办法》等一系列重要文件,规定了扶贫资金的相关管理办法和监督制度,制定了基层扶贫干部扶贫工作考核条例,从经济、社会和政治等方面构建了多中心协同反贫困治理框架,并且动员农业组织、非营利组织、社会民众等多元主体参与治理过程形成扶贫合力,在制度上构成了政府各级部门、NGO、社会组织、企业及其他组织联合的多中心协同治理网络,发挥各主体在各自领域内的优势,相互作用,互相帮扶,逐渐形成了云南省滇西北连片特困地区多中心协同反贫困治理模式。尽管如此,云南滇西北连片特困地区在脱贫攻坚的过程中仍然存在一些问题,例如,权责体系的不明确、横向部门之间协作问题、协同机制运行不力以及多部门之间关于扶贫资源调动不畅等。针对这些问题的解决,本章从制度性分权的两个方面,即分权与制度性两方面总结提炼了应对云南滇西北连片特困地区多中心协同反贫困治理模式的策略,期冀为多中心协同反贫困治理模式的顺利运行提供有力的保障条件。

一、在分权上：实施自上而下层级授权协同扶贫模式

1.明确中央—地方的权力界限,为脱贫攻坚提供行政依据。中央政府作为最高领导机构,在脱贫攻坚战中发挥着"大脑中枢神经"的作用,全国的扶贫工作任务必须要在中央政府统筹下授权地方政府具体抓落实,但是,落实的

过程可以根据实际需要,创造性地开展工作。因此,滇西北连片特困地区政府在中央统筹下积极探索集权与分权二者之间的均衡点,明确中央和地方的扶贫权力界限,使本属于中央的权力回归中央政府,本属于地方政府的权力回归地方政府,充分发挥中央政府的统筹性与调动地方政府的积极性,从而实现自上至下的中央统筹与放权共同为多中心协同反贫困服务的新局面,合力为完成脱贫攻坚任务与全面实现小康社会提供制度保障。在这一思想的指导下,根据《中国农村扶贫开发纲要(2011—2020年)》的要求,依据《国民经济和社会发展第十二个五年规划纲要》《中共中央国务院关于深入实施西部大开发战略的若干意见》《全国主体功能区规划》与国务院扶贫开发领导小组《关于下发集中连片特殊困难地区分县名单的通知》等相关重要文件精神,位于滇西北连片特困地区的各市州在云南省委省政府的直接领导下制定了如《文山市扶贫项目招标投标工作实施意见》《普洱市文化精准扶贫实施方案》《大理州易地扶贫搬迁农村危房改造和抗震安居工程建设实施方案》《楚雄州生态扶贫实施方案》等一系列重要文件,对标对表逐项开展脱贫攻坚工作。

2. 放权地方政府,因地制宜开展脱贫攻坚工作。滇西北连片特困地区地方政府在获得上级政府的授权之后,认真开展实地考察调研,听取民情民意,并简化不必要的行政审批环节,逐步将脱贫攻坚的具体工作开展的权力授予基层政府,真正在多中心反贫困过程中实现"情为民所系、权为民所用与利为民所谋",真真正正地实施全国一盘棋,统一部署,统筹规划,各司其职,各得其所。这样的放权与基层政府的扶贫模式为滇西北连片特困地区脱贫攻坚提供了强有力的制度保障,使滇西北连片特困地区的扶贫干部可以放开手脚,为该区的脱贫攻坚工作的顺利推进作出努力。

二、在制度上:多中心协同反贫困治理建立了明确的权责体系

没有规矩,不成方圆。在多中心协同反贫困治理过程中,政策和制度扮演着重要角色,它们是实现扶贫权利公平、机会公平和结果公平的基础和保障,

同时扶贫与制度相结合是中国打赢扶贫攻坚战的兜底方案,也是落实乡村振兴战略的关键环节。伴随着脱贫攻坚工作的扎实推进,贫困性质的变化使得扶贫方式随之改变,需要相适应的政策和制度为其保驾护航,确保扶贫政策的实施效果。

1. 以法律法规为准绳,依法脱贫。依法行政是现代化法治政府最重要的标志之一,也是落实党的十八大提出的"依法治国"的根本要求和必须坚持的底线原则,更是维护贫困人口合法权益的关键路径。法律是守护正义,维护公平的利器,在多中心协同反贫困治理的过程中,脱贫攻坚工作的实施必须以法律为准绳,坚决杜绝扶贫领域违法犯罪行为的发生。在分权上,权力划分虽然是一个利益博弈的复杂互动的过程,但从本质上来说,权力既不是来自中央政府权力的向下分割,也不是地方政府权力的向上让渡,而应该来自宪法和法律的规定。因此,在多中心协同反贫困治理过程中,中央政府、云南省政府及滇西北各市(区)级政府都要严格执行国家相应的法律法规或制度文件,规范权力运行,做到权责统一,同时要求权力主体在法律规定的职权范围内管理好各自的事务并承担责任,防止在反贫困过程中,中央与地方讨价还价、避重就轻、商量着分权的做法。

2. 以可持续的政策制度为指导,确保脱贫攻坚工作顺利推进。多中心协同反贫困的治理过程不仅是一个持续性的过程,更重要的是它的联动性,即需要各个部门之间相互协同合作,这就不可避免地会发生部门与部门之间为了利益出现争功诿过之现象。因此,滇西北连片特困地区在中央和云南省政府出台的相应制度指引下,制定了与之相配套的措施,明确了滇西北连片特困地区各个扶贫部门之间的职责,建立了长效的联动机制,从制度上防止各部门的不作为或出现"三不管""踢皮球"的现象。

3. 建立科学的激励机制,激励地方政府官员为脱贫攻坚努力奋战。明确的奖惩机制是确保脱贫攻坚战持续开展的基础,科学合理、人性化的奖惩机制也是脱贫攻坚战能否继续展开的关键。在多中心协同反贫困治理的过程中,扶贫工作的高效运行需要有能力、敢作为、敢担当的领导干部带头。要提高这些敢作敢当的扶贫领导干部的工作热情，必须建立科学、合理、可持续、人性化的奖惩机制，激发广大干部扶贫干事的激情，提高其积极性，给予他们合理的奖惩和晋升渠道，用制度来鼓励和调动人，而非让想干事、能干事、干得成事的有担当、敢作为的扶贫干部不能干事、不敢干事。另一方面，扶贫制度不仅要维护贫困人口的切身利益，也要考虑基层干部的相关利益问题，允许容错机制存在，不全以扶贫成绩论英雄，允许领导干部发挥各自优势，在脱贫攻坚战过程中实施创新性的脱贫举措。

4. 健全扶贫监督机制，杜绝扶贫领域的违法犯罪行为。针对领导干部在扶贫工作中可能出现的怠政、懒政、乱政、私政、贪政，在管理扶贫项目资金时利用职务之便"吃点、占点、捞点"此类问题，一方面可通过党纪国法严加惩治；另一方面必须健全扶贫领域的相关监督机制，加强预防职务犯罪制度建设，完善可能存在职务犯罪的风险点的风险防控措施、对策，通过加强监督杜绝贪污受贿、滥用职权等腐败现象，使扶贫专项资金运作规范，操作合理，监管到位。

第二节　多主体参与：多中心协同
反贫困治理的力量源泉

2014年1月，中共中央办公厅、国务院办公厅印发的《关于创新机制扎实推进农村扶贫开发工作的意见》（中办发〔2013〕25号）中明确提出构建政府、市场、社会协同推进的大扶贫开发格局。2015年11月，《中共中央、国务院关于打赢脱贫攻坚战的决定》中指出要坚持强化政府责任，引领市场、社会协同发力，鼓励先富帮后富，构建专项扶贫、行业扶贫、社会扶贫互为补充的大扶贫格局。2017年，习近平总书记在党的十九大报告中提出：要动员全党全国全社会力量，坚持精准扶贫、精准脱贫，坚持中央统筹、省负总责、市县抓落实的工作机制,强化党政一把手负总责的责任制,坚持大扶贫格局,注重扶贫同扶志、扶智相结合,深入实施东西部扶贫协作,重点攻克深度贫困地区脱贫任务,确保到 2020 年我国现行标准下农村贫困人口实现脱贫,贫困县全部摘帽,解决区域性整体贫困,做到脱真贫、真脱贫。综上所述,党的十八大以来,党和国家领导人多次就扶贫开发工作发表重要讲话,深刻阐明了新时期我国扶贫开发的重大理论,形成了内涵丰富、思想深刻、体系完整的大扶贫战略思想。在此战略思想的指导下,我国的扶贫开发工作逐渐呈现出多中心协同的特征,形成了多中心协同下多元主体参与的反贫困力量。

本书认为,改革开放至今国家扶贫工作在不断的探索实践中经历了四个阶段。一是救济式反贫困(1978—1985 年),旨在解决人民群众的基本生活问题;二是开发式反贫困(1986—2008 年),意在制定的贫困标准线内进行扶贫;三是精准式反贫困(2009—2015 年),旨在通过开展规划到户、责任到户的扶贫工作,精准地提高扶贫效果;四是协同式反贫困①(2016 年至今),旨在强调多部门协同扶贫实现小康社会。考究中国反贫困治理的路径,不难发现,国家反贫困治理的演变既是为了满足人民群众生活的多元化需求,又是国家致力探索最优扶贫方案的结果;既是国家在新时代战略规划的必然要求,也是社会主义发展的本质需求。在国家大的反贫困治理探索历程的指导下,云南省也走出了适合本省实际的反贫困治理道路。云南省相继出台了《云南省农村扶贫开发纲要(2011—2020 年)》《云南省农村扶贫开发条例》《中共云南省委云南省人民政府关于举全省之力打赢扶贫开发攻坚战的意见》《中共云南省委云南省人民政府关于深入贯彻落实党中央国务院脱贫攻坚重大战略部署的决定》以及《云南省脱贫攻坚规划(2016—2020 年)》等重要文件,并在《云南省

---

①　协同式扶贫,即大扶贫。2015 年 6 月 18 日,习近平总书记在部分省区市党委主要负责同志座谈会的讲话中强调,扶贫开发是全党全社会的共同责任,要动员和凝聚全社会力量广泛参与。要坚持专项扶贫、行业扶贫、这府扶贫等多方力量、多种举措有机结合和互为支撑的"三位一体"大扶贫格局,健全东西部协作、党政机关定点扶贫机制,广泛调动社会各界参与扶贫开发积极性。

农村扶贫开发纲要（2011—2020 年）》中明确指出巩固和发展"政府主导、部门协同、定点扶贫、对口帮扶、社会参与、群众主体"的大扶贫工作格局。结合云南省多中心协同下多元主体参与的扶贫实践过程,研究发现:政府部门协同难以落实到实践、多中心协同下社会参与渠道较少、社会资源参与扶贫未充分利用等成为云南省滇西北连片特困地区反贫困过程中出现的主要问题。针对以上问题,滇西北连片特困地区可采取以下三点措施,确保脱贫攻坚的顺利开展。

一、多主体参与下政府内与政府间多部门协同扶贫

当前,国家治理已从传统的统治逐渐向治理转变,治理主体已不再是统治背景下以政府为核心的单一主体模式,而是向治理背景下多元主体转变,形成了由国家、社会、市场以及个人等组成的多中心或多元主体治理模式,强调多主体间的互动和合作共享。党的十九大报告作出我国社会主要矛盾已发生转变的重要结论,在此科学论断的基础上,党和国家指出要解决好发展不均衡不充分问题,提升发展质量,提高发展效率,更好地满足人民群众对美好生活的向往。中国的扶贫政策正是解决社会发展不平衡不充分问题的关键之举,扶贫的内容和形式也随着时代的发展不断在更新变化。为适应这种变化,多中心协同反贫困模式从协同理论的角度出发,要求政府内部进行协同式扶贫。协同扶贫作为一种有效的扶贫方式,它不仅关注系统中多元主体的参与和互动,更强调这些主体会在一些关键变量作用下产生新的结构和功能,发挥出更大的协同效应,能够突破参与式扶贫在激发贫困人口的内生动力、提升自我发展能力等方面所面临的困境。同时集合社会力量在群众生活所涉及的各个领域进行精准帮扶,比如医疗、教育、技能培训、科技领域等。

多元协同扶贫将政府、市场、社会及贫困人群等多方主体参与的扶贫过程看作一种集体行动,在共同目标驱动和互信互惠的基础上,各方主体综合运用权威、法律、道德以及知识协商共定行为规则,以实现扶贫系统中各要素资源

的有机组合和各主体的有效合作,最终攻克贫困问题。在进行多中心协同反贫困时,政府应该由传统的单一部门、单一领域开展扶贫转而向由政府内部各部门领导形成领导小组合力扶贫,各个领域内主管部门带头,其他部门紧密配合,明确责任范围,明晰各部门的具体责任与扶贫任务,在各领域内展开协同式扶贫,进而在滇西北连片特困地区形成"战略协同、政策协调、资金协同、宣传协同、资金协同"的"多层次、宽领域、全方位"扶贫力量,真正实现新时代大扶贫格局下的多中心协同反贫困样板。

二、多主体参与下政府、市场、社会的主体协同扶贫

我国是社会主义国家,党和政府具有强大的政治优势和资源动员能力,这是我国扶贫取得成功的关键。无论是新民主主义革命时期,还是社会主义建设的全面展开和对建设社会主义道路的艰辛探索时期,无论是"文革"时期还是改革开放新时期,中国共产党改变中国贫穷落后面貌的愿望始终没有变。①改革开放40多年来,在党的领导下,我国社会经济发展取得瞩目成就,社会参与意识与民主化程度也得到显著提高。然而,制度转型、资源匮乏、环境污染、既得利益固化等也成为摆在政府面前的难题,治理诸多新兴公共事务仅仅依靠政府这个传统的单一治理主体已显得有些乏力,调动政府、社会和市场甚至个人力量参与公共事务治理已成为一种必然趋势。因此,在政府并非万能的今天,政府必须摒弃传统统治模式下单一主体的治理理念,在反贫困战略中予以正确定位,即扮演引导者与监督者的角色,充分发挥社会组织的活跃性优势,调动各种有利于反贫困的社会力量,积极合理引导企业、社会志愿组织、公民个人等参与到反贫困战略中来,进而形成多中心协同下各展所能、各尽其长的多元参与态势,将参与式扶贫与协同理论相结合,形成多中心协同反贫困视角,实现更整体化和开放化的多主体情境下的制度性分权扶贫以及内生性脱贫。

---

① 参见文建龙:《改革开放以来中国共产党的扶贫实践》,《大庆师范学院学报》2016年第1期。

滇西北连片特困地区的扶贫工作集结了社会和企业的力量在不断摸索前行,例如,政府开展组织企业到滇西北连片特困地区进行对口帮扶活动,组织志愿者到滇西北连片特困地区进行精准帮扶,组织企业家对口资助滇西北连片特困地区贫困学子,当地企业组织对滇西北连片特困地区的贫困对象进行技能培训等。这一系列帮扶活动的开展促进了云南省的扶贫工作进度,营造了多主体协同扶贫的社会氛围,弥补了政府在反贫困过程中参与不足的问题,从而构建了滇西北连片特困地区扶贫攻坚战略任务下多中心协同的反贫困力量。

三、搭建多主体参与的多中心协同反贫困治理统一技术平台

受全球化、市场化、工业化、城镇化等多重因素的综合影响,且伴随着隐喻维度下政府由统治功能向治理功能转变,传统的管理方式难以适应当前高度复杂、风险社会等一系列新问题和新挑战,无法满足当前推进国家治理体系和实现社会治理能力现代化的要求。另外,大数据时代的到来,物联网与区块链技术应用领域逐渐增大,仅仅依靠政府的一元治理无法达到高效率的组织治理效果,多元主体的参与能发挥党委政府统揽全局协调各方的资源整合能力和社会组织调动各方力量协同配合作用,共同处理复杂多变的社会治理问题并建立一体化治理的多元主体参与机制,实现社会协同治理效果,形成解决公共事务的常态化组织治理形式。在信息化时代,如何建设多元主体(政府、社会、市场以及个人)的参与平台或协同机制,逐渐成为政府科学执政和高效执政题中应有之义。尤其是在多中心协同反贫困背景下,搭建连片特困地区多元主体参与反贫困治理的统一技术平台关乎多中心协同反贫困的成败,成为脱贫攻坚战胜利与否的关键一环。

滇西北连片特困地区的反贫困治理统一技术平台,其零散性、碎片性凸显,制约着多主体参与并发挥反贫困效能。因此,应充分利用当前大数据的战略和技术优势,通过迅速发展的互联网资源,建立线上线下联通互动的滇西北连片特困地区多中心协同反贫困治理平台。在共建共享的资源环境下,搭建

公开的线上网络参与平台,通过该平台定期公布的反贫困信息,进行大范围的招商引资、资本筹集和人才引进等,并充分发挥社会或个人作为横向监督的优越性,保证反贫困过程在阳光下进行。通过研发具有可追溯性和不可篡改性的区块链技术以及大力培育区块链技术人才,大力促进区块链技术在国家扶贫信息系统方面的推广应用,优化扶贫模式,提高扶贫对象精准识别的力度,营造多中心协同反贫困治理统一技术平台健康高效便捷的数据环境。同时,滇西北连片特困地区还可搭建线下多主体参与的实体平台,如组织滇西北连片特困地区志愿者协会、社会或个人反贫困基金会、滇西北连片特困地区贫困群众联合会以及滇西北连片特困地区产业发展协会等,吸引社会志愿性组织和个人参与到反贫困治理过程中来,充实多中心协同反贫困力量,为滇西北连片特困地区多中心协同反贫困添油助力。

第三节　差异化产业:多中心协同
反贫困治理的成功路径

1980 年"差异化"的概念首次被迈克尔·波特引入企业战略管理中,他系统性地构建了差异化竞争理论,指出了实行差异化战略是企业在激烈的市场竞争中获得核心竞争力的方式之一。而后,"差异化"被广泛应用于经济学的各领域之中,成为产业发展热词。本节从经济学的角度对差异化的产业发展路径进行解析,以寻求滇西北连片特困地区产业发展差异化战略的最佳切入点,建立起产业竞争优势,使特色产业成为带动滇西北连片特困地区经济发展的主要动力。

从经济学的视角来对差异化的产业发展路径进行解析,即主要指生产者以独特、敏锐的嗅觉捕捉到别人没发现或很少人发现的商业机会,以消费者的某些喜好为标准,生产出一些既能满足顾客需要,又能在本领域产业中以独特的优势获得市场的广泛认可的产品,从而使自己在该行业内独树一帜,起到示范、带头和引领行业发展的目的。差异化产业发展路径特别强调资源的稀缺和行业的较少竞争甚至没有行业竞争,使得捕捉到商机的差异化产业发现者成为该行业中第一个吃螃蟹的人,故能很好地占领市场,掌握消费者资源,进而实现盈利并在本产业中独树一帜成为行业龙头。差异化产业发展路径重在强调因地制宜,另辟蹊径地找到本区域的发展特色,使本区域的产业发展带有浓郁的地域色彩,并成功地避开激烈的市场竞争所导致的产业发展受阻等困境,使得产业能迅速占领市场,开创原创品牌,走差异化竞争发展之路。而对于滇西北连片特困地区的政府而言,实施差异化的产业发展路径要求地方政府根据区域优势和本地资源禀赋的原则,挖掘和捕捉到其他产业园区没有意识或很少被发掘的商业机会,摆脱同质化的竞争环境,在相同产业中形成自身的发展特色和独特的竞争优势。

在多中心协同反贫困治理路径的指引下,实施差异化的产业发展战略适合滇西北连片特困地区产业发展落后、产业发展能力低下、产业发展未成体系的现状,能够避免不同贫困地区相同产业互相竞争的情况的出现,可以最大限度地发挥不充分竞争的优势,走特色化的产业道路,避免连片特困地区在产业发展过程中出现恶性竞争,使滇西北连片特困地区产业陷入发展困境,最终导致纳什非均衡结果,进而使滇西北连片特困地区所有的产业发展受限。差异化的产业发展之路可以保护滇西北连片特困地区经济的长久稳定发展,呈现企业主体加快聚集、便利措施成效初显、改革创新亮点频出、对外影响不断扩大的积极态势,实现滇西北连片特困地区长久性脱贫。基于此,本书认为滇西北连片特困地区应根据各区域的环境资源特点,因地制宜探索独具特色的差异化产业发展路径,主要实施措施如下。

一、提升滇西北连片特困地区产业发展的"硬环境"和"软环境"

做好脱贫攻坚与产业发展的有机结合、无缝衔接。把打赢脱贫攻坚战作为实施产业发展的优先任务,保持目标不变、靶心不散、频道不换,以脱贫攻坚的扎实成果为产业发展的长期推进筑牢基础。同时要把乡村振兴战略思路贯穿到脱贫攻坚战的全过程,激活配套设施、技术和人才等乡村发展必备要素。完善滇西北连片特困地区的基础设施体系,提升产业发展的"硬环境"与"软环境",不断巩固和扩大脱贫攻坚成果。

第一,进一步统筹管理扶贫资金,统筹规划加强基础设施建设,补齐贫困地区基础设施"短板",夯实贫困地区可持续发展根基。当前,扶贫资金的来源多、渠道广,大多分散在发改、交通、农业、水利、林业、教育等职能管理部门,应整合这些多元渠道的资金,不断创新资金统筹管理方式,用足用活资金。按照"大类间统筹、大类内打通"的原则,采取规划引导统筹、重点项目主导统筹、重点部门牵头统筹、奖补资金带动统筹等办法,除老百姓的救命钱、基本民生钱、刚性需求的政策钱不能整合外,将其他所有的"零钱"整合成"整钱",基本做到应统尽统,确保统筹资金发挥更大的效益。按照资金性质、资金类别结合项目类别和支出要求,将分散在各部门的扶贫资金统筹起来,将零散资金整合成统一可用资金;制定资金统筹方案,将特色产业扶贫资金、生态补偿资金、发展教育扶贫资金、社保兜底扶贫资金、基础设施建设资金等整合使用;完善扶贫资金整合管理制度办法,严格资金使用项目的审核把关,确保资金用足用活用出成效。同时,立足于地区特色,构建外通内联、通村畅乡、客车到村、安全便捷的现代交通体系,加快同周边区域基础设施互联互通。推进深度贫困地区电网建设,加快解决网架结构薄弱、供电质量偏低等问题,保障电力供应。健全农村信息服务体系,拓宽贫困户信息获取渠道,加大对贫困地区网络基础设施建设的投入力度,提高贫困地区的网络覆盖率。加快贫困地区信息化服务普及,鼓励各大运营商面向贫困地区和贫困人口推出优惠套餐,降低网络使用成本,让信息流助力商品流、物质流、资金流等进村入户,给贫困人口带来脱贫致富新机遇。推进贫困地区环境卫生基础设施建设,加大"厕所革命"实施力度,完善垃圾站建设,改善供水体系,保障饮用水安全,改善贫困农村人居环境。

第二,增强乡村振兴的"软环境",用乡风文明、治理有效、生活富裕与服务有保障的乡村风貌吸引人才、留住人才,跑好脱贫攻坚与乡村振兴的"接力赛"。脱贫摘帽仅仅解决了现行标准下贫困人口绝对贫困问题,还需要形成支持乡村振兴的内在发展动力和自我发展能力。要完善乡村治理体系,完善村规民约,强化群众自治、自管、自律。培育良好村风民风,弘扬乡村公序良俗,革除农村生活陋习,让"法治"和"德治"相辅相成,促进农村地区形成遵纪守法、守望相助、崇德向善的文明乡风。着力加强农村贫困地区社会保障体系建设,全面落实"两不愁三保障",健全针对特殊贫困群体的最低生活保障与基本养老保险的制度安排。加强农村环境治理,推进农村生产生活方式绿色化,切实保护好农村的绿水青山和田园风光。正确把握脱贫和生态保护的关系,开发更多绿色生态产品或服务,将乡村生态优势转化为发展生态经济的优势,实现生态美和人民富的良性循环。

云南保山市贫困县施甸县山邑社区依托美丽乡村扶贫项目资金扶持,完成山邑大河整治、村组道路改扩建和"三化"工程。同时依托湿地资源建设观光园、发展农家乐,将"绿水青山"变成了"金山银山",实现了农民增收和村级集体经济同步发展,走出了差异化产业发展的"山邑模式",该模式也是云南唯一入选中组部发展村级集体经济案例选编的产业发展示范。

二、政府主导,加强技术帮扶力度

在滇西北连片贫困地区扶贫过程中,贫困群众希望通过自身努力改变贫困面貌,并且在改革开放的浪潮中,不断进行着摸索和尝试。但由于贫困地区的经济、文化、教育水平相对落后,自身能力水平有限,缺乏解决实际问题的办法,在激烈竞争的社会环境中,面临着诸多的困难和失败的考验,从而导致信心不足。因此需要在政府主导下,开展滇西北连片特困地区干部群众技术培训教育,使该地区干部群众深入学习现代生产技术,从而探得将荒野大山转变为金山银山的途径。同时,贫困群众需在专家的引领下,提高生产和生活的各项技能,提高分析问题、解决问题的能力,增强脱贫信心,使他们以更加振奋的精神状态,自力更生地全力投入到脱贫致富的行列中。为了提高滇西北地区的产业能力和贫困群众的自助能力,必须以科学技术作为支撑,瞄准提高贫困群众的内生力精准发力。技术帮扶要在发展经济的基础上,向教育、文化、卫生、科技等领域拓展,发挥专家下基层进行技术指导的好经验、好做法,促进贫困地区群众拓宽思路、提高技术水平。尤其要加大对贫困地区致富带头人的培训力度,打造一支留得住、懂技术、有能力的人才队伍。总体而言,技术帮扶涉及方方面面,需调动社会各方力量、汇集各方专家智慧、运用各种方法、利用多种渠道进行齐抓共管的系统工程。在专家选派方面,为避免临时抽调专家,造成选派不合理情况的发生,有必要建立帮扶专家库,其中,专家库成员实行动态管理,以便与实际需求进行有效对接。

三、发展差异化产业,走产业脱贫致富之路

发展连片特困地区带有区域特色的产业体系,实现该地区脱贫致富,是打造连片特困地区差异化产业的最终目的。就滇西北连片特困地区经济发展现状而言,主要呈现为"起步低发展慢"的状态,这既是挑战,也是连片特困地区面临的一大机会。因此,根据区域优势和本地资源禀赋的原则,在滇西北地区实施绿色能源发展战略,发展水电硅、水电铝材等新型材料,并应用到工业生产中去;发展绿色食品工业,利用云南具有的咖啡、茶叶、鲜花、糖、水果等各种各样的优质原材料,依托本省的农产品基地和农产品加工骨干企业,借助互联网等数字化销售平台,推进特色食品工业的发展,并加强品牌宣传和管理,形成云南特色食品名片;大力发展康养产业和生态旅游业,将滇西北乃至整个云南打造成全国健康生活居住地示范省城。

加大"八大产业"投入力度,构建现代化的产业体系。充分发挥旅游资源优势,密切结合多民族文化特色和贫困乡村资源特点,因地制宜,培育具有丰富人文内涵和生态旅游的民族村落游、乡村游、休闲游、生态游以及保健养身游等系列业态产品,打造具有区域特色、民族特点、文化突出旅游产业园区,并

促进旅游业附带的其他服务类产业的发展,使旅游产业园区成为扶贫主载体、主平台以及主战场。首先,立足于市场需求,加强各产业之间的协作,大力发展高原特色现代农业,推进特色茶业发展基地和区域性特色农产品基地建设。例如,保山市辖区内的贫困地区适合种植烤烟,当地政府便因地制宜动员贫困户种植烤烟,增加收入;迪庆州贫困地区适合开展畜牧养殖产业,当地政府便动员困难群众开展畜牧业养殖产业来增收;丽江、大理的部分地区适合发展旅游产业,政府通过整体规划调动贫困户积极性开展旅游开发来增收;大理的漾濞适合发展核桃产业种植,漾濞县便动员贫困户开展核桃种植,如今已全国有名,成为漾濞的经济支柱型产业;文山、迪庆等地区适合发展药材种植产业,当地政府在充分调研的基础上,动员贫困户开展药材种植,如今已初显经济价值;楚雄适合种植核桃,根据当地土质,选择适合的核桃苗木发展核桃产业种植,如今经济收入相当可观;红河适合种植红米,政府动员贫困户种植红米。其次,依据"互联网+"模式,开拓"大数据+高原特色农业+生态旅游业""大数据+特色茶业+观光游"融合发展的农村电商发展平台,以电商作为新引擎带动贫困地区的扶贫开发,同时培育一批管理突出、技术领先、主业发达的龙头企业,作为企业典范在全省推广开;以市场为导向,着重发展生物制药、新材料产业、制造产业、矿产资源开发等优势加工产业,与旅游业联合形成具有区域特点的产业体系。最后,加大产业布局向贫困地区倾斜力度,通过招商引资、财政支持、引进龙头产业、发展农村企业合作社等方式,大力推进农业大户、农业公司、农业专业合作社等新型经营主体建设,同时打造从生产到加工、包装、储运、销售、服务的扶贫产业链条,形成扶贫产业体系,带动贫困地区的就业。总之,滇西北连片特困地区地形各异,特色明显,当地政府和贫困户根据该地区的土壤水质及气候水文条件发展滇西北地区的差异化特色产业群,带动该地区的经济增长起来,逐渐形成滇西边境山区的产业规模经济,带领滇西边境山区困难群众脱贫致富。

第四节　跨区域共享:多中心协同
反贫困治理的要素基础

随着科学技术发展,尤其是互联网技术的快速发展以及大数据时代的到来,传统意义上资源分配不均有望得到解决,为搭建跨区域共享平台奠定了坚实的基础。随着产业经济群的崛起,跨区域共享逐渐成为各领域发展的核心要素。滇西北连片特困地区多中心协同反贫困治理表现出核心要素上的不足,没有建立跨区域共享机制,具体反映在以下几个方面:第一,滇西北连片特困地区乃至整个西部发展带还未形成共享发展的有效机制。昆明、成都、重庆、西安是西部先进生产力水平发展带的代表,以四个城市为核心构建的菱形经济圈是西部最大的城市发展带,并在联动长江经济带、对接"一带一路"国家战略上发挥着重要的引领带动作用。但是西部发展带的共享发展战略实施时间较短,协同程度较浅,各自发展的意识和模式仍居主导地位。四个城市的共享发展仍处于各自为战状态,思想活跃性与开放度不足,各地在共享发展中的辐射带动作用尚未发挥出来。第二,共享发展存在体制机制障碍。以区域为单位实施共享发展,必须跨越行政区藩篱、打破地方利益格局、超越长期固守的地方视野,而整个西部地区在这方面尚未开展有效探索。省级政府对脱贫攻坚工作的跨区域、跨领域统筹力度依然不够,没有真正建立先富带动后富、共享发展红利的有效共享机制,虽然居民消费和收入逐步提高、生活水平差距趋向缩小,但是公共产品和服务逐步均等化程度依然无法满足共享发展需求,人民群众不能完全享有人口、资源与环境和谐发展的成果。第三,在滇西北连片特困区域内部,基层政府关于本地的政策制定、执行与监督以及具体落实情况、工作的部署与完成情况等没有进行有针对性的考察,没有具体的相关政策和制度对扶贫队伍工作状况进行科学评估,缺乏考察交流的数据和材料的分享平台等。因此,针对连片特困地区跨区域共享的现状,应从下面两方面进行跨区域共享要素上的改良。

一、跨区域共享,实施"走出去"战略

习近平总书记2015年初到云南考察时指出,"云南经济要发展,优势在区位、出路在开放"。云南省充分利用沿边开放区位优势,与南亚东南亚11个国家和33个城市建立友好发展的朋友圈;借助海上丝绸之路和"一带一路"的发展优势,打通与越南、老挝、缅甸的贸易流通,主动服务和融入"繁荣之路";通过旅游业的优化升级,农业、服务业与大数据发展战略的融合,借助"互联网+"发展模式,主动服务和融入"创新之路"建设;以发挥"区域比较优势,本地资源禀赋"为主要原则,建设美丽县乡特色小镇,同时实施绿色能源发展战略,打好绿色能源、绿色食品、健康生活目的地这三张牌,主动服务和融入"绿色之路";发扬滇西北地区多民族特色文化,传承民族服饰文化,打造民族特色的文化旅游名片,主动服务与融入"文明之路"。以"开放、发展、创新、绿色、文明"为路线,打通"6+1"资源通道,即基于信息流的信息服务和信息产业,基于资金流的金融服务和金融产业,基于人才流的人才服务和人力资源产业,基于技术流的技术服务和高新技术产业,基于物资流的现代物流服务和物流产业,基于制度流的投资贸易便利化机制,并且着力打造联通丝绸之路经济带的国际贸易大通道重要支点,实现真正意义上的跨区域共享。

授人以鱼,不如授人以渔。面对跨区域共享,互利共赢的战略机遇,政府在滇西北连片特困地区开展扶贫工作时,务必要充分发挥滇西北连片特困地区的自身特色,推动特色经济发展,吸引外来资本的投入,实现长久脱贫。例如,普洱充分利用普洱茶的优势,打造旅游胜地、养生天堂,不断吸引外资,推动本地区的经济增长;云南的直过民族地区,开展了民族文化交流,申请民族特色保护,打造民族特色旅游,推广直过民族纪念品等,真正从根本上帮助连片特困地区困难群众脱贫;大理以上关花、下关风、苍山雪、洱海月的自然绮丽景观结合白族民俗文化,加大"自然风光+民俗旅游胜地"的打造与宣传,再次

掀起了大理的旅游热,带动大理经济发展;西双版纳在特色旅游小镇打造的浪潮下,以西双版纳独有的"热带雨林景观+傣族民俗文化"掀起旅游的热浪,为西双版纳经济发展助力;保山以腾冲为打造的亮点,大力发展"温泉+自然景观"观光旅游热点,吸引了海内外大批游客,有力推动了当地经济发展。这样的特色脱贫致富案例在云南举不胜数。滇西北连片特困地区干部群众积极运用数据、资源共享的互联网平台,将当地的特色手工制品、药材、农产品等通过互联网、电子商务等形式进行网上销售,向全省、全国乃至全球推广,逐渐形成网上特色产业链,带动了云南贫困地区的经济的发展,引领当地群众脱离贫困。根据互联网站公布的数据显示,近年来直播发展最好的几个省区里云南占据一席之地,特别是大山深处的贫困群众,借助互联网平台开展直播或经营网站将当地的农副产品、药材等在全国甚至是跨境进行销售,产值惊人,经济收益巨大,带动了区域经济发展。同时,很多云南人烟稀少的地区通过开展直播聚集了人气,成为旅游达人的目的地,带动了区域经济发展和人均收入的增加。另外,滇西北连片特困地区有较长的边境线,在维护国家的安全的前提下,滇西北连片特困地区通过打造边境贸易点,开展边界线旅游,增添了边境贸易活力,盘活了边境地区特色产业经济,带动边境地区困难群众致富脱贫。

二、跨区域共享,实施"请进来"战略

滇西北连片特困地区的多中心协同反贫困,不仅要走出去,还要请进来。首先,在国家的扶贫战略与跨区域共享背景下,滇西北连片特困地区的干部群众在中央提出的"四个全面"战略布局下,全面树立"创新、协调、绿色、开放、共享"的"五位一体"发展理念,发挥社会主义国家的政治优势与制度优势,形成中央与地方相结合的内生扶贫动力,建立社会与市场、行业专项相结合的外部帮扶力量,主动寻求与全国发达城市进行脱贫帮扶对接,形成一个发达城市帮扶一个贫困县、乡甚至村的对口帮扶机制,从而有效运用发达城市的资源优势,积极学习发达城市的脱贫致富经验,从中获得发展红利,真正实现脱贫致

富。其次,引入技术人才和新兴技术。通过区域数据共享,政府事先有针对性地了解所需技术人才状况,根据实际以签订长效合同或给予待遇优惠的方式引进人才,同时引入发达城市的技术人才和新兴技术,承接发达城市的产业转移,带动滇西北连片特困地区经济发展。最后,完善大学生人才引进计划。制定合理完善的大学生人才引进计划,对来到连片特困地区的大学生提供一定的保障,从而实现吸收一批有志且有干劲的大学生到贫困地区来,为滇西北连片特困地区输送新鲜的血液,形成新的扶贫干部队伍,使之带领连片特困地区困难群众转变发展理念,真正脱贫致富,实现全面小康。

第五节　联席性商议:多中心协同反贫困治理的机制

20 世纪 80 年代以来,商议民主形式成为民主理论的时代潮流。德雷泽克认为,"在第二个千禧年的最后十年,民主政治理念有了强烈的商议趋势。商议作为一种社会过程,与其他种类的沟通方式的不同之处在于商议者在互动的过程当中可以通过相互说服(非强制、操纵或欺骗)而改变他们的判断、偏好与观点,民主政治的本质现在广泛地被认为必须是商议的,而不同于投票、利益集结、宪法上的权利或乃至于自治。商议的趋势呈现重新关注民主政治的真实性,民主控制的程度是实质性的,而非象征性的,并且是具有能力的公民参与其中"①。在社会民主政治进程日益加速和民主政治质量提升的驱动下,商议民主不仅运用于政治领域,也逐渐进入应用领域进而成为处理公共事务有效的联席性协商机制,成为政治、社会生活中不可缺少的一部分。

多中心协同反贫困治理本身需要联席性商议机制。随着社会经济的发展,民主程度的日益提升,社会组织和个人逐渐改变了以往公共事务事不关己

---

① John S., Dyzek, *Deliberative Demoracy Beyand: Liberals, Critics, Contestations*, New York: Oxford University Press,2000,p.11.

的态度,开始自发地参与到公共事务管理过程中。简而言之,反贫困已不再是传统意义上单一部门的扶贫模式,而是正逐步转变为多中心协同反贫困模式,即政府内部各个部门相互配合、互相合作共同反贫困的过程与政府主导下吸引各行各业的社会力量参与、各尽所能的反贫困过程。就滇西北连片特困地区在多中心协同反贫困模式下的联席性商议而言,如何协调各方力量有序参与到反贫困过程中,如何将筹集到的各类反贫困资源以更优的方式分配到最需要的困难群众手中,如何使各参与主体心往一处想、劲往一处使,成为摆在连片特困地区的各个反贫困主体面前的一大难题。作为多中心协同反贫困的重要机制,联系商议便在其中扮演了承上启下的关键角色,成为各参与主体相互协商反贫困战略决策的协商平台。而如何构建多中心协同反贫困的联席性商议机制,则成为一个关键的问题。滇西北连片特困地区应采用了以下做法。

一、培养联席性商议意识

在专业分工体制下,各行政部门的工作职能、组织结构、部门利益、政策目标和工作方式等都存在差异,这使得各部门之间存在着潜在的利益冲突,由此造成了"部门主义"和各自为政的现象,使得政府政策执行困难重重,很大程度上影响了政府的形象和治理绩效。而在联席性商议制度下,来自不同主体的单位或个人,为了解决一些相对复杂的跨部门、跨领域甚至跨区域的公共难题,由上级主体或一方参与主体牵头,进行相互沟通协商、相互合作来解决公共问题已经成为一种新趋势。然而,在民主化程度日益提升的当今社会,虽然社会组织和个人都具有较强的意愿参与到社会公共事务中,但大多数组织或个人仅具备了参与意识而缺少协商意识,没有领会协商协同的重要性。此外,许多政府部门由于以往单独工作的惯性,习惯于独自行动而忽视了整体协同,结果往往造成资源浪费而没有做成实事,或对同一件公共事务使用不同的资源,造成资源使用的重复浪费。因此,构建联席性商议机制的前提——树立联席性商议意识迫在眉睫。滇西北连片特困地区以区域发展规划为指导,通过各种党政行政会议、宣传活动、小组活动强调片区总体的发展,让各个部门紧密围绕区域发展规划目标和部门职责,放弃小部门的意识,充分融入到滇西北连片特困地区大发展的目标中,不断增强大格局、大发展、大部门、大政府、大商议的整体性发展意识。

二、组建联席性商议领导机制

我国是人民民主专政的社会主义国家,国家性质决定了我国人民代表大会制度的政体形式,也就决定了中国共产党领导下的多党合作和民主协商制度,从而形成我国独具特色的民主集中制,并贯穿于中央、各级地方政府,各企业、事业单位中。联席商议作为民主的一种形式,主要是指代表各自利益诉求的参与主体在解决一些相对复杂的跨部门、跨领域甚至跨区域的公共难题时相互沟通协商、相互合作的互动过程。对于扶贫工作而言,其工作的开展需要省扶贫办、财政厅、农业厅、科技厅等多方协调才能共同完成,因此,组建联席性商议领导机制成为大势所趋。组建联席性商议领导机制要在国家大扶贫战略背景下,由上级部门统筹下级部门,让下级部门领导组成联席性商议领导小组,在每个领域由主管部门牵头开展反贫困工作,从而形成有效的联席性商议机制。在滇西北连片特困地区多中心协同反贫困治理过程中,滇西连片特困地区通过组建重大事件联系商议领导制度,对涉及多方利益分配的问题在由各部门统一协商,一并解决,形成非常融洽和高效的联席性商议领导机制。

三、完善权责统一机制

权力具有分配社会资源的特殊优势,权力如果缺乏监督和约束,不在阳光下运行就容易发生腐败现象。在传统治理模式下,监督和制约权力的主要途径是加强制度建设,织密权力监督的制度笼子,形成约束权力的监督制度,其基本点在于完善权责统一机制。从法理视角而言,权力与责任或义务是有机统一的正相关关系,没有无责任或义务的权力,也就没有无权力的责任或义务。换言之,一份权力必然负有一份责任或义务,尤其是对于国家治理组织或人员而言,拥有权力的大小就决定了其负有责任的大小。基于此,滇西北连片特困地区多中心协同反贫困联席商议作为多中心协同的反贫困治理的重要机制,重视将权力与责任做到匹配。具体而言,滇西北连片特困地区多中心协同反贫困联席商议机制明确规定了每个部门的权力与责任,制定领导和部门问责制,将责任落实到人,落实到事,防止一些领导或部门办事前讲大话、空话、套话、假话与官话,在做事中歪曲执行、打折执行,甚至不执行,在做事后功则相争、过则互诿等不负责任的现象,确保联席商议的合法性、合理性与有效性,从而更好地发挥联席商议的职能和作用。

本章以多中心治理理论为基础,扎根实际,找准云南反贫困治理存在的问题,从"负责人制度性分权:多中心协同反贫困保障""多主体参与:多中心协同反贫困力量""差异化产业:多中心协同反贫困路径""跨区域共享:多中心协同反贫困要素""联席性商议:多中心协同反贫困机制"五个方面建构了滇西边境山区连片特困地区多中心反贫困治理模式。滇西北连片特困地区多中心协同反贫困治理模式是滇西北连片特困地区多中心协同反贫困治理取得良好成效的根本保证。滇西北连片特困地区在国家扶贫政策的指导下,在云南省政府的带领下,原创性地构建了滇西北连片特困地区多中心协同反贫困治理模式,在滇西边境山区的脱贫攻坚过程中发挥了积极的作用,取得了喜人的成果。本章期冀从理论和制度设计上对云南全面建成小康社会、国家全面决胜脱贫攻坚作出应有的探索,也期望本章构建的多中心协同反贫困治理模式能够为全国的脱贫攻坚提供云南样板和云南智慧。

第七章　2020 年后中国反贫困治理展望

党的十八大以来,中国摆在了治国理政的优先位置,持续加大对贫困地区的支持力度。党的十九大进一步明确将精准脱贫作为决胜全面建成小康社会必须打好的三大攻坚战之一,并且对脱贫攻坚作出了新的战略部署,强调要动员全党全国全社会力量参与,坚持精准扶贫、精准脱贫,确保 2020 年我国现行标准下农村贫困人口实现脱贫。作为学术研究,必须具有前瞻性和科学性,现在摆在中国政府及人民面前的艰巨任务是在 2020 年消除绝对贫困之后,我国又会面临着如何缓解相对贫困、建立长效脱贫机制以及脱贫攻坚与乡村振兴和乡村产业发展、人才培养等问题,那时科学技术和科技创新对新时期的可持续减贫及绿色扶贫治理将发挥什么样的作用值得探讨。本章将分别从科学技术赋能脱贫攻坚、2019 年诺奖减贫随机实验法对中国减贫脱贫的启示、解决相对贫困问题、实现新时代城乡一体化发展、乡村振兴接棒精准扶贫五个方面对 2020 年后我国贫困治理领域的研究趋势和作用进行探讨,期冀为未来扶贫工作的创新发展提供一些新的思考和借鉴。

第一节　科学技术赋能脱贫攻坚

随着扶贫脱贫工作的不断推进,尤其是随着精准扶贫战略的提出和实施,我国脱贫攻坚成果显著。但在脱贫减贫道路上仍然面临着诸多困难和挑战。一是我国大多数贫困地区位置偏僻、环境恶劣,交通不便、经济薄弱,使得产业扶贫、医疗扶贫、教育扶贫等扶贫工作开展较为困难,脱贫减贫工作实效性较差。二是随着我国扶贫强度的不断加大,贫困人口的贫困诉求发生了重大变化,由最开始的"解决温饱"逐步向"巩固温饱、提升自我发展能力、改善生存环境、提升生活水平"等方面转变,因此,新时代如何运用科学技术和科技创新来推动贫困地区扶贫工作的可持续发展成为考验政府执政能力的重要内容。

一、科技创新助力脱贫攻坚,促进贫困地区可持续发展

进入新时代以来,我国加快了科技成果转化的步伐,高铁、桥梁、电子商务等科技成果在提高我国国际竞争力的同时,也为我国精准扶贫战略的实施和发展注入了新的活力。

(一)基础设施建设赋能中国减贫

第一,中国高铁赋能中国减贫。中国高铁从无到有,从弱到强,正潜移默化地改变着世界速度,成为中国科技创新成果的一张名片。如今中国高铁动车组技术已达到世界先进水平,在 254 项国际动车重要标准中,中国标准占据 84%,处于绝对的领先地位;时速 400 公里的高铁自动驾驶技术,更是国际首创,极大地增强了我国高铁在国际中的核心竞争力和话语权。高铁的顺利建成和运行将给贫困地区的经济发展带来极大改观。首先,在高铁开通的省、市、县及高铁沿线地带会应运而生一些产业和产业链,特别是服务类产业,能创造丰裕的就业岗位,使贫困地区群众"足不出户"就能找到稳定工作并获得相应的收入。其次,便利的交通也将对贫困地区旅游扶贫带来发展机遇,通过以"高铁+旅游+扶贫"为引擎来拉动贫困地区的旅游业发展,进而促进当地的经济发展,帮助贫困群众早日脱贫致富,奔向小康。

第二,中国桥梁赋能中国减贫。随着中国工业化程度的逐渐提升以及科学技术的不断进步,中国在桥梁建设方面取得了辉煌的成就。从数量上看,截至 2020 年 7 月 1 日,中国共有公路桥 82 万座,铁路桥 23 万座。在世界桥梁排前 10 的名单里。"中国桥"占极大比例:跨海桥梁中国占 6 座,悬索桥中国占 6 座,斜拉桥中国占 7 座,拱桥中国占 7 座,梁桥中国占 5 座。从质量上看,中国桥梁也创造了多个世界第一。我国桥梁建设在提高国际竞争力的同时,也为扶贫事业作出了贡献。首先,它解决了交通问题,尤其在环境恶劣的贫困山区,通过桥桥相连,使贫困地区优质的农产品不因交通问题而滞销,便利的交通促进了产业扶贫的更好发展,使更多的企业将基础设施急需材料搬驻到贫困地区。其次,桥梁建设促进了贫困地区经济社会发展,一定程度上提升了区域的整体形象。同时完善的区域桥网使村民的日常活动更便利,方便居民出行。

第三,中国电商赋能中国减贫。2019 年中国农业科学院发布的《中国农业产业发展报告》数据显示,农村产业融合发展已成为农村经济发展的新趋势,有效地拉动了国民经济的增长。其中,电商平台作为兴农助农、科技助农、科技扶贫的新生力量,正在发挥着关键作用。以淘宝、拼多多、小象优品为代表的电商平台与贫困地区产业扶贫相结合,深入发力精准助农惠农,切实解决了贫困地区农产品销路难、易滞销等问题,增加农民收入的同时也将优质农产品销往全国,建立良好口碑,实现特色农产品品牌化,帮助农民脱贫致富。如陕西省武功县借助淘宝大学平台,通过培训、提供电商企业就业岗位、网上销售农产品、发展电商农产品基地以及带动贫困户发展产业等途径,直接或间接帮助贫困户增收。

(二)科技创新促进农民增产增收、脱贫致富

我国贫困地区的农业发展滞后,农民收入水平低下。通过科学技术和科技创新手段改变农民的生产方式,提高其生产效率,促使农民增产增收,对提

升贫困人口的生活幸福感具有重大意义。曾经在人民大会堂"吆喝"卖土豆的云南农业大学名誉校长兼植物病理学专家朱有勇院士，用创新技术带领贫困地区村民种植"神奇土豆"和"有机三七"，带动农户增产增收，使得云南贫困地区的一个个村寨相继摆脱贫困，改变了当地贫困落后的面貌。朱有勇院士为了将先进的生产技术和科技成果真正应用到田间地头，直接把家和工作站安在了云南省澜沧拉祜族自治县，跟当地老百姓一起同吃同住，共同劳动，一次次走进田间地头进行实地调研，带领团队和村里百姓一起栽种马铃薯和三七药材。为了让村民脱贫不返贫，朱有勇院士还为农民们开办了技能培训班，除了教农民马铃薯种植技术和林下有机三七种植技术以外，还开设了冬早蔬菜、茶叶种植、林业班、猪牛养殖场等技能班，先后培养了1500多名农民学员。几年下来，每户农民收入从2500元增加到7000元，利用开发的山地和林地种植有机三七中药材的农民每亩收入可达7万元，真正意义上实现了农民的增产增收、脱贫致富。

(三)科技创新推动农村可持续发展

要实现我国农村贫困地区的健康可持续发展，增强贫困人口的生活幸福感和获得感，必须对贫困地区的贫困程度和贫困特殊性进行精准识别，结合科技的力量，帮助贫困地区人民快速脱贫。在对贫困地区实施扶贫的过程中，必须遵循科技规律，充分考虑脱贫攻坚阶段的特殊要求，积极推动科技支撑精准扶贫方式的完善和创新；因地制宜，针对致贫原因和特点，加大科技力量在贫困地区的有效供给，并借鉴我国市场运营的先进管理经验，引入市场力量，培养贫困农户科技致富的积极性与市场竞争意识；发展以互联网技术和大数据为核心的精准扶贫网络体系，精准把握贫困人口的科技需求，建立农户与扶贫主体合作共赢的结合机制，并实施具有针对性的个性化科技服务方式，以达到改善生活质量、灾害疾病预防等目的；同时深入贯彻落实可持续发展理念，通过先进的科学技术和科技创新，改变落后陈旧的生产方式，加大成果创新和技术推广,保护当地资源,治理环境污染,改善当地的生态环境,以新技术与新成果的切入,增强贫困农户的可持续发展能力,彻底打破贫困地区"贫困的恶性循环"状态,实现农村的可持续发展。

二、探索"区块链+扶贫"模式,实现数据扶贫的创新发展

区块链是使用密码学加密、按照时间顺序将数据区块进行组合的一种全新链式数据结构,它具有可追溯性、不可篡改性、共识机制以及去中心化与分布式账本等特性。2019年习近平总书记在中央政治局集体学习时强调,要积极推动区块链技术在精准扶贫等领域的应用,为人民群众提供更加便捷、更加优质的公共服务。区块链技术在我国的应用领域大、前景广,将为2020年后可持续减贫注入新的能量。探索并建立"区块链+扶贫"的可持续减贫模式,利用区块链的不可篡改性、可追溯性以及去中心化等核心技术可以解决扶贫工作中出现的数据失真、扶贫资金管理混乱以及评估机制落后等问题。这一技术还可应用到数据管理、扶贫资金监管和脱贫减贫成效考核等方面,有效解决扶贫过程中存在的问题,提升贫困地区扶贫治理效果,高质量地推进中国可持续减贫的实施。

(一)区块链不可篡改性提升扶贫数据的真实性

在传统的扶贫数据管理体制中,高层级的数据管理者在数据的核查、篡改以及销毁等方面拥有更广泛的控制权,一般管理者难以获得管理权限,致使数据效用无法得到有效保障。区块链技术的不可篡改性可以保证区块链中每个主体都拥有平等的使用权,扶贫数据一经上传确认后便无法更改,而那些有意图篡改或者销毁数据的行为也会被实时监控记录下来。正因为修改数据时必须征求其他主体的确认,而单个主体试图篡改数据、销毁数据的行为都会被拒绝,因此区块链技术能有效地保证扶贫数据的真实性,为进一步精准减贫提供数据基础。

（二）区块链可追溯性助力扶贫资金精准使用

扶贫资金是国家为了改善贫困地区贫困户的生产条件和生活质量，支持贫困地区经济事业发展而设立的专项资金。但在扶贫资金实际发放过程中，地方官员冒领挪用、贪污截留等现象时有发生，使到达贫困户手中的扶贫资金"变质"，导致扶贫质量下降。区块链技术的可追溯性引入时间维度，对每一笔扶贫资金最开始的审批到最后的使用时间进行全记录，保存在一个区块中且无法更改，可有效地杜绝扶贫资金管理过程中冒领挪用、贪污截流等现象的发生。另外，当发生扶贫资金被挪用或截留的行为时，可利用区块链技术对每个区块进行核查，找到相应的操作主体并进行问责，确保贫困地区和贫困户领到真实的扶贫资金，实现扶贫资金管理"溯源"，从而真正提高扶贫资金的使用效率，避免扶贫资金的滥用、低效使用、挪用、贪腐等情况的发生。

（三）区块链去中心化特性助力精准脱贫考核

我国大部分贫困地区都是采取传统的脱贫绩效考核方式，即通过上级部门委托第三方机构到贫困地区进行考察、听取报告等方式进行脱贫考核。这样的考核有其可取之处，但这种第三方考核形式无形中增加了贫困地区扶贫相关部门和干部的压力，使得他们更看重上级领导的考核工作，将更多的精力投入文本汇报、领导接待和相关考核数据整理等面子工作上，从而忽略了扶贫工作的本质意义。区块链的去中心化技术能确保在区块链网络体系里的无核心管理机构中，每个主体都拥有平等的权利和义务。具体而言，即采用数学方法，根据人与人之间的信任体制建立一种分布式节点的信任关系网络，以确保在没有人授权信任的情况下进行交易。当进行脱贫绩效考核时，通过该技术可将社会意见纳入到考核体系，引入基层主体，同时结合传统的书面考核方式，形成两种考核并存的多元渠道、多元主体、多维指标的考核体系，使上层领导通过该体系能更加重视基层群众的声音，并将基层意见反映到扶贫工作中，把上级领导的考核与下层群众的把关结合起来,以便随时调整工作方向和方法,省时省力并且能确保扶贫工作的有效开展。

作为一种新兴互联网技术,区块链技术的应用对扶贫领域的扶贫理念、技术和方式等进行了很大程度的更新与变革,有效地提高了数据真实性,加强了扶贫资金的监管以及脱贫考核力度。但区块链技术还未完整应用到扶贫领域中,在技术、人才、法律方面都存在许多问题和挑战。但作为未来一类强大的信息处理技术,区块链在精准扶贫领域的应用仍具有不可限量的优势和发展前景,它的宣传、推广和应用都需要经历一段时间的适应和考验。理念层面的"破"与"立"是区块链应用到扶贫领域的前提,只有政府和各帮扶主体转变传统观念与方式,重视区块链技术的应用,才能推动技术的发展和革新。总而言之,将区块链技术应用于精准扶贫领域的前景是可观的、方向是正确的、技术是可行的。特别是在精准扶贫的压力型体制下,区块链技术应用并未触及制度政策层面,而是直接将新兴技术融入扶贫工作,区块链的技术优势能显著提升精准扶贫的治理绩效。①

三、拓展人工智能开发领域,有效提升扶贫工作效率

人工智能技术(简称 AI)是指用编好的计算机程序来代替人们完成一些工作,它具有智能化、技术化和专业化等特点。精准扶贫的精准性要求对贫困户进行精准判断,精准识别其致贫原因,从而提供专业化和个性化的扶贫政策和项目。AI 智能识别功能有效解决精准扶贫中这一问题,它可以利用音频识别、智能图片、数据转换等技术对精准识别领域中贫困户的资料进行搜集、处理和分析,精准识别贫困对象;在致贫原因方面,针对贫困户的家庭环境和生活质量,可利用 AI 智能化、个性化的特点,为贫困人口制定专属的扶贫方案和项目,实现真正意义上的精准帮扶。

---

① 参见戚学祥:《精准扶贫+区块链:应用优势与潜在挑战》,《理论与改革》2019 年第 5 期。

（一）人工智能助力农村线上销售平台建设

伴随人工智能领域的突破性发展,众多行业正经历一场颠覆性的革命。结合人工智能的智慧定位、智慧销售和智慧预测功能,重塑农村线上销售平台成为未来农村电子商务发展的必然趋势。在我国实施"互联网+"战略的大背景下,与互联网相关的基础设施在贫困地区逐渐完善起来,农村产业发展模式也在不断变革。培育和壮大农村电商新型业态,能有效推动贫困户就业创业,提高贫困户致富增收能力。贫困户可利用人工智能智慧化的定位、销售和预测功能,以互联网为媒介,将生产者与消费者直接联系起来,改变传统线下交易的多环节商品流通模式,降低农户寻找交易对象、谈判议价等交易成本,并通过人工智能推荐技术的短视频平台扩大销路,拓展"造血式"的销售渠道,提高产品销售收入,进而达到减贫的效果。

（二）"人工智能+教育",助推教育扶贫新发展

贫困地区在师资、设备、经费等诸多方面均处于不利地位,再加上单一传统的教育模式,孩子们极易产生厌学情绪。另外,落后的思想观念也使得很多家长不重视子女的教育,致使贫困地区整体的辍学率高升不降。通过采集学生数据,人工智能技术对其进行智能分析和处理,为每个学生量身打造适合自己的学习模式,并挖掘和发展学习兴趣,提高学生们的学习效率,减少在教育中因"金钱"犯难的障碍。另外,人工智能技术也能筛查贫困地区的文盲群体,在精准确定对象后,通过视频宣讲和课堂教育等方式,提升贫困地区人员的素质,提高家长对教育重要性的意识程度,防止因教育不足引起的贫困代际传递现象。

（三）"人工智能+农业",助力农业智能化发展

随着人工智能技术的不断发展和进步,智能农场、智能渔场、智能果园等

新型智能产业将会在未来快速兴起。智能机器人将代替人们进行播种、捕捞、采摘等农务活动，这将有效提高农业生产效率；同时智能病害虫防治、智能气象灾害预警、智能水质检测等智能识别，将有助于减小自然灾害对贫困地区带来的负面影响，促进种植业和养殖业的发展，大大地降低贫困人口因灾致贫的概率。

四、5G 技术创新教育医疗扶贫模式

（一）探索"5G+教育"模式，实现优质教育资源共享

近年来，为了让贫困地区共享优质教育资源，各地积极创新教育模式。例如，云南省昆明市禄劝一中联合成都七中开展"互联网+教育"模式，将成都七中的语数外、理化生等主要课程，通过网络授课、直播教学等形式，引入中学生课堂，展开初高中直录播教学，既共享了优质教育资源，又提高了教学质量，使禄劝一中各班升学率大幅提高。由于各贫困地区的通信网络和宽带网络建设尚不完善，一定程度上影响了教育质量。虽然随着 4G 网络在贫困地区的普及，这一状况有所好转，但仍然存在一些亟待解决的顽疾。例如直播过程中，因为宽带窄、网络信号不稳定等原因会出现画面卡顿、声音延迟、反复掉线等问题；网络延迟较大致使教学时无法在线实现师生之间的互动，只能依靠单一的视频教育方式，课堂效果不佳，学生积极性降低，达不到预期的教学目标和教育效果。而 5G 网络容量大、低时延、高可靠的特性，使得高清网络课程直播再无卡顿和延迟感，能确保网络连接的稳定，进而实现师生随时的有效互动，在线即可答疑。同时还能实现 VR 技术应用，创造身临其境的教学环境，提高学生们上课的专注度。另一方面，5G 网络海量物联、连续广域覆盖等特性使得在恶劣环境下高速稳定上网的时候也可对教育资源进行整合，使优质的教育资源能第一时间传递到贫困地区，让贫困地区的孩子们即刻享受到和城里学生同等的教育资源，实现教育资源的信息化、公平化，促进优质教育的

均衡发展。

（二）5G 技术促进健康扶贫与旅游扶贫更好发展

贫困地区的医疗水平低、设施条件差，且人们缺乏基本的健康意识，致使"因病致贫""因病返贫"等现象时有发生。而 5G 远程医疗技术将彻底改变这一现况，医疗专家依靠 5G 网络技术，采用远程影像、远程会诊、远程手术、远程培训等新医疗方式，使贫困地区的群众可同城市居民一道享受先进的优质医疗资源服务，不仅提高了贫困地区的整体医疗水平，而且有效解决因病致贫返贫问题。另外，5G 网络平台的开拓还可以推动贫困地区农业和种植业的迅速发展，借助"多媒体+助农"的扶贫新模式，将短视频作为信息传播工具，可帮助乡村产品和乡村旅游资源宣传，打造"特色村域系列"旅游品牌，赋能乡村农人，实现"造血式扶贫"。

五、"大数据+扶贫"模式，提升减贫脱贫质量

在信息化、智能化、网络化时代，先进技术的应用对提升扶贫工作效率、改善贫困地区环境、提升贫困群众自我发展能力起到了重要作用。大数据作为一种国家层面的实施战略，对打赢脱贫攻坚战、顺利完成全部脱贫任务提供数据支持。运用大数据对贫困信息进行整理、分析和评价，可以有效地提升扶贫工作效率。

（一）贵州省"大数据+扶贫"模式的经验

贵州省近年来持续推动"大数据+扶贫"模式，利用大数据解决扶贫工作中出现的问题，不仅加快了脱贫进程，而且脱贫质量也得到快速提升。例如，贵州人和致远数据服务公司以全省自然村为基点进行数据精准搜集，搭建人和数据管理平台，对搜集的数据进行融合、分析，再根据农民的致贫原因、就业意愿为其制定帮扶措施和培训计划，超过 40 万贫困户从中获益。除了人和数

据搭建的平台外,贵州省铜仁市运用大数据搭建了"铜仁扶贫云平台",该市每村每户贫困人员的基本情况,图文并茂,一目了然。该平台还应用大数据手段对贫困户的致贫原因进行分析,并对其精准施策。

同时,贵州省的"大数据+教育精准扶贫"模式走在了全国教育扶贫的前列。全省共同倡导教育发展理念,省政府每年在教育精准扶贫项目上投入约6%的财政经费,并且带动地方学校实施教师队伍素质提升计划、精准资助学生和惠民计划等八项措施。同时省政府还采取"一对一"结对帮扶的形式,让省内教育发达地区带动教育落后地区,致力于优质教育资源的共享。

(二)大数据+扶贫模式,促进社会公平正义

根据联合国发布的《2030年可持续发展议程》,在未来,大数据将会更大程度应用到扶贫工作中。根据大数据精准识别扶贫对象,制定跨部门的联合扶贫政策,动态监测扶贫对象变化情况以及有效地对扶贫资金流动过程进行监管,不仅大大提高了扶贫工作的效率,提升了信息分发效率和精准度,还有效地加强了资源调配效率和实施效果,消除了不平等陷阱,提升了社会的平等性。通过大数据对扶贫资源进行统筹整合,然后精准分配到贫困地区,使扶贫资源得到更好地发挥,大力提升了脱贫质量。

第二节　减贫随机实验法对中国
减贫脱贫的启示

一、减贫随机试验法

2019年诺贝尔经济学奖颁发给三位致力于减贫利民的发展经济学家——阿比吉特·班纳吉(Abhijit V. Banerjee)、埃丝特·迪弗洛(Esther Duflo)和迈克尔·克雷默(Michael Kremer),以表彰他们"在减轻全球贫困方

面的实验性做法"。这个方法便是检测有效性的"黄金准则"——随机试验法。这种方法可以简单理解为,假如检测一种药品是否有效,将参与者分为两组,一组进行药品试验干预称之为实验组,一组不进行试验干预称之为对照组,将两组结果进行对照,二者之间的差异就是药品的有效性。他们把这种方法很好地用在了减轻全球贫困问题上,在测试试验中,班纳吉与迪弗洛为了测试驱蛔虫药对肯尼亚儿童上学出勤率的影响,对肯尼亚几所小学的学生进行随机试验,将孩子们分为实验组和对照组。实验发现使用驱蛔虫药物的孩子健康状况更好,上学出勤率更高,学习的更加专注,可以更好地完成学业,长大后收入相对会更高,因此支付的税收也更高,进而能为国家创造更多的收入财富,而且驱蛔虫药品成本低、见效快。这意味着,如果肯尼亚所有人都不受蛔虫困扰,整个国家经济收入将提高,人民生活也将更加幸福。

随机试验法在全球减贫利民领域作出了重要贡献。首先,它将全球贫困难题分解成一个个精确微小的问题,通过对这些具体问题的研究,得到更有效更科学精准的解决方案。例如,在印度,为了找到提升学生成绩的方法,他们针对教育方法、心理辅导、教师素质等方面设计实验,来验证实试验干预的效果。这一研究使辅导学习计划在印度得以实施推广,并让 500 万儿童从中受益。其次,研究者对实验对象进行一定的控制和分配,从而降低选择偏差,并在现有理论知识水平上来测试可能有效或者未来有效的新政策。这种方法不仅具有学术严谨性,还从多方面、多角度、多视角解决了具体人群的特殊问题。

二、减贫随机试验法在五大减贫方面的应用

三位获奖者成功地把随机试验方法用在了教育、健康、性别和政治、行为偏向以及信用五大方面,为全球减贫的发展作出了突出贡献,特别是对中国的减贫探索提供了很好的借鉴价值。

在教育方面:班纳吉和迪弗洛通过随机试验研究了不同教育方式对学生成绩的影响,发现使用计算机来辅助学习,可以显著提升学生们的计算能力和

学习成绩,并发现老师性别和年龄对于差生成绩有显著影响,年轻女老师对于差生成绩的提高帮助最大。在印度,他们发现高强度的激励措施可以降低老师的缺勤率,同时能提高课堂质量,学生们的学习成绩也随之得到提高。三位获奖者在过去20多年的时间里对全球较贫困的发展中国家进行了百余次教育随机性试验,也得到了越来越多有助于减轻当地教育贫困的研究结论,例如改进传统的教学方法、改善学校治理和学校环境、提高教师责任感、改进激励机制、日常教学应该与学生学习水平相匹配、多鼓励学生等措施效果极佳。

在健康、行为偏向方面:克雷默、迪弗洛和斯坦福大学的杜巴斯在非洲的一些发展中国家里进行了健康、农业和行为偏向随机性实验。他们发现,贫困地区青春期女孩的辍学率、结婚率、怀孕率和得性病的概率普遍很高,通过发放教育补贴可以有效改善这一状况,但不会影响得性病的概率,学校通过宣传安全性教育和艾滋病预防课程可以有效降低概率。另外,冈比亚当地农民经常是在庄稼快要成熟的时候才选择购买化肥,使化肥使用效能很低,庄稼产量也不高,通过一些小小的价格优惠措施,会激励当地农民在合适的时间购买化肥。

在性别与政治方面:印度新宪法规定每个州领导职位三分之一必须是女性,迪弗洛运用随机试验方法对男女领导人不同的政治观点进行了分析,发现女性领导人更关心日常生活问题,更符合女性偏好,如基础建设和饮用水;而男性领导人更关注教育、医疗和就业等方面。在后续的研究中,他认为保留这一规定会对女性选举人有利,在未来决策中会更加关注民生问题、多考虑女性的偏好。

在信用方面:班纳吉和迪弗洛在印度贫困地区对群众实施了小额信贷的随机试验研究。他们发现贫困家庭确实能从小额信贷公司借到更多的钱,但因贫困户自身知识的局限和经济偿还能力不足等原因,使得整体渗透率不高,只有不到20%的家庭选择从小额信贷公司借钱。此外,一些新形式的贷款方式也将融入到借贷机构中,使贷款更加安全、方便、省时,但这样也不会使贷款显著增加。

三、减贫随机试验法在中国的实施现状及对中国减贫的启示

(一)减贫随机试验法在中国的实施现状

当前,减贫随机性试验在我国贫困地区已逐步开展,但研究成果还不够成熟,总体研究性不足,原因主要有四个方面:一是国内很多学者并没有完全理解随机试验方法,在应用到国内贫困治理研究时,经常会遇到一些棘手的问题,不知道该如何处理,导致实验结果并不理想。二是当前我国针对扶贫工作的经费大部分投入到了建立便民基础建设、房屋改造和经济救助方面,对于贫困治理科研经费的投入有限,使得实验研究过程缺乏经费保障。三是国内一些研究学者只把随机性试验方法看作是一种简单的政策评估工具,忽略了方法的科学性和灵活性,没有把实验方法融入到机制分析和理论探讨中。四是由于政府机构和政府人员对于随机性试验的优势缺乏了解,政府跟研究学者的合作比较有限,使得减贫随机性实验的开展并不顺利。

(二)减贫随机试验法对中国减贫的启示

我国正处于经济和改革的转型期,扶贫开发作为国家层面的发展战略,对转型过程的顺利进行起着至关重要的作用。而减贫随机实验法能有效地检测到扶贫政策和制度的实施效果,该实验方法可在我国扶贫过程中得到很好的发展和应用。例如,研究者可针对我国偏远贫困地区的制度落后、政策落实不到位等问题进行随机性实验,通过实验研究结果,结合当地实际情况对制度和政策提出科学合理的建议。另外,考虑到中国每个地区、每个民族的地理特性、生活习惯不尽相同,研究者可结合我国改革开放试点的成功案例和随机性实验的优势,推荐一个适合中国国情的组合实验方式。即首先科学合理地选择和设计好一个地区或者个体作为试点,在试点的基础上对控制、干预措施进

行总结和提炼,然后在小范围规范地进行随机性实验,并基于随机性实验过程和方法,根据每个地区的实际情况进行调整和改进,最后才进行大范围的规范推广决策。

第三节　解决相对贫困问题的可持续研究

一、建立健全防止返贫、可持续脱贫长效机制,巩固扶贫成果

随着我国精准扶贫战略的实施,脱贫攻坚工作取得了显著成效。根据国家统计局统计监测公报,2012 年底到 2019 年底,我国农村贫困人口从 9899 万人减少到 551 万人,七年间平均每年脱贫人口 1300 多万人,2019 年贫困发生率为 0.6%。2020 年我国将实现全部贫困人口脱贫,但这并不意味着我国扶贫工作的结束。2020 年我国全部贫困人口脱离绝对贫困之后,紧接着就会面临相对贫困问题,而且刚刚脱离贫困的人员很有可能因疾病或者自然灾害等问题导致“返贫”。因此,防止返贫、实现可持续脱贫以及巩固脱贫成果成为下一阶段重点关注的问题。为了抑制“边脱贫边返贫”现象的发生,国家应重视脱贫减贫质量,结合科学技术和减贫实验方法,改善贫困地区的生产条件,加强贫困人口自我发展能力、抵御风险能力,探索总结出巩固脱贫成果的方法和措施,建立可持续脱贫机制,提升脱贫减贫质量。

二、建立多维贫困评价体系,提升贫困户自我发展能力

传统意义上对贫困的界定是以收入水平或人均收入作为标准进行衡量,而随着社会经济的深层发展和社会结构的持续变革,影响贫困的因素逐渐增多,教育、医疗和就业等内生性因素的影响力不断升高。以“两不愁三保障”为基础的脱贫攻坚工作虽然一定程度上缓解了贫困人口多层面的贫困状态,但贫困地区在教育、医疗、住房、就业机会、社会地位等方面仍然处于相对弱势

的处境。为了更有效提升减贫质量,推动我国脱贫攻坚战与乡村振兴战略的顺利衔接,必须从多维贫困的角度研究贫困问题,建立基于内生性因素的多层次多维贫困评价体系,提高贫困地区人口的自我生存能力。

2020 年后要构建可持续长效脱贫机制,解决相对贫困问题,必须先了解 2020 年后中国农村和城市的相对贫困人口规模,建立识别相对贫困人口的标准。我国目前的贫困标准仍是收入标准,并且遵循的是全国统一的绝对贫困标准,并没有建立相对贫困标准。2020 年后的相对贫困标准,一方面要符合中国经济社会发展实际,另一方面也要与国际上的贫困标准进行衔接和比较。① 本书建议采用常住农民或是城市常住居民中位收入的 40% 作为 2020 年后的相对贫困线。相对贫困给扶贫工作带来的变化不仅仅是扶贫标准方面的,还有扶贫理念、扶贫话语、扶贫政策重心与扶贫机构组织等多个方面。因此,确定好相对贫困线之后,必须根据教育、健康、生活标准、就业、文化娱乐服务等指标,构建基础性指数、核心指数和导向性指数为一体的多维贫困指数评价体系,持续监测农村贫困地区的贫困状况。在确定新的贫困户后,以加强中西部贫困地区人力资本的就业扶贫强度为重点,不断满足贫困人口生活必需品等刚性需求,并从促进农户经济收入、精神文化生活建设和社会关系的改善视角进行帮扶,协调好贫困地区致贫因素之间的联动作用,逐步提升贫困户的自我发展能力,解决扶贫工作中的结构性深度贫困问题。

三、加大对深度贫困地区的支持力度,缩小地区间的发展差距

我国 14 个集中连片特困区的贫困县数量占全国贫困县总数的 86.8%,贫困人口更是占全国贫困人口的大多数,而且连片特困区的环境恶劣、生态脆弱、贫困发生率较高,特别是"三区三州"地区,2018 年的贫困发生率达到 8.2%,远高于 1.7% 的全国农村贫困发生率。2020 年处于脱贫攻坚战的收尾

---

① 参见邢成举、李小云:《相对贫困与新时代贫困治理机制的构建》,《改革》2019 年第 12 期。

阶段,这些地区将实现贫困人口全部脱贫、贫困县全部摘帽。结合这些地区的气候条件、生态环境、经济发展等因素长远来看,这些地区在脱贫后也面临着诸多困难和挑战,特别是在数字化时代的今天,从事生产、生活和社会交往的技能、文化素养和数字知识成为个体生存和发展的关键。因此,国家除应加大对深度贫困地区的支持力度之外,还应重视贫困地区"人的振兴",注重以人为中心、以提升其应用能力为导向、激发个体发展意识为根本的扶贫政策理念,在政府主导、社会和市场广泛参与的协同治理格局上创新我国贫困地区的扶贫治理。

首先,加大对我国贫困地区民生工程建设力度,聚焦道路、危房改造、移民搬迁、教育、饮水工程以及医疗健康等问题,以解决贫困村道路内连外通、交通基础网络完善为重点,深入推进深度贫困地区的交通建设项目;加快推进电网改造升级、基础设施建成监管;建立扶贫部门对接机制,明确责任;抓好落实健康扶贫工程,改善地区学校辍学失学问题。其次,培育地区多元产业,加快农业产业化步伐。因地制宜,积极探索满足生态可持续发展的产业发展模式,引导农民种植生态物种和经济林木。对于产业优势不足的地区,立足当地特色,挖掘本土招牌产品,以口碑打开产品市场,既积极引进加工企业,解决当地劳动力的就业问题,又要大力发展当地农产流通产业,打造"一产一链,以链带全"的产业发展格局,使产业扶贫成为深度贫困地区脱贫的坚实后盾。最后,破解产业发展资金、后续扶持问题,不仅要统筹整合政府涉农资金,发挥财政资金的扶持作用,还应加大对接协作力度,以项目带活资金链,并利用新媒体的宣传作用,拉动深度贫困地区的产业扶贫项目资金的增长,给乡村振兴战略增加长久续航的动力。

四、加强低收入群体的监测与保障,防止返贫现象的发生

应加强对城乡低收入群众的监测,尤其是农村低收入家庭的留守儿童、单亲家庭儿童、无亲属照顾的孤寡老人、无劳动能力个体等弱势群体。加强社会

保障体系建设是补齐全面建成小康社会短板的紧急任务。

虽然我国新农保制度已经逐步普及和完善,但保障水平总体不高,很多地区的政府补贴和集体补助已不能满足老人日常生活开支的需要,而且在地区落实和推广工作时,"保费收不上""养老金发不出"等问题时常出现。因此,2020 年后,监测和保障农村老人、低收入者的生活保障问题将成为我国扶贫工作的重点。为了更准更快发现和识别低收入群体,可利用大数据技术进行动态监测,并构建监测发现与农户申请双向并行的贫困纳入机制,实现城乡低收入群体真脱贫。首先,通过调查摸底和部门信息共享,在大数据平台上建立城乡低收入群体动态监测数据库,并连接档外的大病、低保、五保、孤儿、孤老、重度残疾人六类困难人群的数据信息,根据人员类别自动标注星级,星级别越高,表明疑似贫困程度越高,在平台显示的优先级越高。同时平台可以根据星级预警,将人员自动反馈给相关镇办,然后依据镇办的核实情况,系统自动标注为不同颜色的信号灯,将预警信息显示出来。如经核实,档外人员符合纳入贫困人口标准,通过规范的纳入程序,人员信息即从动态监测数据库进入精准管理数据库享受各项扶贫政策,整个识别过程为一个线形流程。如不符合纳入标准,人员信息将退回到动态监测数据库继续保持监测,呈现环形流程。当有大病报销等新的预警产生后,再通过平台反馈、镇办核实的程序看是否应纳入贫困人口帮扶。大数据技术在扶贫平台的应用,不仅能实现应纳尽纳、精准帮扶,提高对城乡低收入群体的保障水平,还能指导基层扶贫工作人员进行高效率地动态监测,有效防止返贫现象的发生。

第四节　打破城乡二元结构,实现
新时代城乡一体化发展

随着我国经济的不断发展和改革的深入,扶贫工作投入力度的不断增强,农村的建设和发展取得了显著进步,农村群众的生活得到了很大改善和提升。

同时,我们也清醒的认识到,城乡二元结构问题仍然存在,已成为我国在全面建成小康社会和实现社会公平、平等过程中的突出问题。如何打破城乡二元结构,构建新时代城乡一体化格局将成为 2020 年后应该重点关注和思考的问题。本节从发挥乡村优势、产业科技助力乡村振兴、人才干部带头致富、党政政策精准实施四个层面对如何破解二元结构问题进行探讨。

一、克服发展短板,发挥乡村优势

破解城乡二元结构,首先要找出乡村自身的问题和短板,然后寻找解决问题的办法和方案,发挥乡村优势,将短板变为"潜力板"。

(一)发挥生态优势,绿水青山就是金山银山

生态资源是农村宝贵的财富。农村的生态环境整体优于城市,森林覆盖率高,环境污染少,空气质量好。做好生态资源的保护、规划、利用工作,充分发挥生态资源的优势,农村的短板就可以转变为"潜力板",农村的劣势就会变为优势。第一,解放思想,转变观念,树立起"绿水青山就是金山银山"的新发展理念,打造宜居、宜业、宜游的新农村。第二,结合先进科学技术,开发建设休闲农庄和乡村特色产业,打造乡村旅游项目,开发绿色种植基地等。第三,走农村绿色生态发展的道路,把绿水青山变成金山银山,使农村更美、更富、更强。

(二)整合土地资源要素,持续深化土地改革

土地资源是农民宝贵的财富,农村土地使用效能直接影响农民收入的高低。因此,乡村要振兴,就必须对农村土地资源进行整合,提高土地利用效率,深化土地制度、产权制度,推进农村制度创新,提高农民生产积极性。第一,在农民自愿的基础上对土地进行互换互置,使农民可以对土地可以进行连片、整块的管理。第二,可利用先进技术对土地资源进行整合和规划,适宜种植谷物

的便发展科技农业,适宜种植瓜果蔬菜、花草树木的便发展科技种植业,尽最大可能提高土地使用效能。第三,出台更加灵活的适宜农村的耕地和宅基地流转方案,从根本上保护农民的利益,实现土地的生产效益,增加农民收入。

二、引领产业科技落户,推动新农村建设

产业是农村发展的关键,科技是农村发展的核心。要积极引导和推动高质量特色产业落户乡村,吸引人员在乡村创业就业,利用现代科学技术手段推动农村高质量发展。

(一)吸引优质高端产业落户农村,激发农村发展活力

农村经济的高质量发展,离不开乡村产业的有力支撑。江苏省江阴市华士镇华西村就是最好的例子,华西村联合周围20个行政村,集中发展村镇企业,激活了当地农村的发展活力,村部也由过去松散懒惰的管理转变为现在紧密积极的帮扶,华西村由内而外地发生了质的变化。因此,农村要彻底改变落后贫穷的面貌,必须通过发展特色农业、特色制造业、特色旅游服务业以及特色信息服务业等,使农村一二三产业相互结合、融会贯通,加快推动农村的信息化、智能化与现代化发展,优化农村产业结构,创建一批可持续发展的乡村高质量特色产业,形成农村优势产业群、产品群,实现产业兴旺,推动农村更好发展。

(二)科学技术助推农业农村高质量发展

科学技术是第一生产力,从科技扶贫到科技兴农、科技兴村,科学技术一直推动着农村农业的发展。进入新时代,要积极把先进科技和科技人才引进乡村,助推农业农村发展。第一,结合人工智能等先进科学技术进一步完善农村土地、水利、交通等基础设施,为农业农村现代化、机械化、智能化提供必要保障。第二,引进高科技人才,培养科技支农队伍。通过引进科研院所的农科

专家和服务于农村一线的科研人员等高科技人才,指导当地农村农业高质量发展,进而培养一支高素质、高科技、高水平的专业支农队伍。第三,积极引导农民学习先进科学技术,掌握科技种植、科技养殖、科技种养结合的方法,培训科技创新型农民。

三、培养并壮大农村人才队伍,发挥带头人作用

人才是第一资源。解决城乡二元结构问题,更要发挥人才的作用,尤其是有文化、有能力、高素质的"带头人",发挥好带头人作用,带领农民奔小康。第一,培养农村致富带头人。农村农民要致富,农村事业的高质量发展,要依靠带头人队伍,离不开农村致富带头人。带头人既可以是驻村干部、扶贫干部,也可以是在村里有威望、有文化、有能力的村书记、村主任,甚至是某个村民,或者几个村民成立的"带头人"小组。带头人要想方设法带领农村高质量发展,带领农村群众可持续增收,成为农村群众的主心骨。第二,培养一批高素质、高能力、专业化的村干部队伍,他们既是带头人的好帮手,又能独当一面,带领农村群众干好农村事业、发家致富,真正搞好农村发展建设、发展农村经济、实现乡村振兴。第三,加强农村发展的组织治理功能。实践证明,我国较发达和富裕的村庄,例如河南临颍南街村、江西南昌进顺村等,这些村子无论是集体经济还是个体经济,都遵循乡村组织(村委会、合作社)的统一安排和规划,提高村民组织治理能力才能实现农村高质量发展。

四、党委政府精准施策,逐步破解城乡二元结构

新时代农村的发展建设,要坚持党的领导、政府统筹管理,通过党委政府的精准施策,逐步破解农村发展难题。第一,加强基层领导。统筹城乡区域发展,党和政府一直是农村发展建设的核心。新时代,我们要加强党的领导,补齐农村短板,减少城乡收入差距,发展农村经济,推动农村发展建设。在农村基础建设方面,加大经济投资力度,优化和完善农村水利、公路、电力等公共服

务。在教育医疗方面,结合人工智能、5G、大数据等先进科学技术,使农村享受到优质教育资源,改善农村医疗条件。第二,集中各方资源,助力农村发展。利用行政手段和经济手段将资源科学合理地分配到农村,通过政策倾斜等行政手段吸引高科技人才进驻农村,帮助农村实现机械化、现代化。通过财政补贴、税收优惠等经济手段吸引优质特色产业进驻农村,帮助农民发家致富、可持续增收。与此同时,要积极协调各部门,狠抓落实工作,避免出现"政策到位,工作不到位"现象。

第五节　乡村振兴接棒精准扶贫,开启扶贫协同联动新时代

实施乡村振兴战略,是党的十九大作出的重大决策部署,是决胜全面建成小康社会、全面建设社会主义现代化国家的重大历史任务,是新时代"三农"工作的总抓手。2017 年 10 月,党的十九大报告提出,"实施乡村振兴战略。农业农村农民问题是关系国计民生的根本性问题,必须始终把解决好'三农'问题作为全党工作重中之重"。2018 年 2 月 4 日,2018 年中央一号文件《中共中央国务院关于实施乡村振兴战略的意见》公布。2018 年 3 月 5 日,国务院总理李克强在作政府工作报告时提出,大力实施乡村振兴战略。至此乡村振兴的大幕拉开,中国在以习近平同志为核心的党中央的领导下开始了大规模的乡村振兴推进工作。

一、深化精准扶贫内涵,开启乡村振兴新时代

（一）新时代精准扶贫的科学内涵

2013 年 11 月习近平总书记到湖南湘西考察时首次提出"精准扶贫"。2014 年 1 月,中共中央办公厅、国务院办公厅印发了《关于创新机制扎实推进

在村扶贫开发工作的意见》，是对精准扶贫工作模式的顶层设计，推动了"精准扶贫"思想落地。2014年3月，习近平总书记参加两会代表团审议时，进一步阐释了精准扶贫理念。2015年1月，习近平总书记在云南考察工作时强调，坚决打好扶贫开发攻坚战，加快民族地区经济社会发展。2015年6月，习近平总书记到贵州调研时提出扶贫开发"贵在精准，重在精准，成败之举在于精准"。"精准扶贫"成为社会关注热点，也成为党的十八大以来脱贫攻坚的指导思想。

精准扶贫思想是针对不同贫困地区的区域环境、不同贫困人口的致贫原因，为其科学合理地制定帮扶政策和措施。该战略实现了对扶贫对象的精准识别、精准帮扶和精准管理。随着我国经济的快速发展和转型升级，精准扶贫战略被新时代了新的科学内涵。（1）扶贫目标更加明确，即在2020年实现全面脱贫的基础上，巩固脱贫减贫成果、防止返贫，可持续脱贫，提升脱贫户的自我发展能力，实现可持续稳定致富。（2）扶贫对象更加精准，针对扶贫对象的致贫原因、贫困深度、贫困强度等方面进行科学合理的分析，对不同原因和强度、不同性质的贫困户量身定制帮扶计划和解决方案。（3）扶贫手段更加科学，在扶贫工作开展过程中充分利用社会资源，发挥好政府和市场的作用，分析和防范扶贫工作中存在的问题与潜在风险，运用科学合理的手段进行完善和优化。（4）扶贫过程更加全面，在扶贫开发过程中要体现全面性，要规范好贫困户的识别、分析、帮扶、管理、考核等一系列过程，为乡村振兴战略的良好实施提供支持。

（二）新时代乡村振兴的科学内涵

为了更好地解决农业农村农民问题，党的十九大报告中提出了乡村振兴战略，"产业兴旺、生态宜居、乡风文明、治理有效、生活富裕"20字方针体现了新时代乡村振兴战略的科学内涵。

1. 产业兴旺是发展基础。农村产业发展顺利，才能带动农村生产力进步，才能带动农民持久、深层致富,实现秀美乡村的美好画卷。

2.生态宜居是发展理念。就是把农村绿色生态发展建设摆在更加重要的位置,构建一个绿色、文明、和谐的生态系统,加大创新科技力量在绿色农业发展的投入,优化绿色生态结构,使绿色发展成为农村发展的主旋律。

3.乡风文明是发展的关键和灵魂。目的在于提高农村群众的思想文化和道德水平,树立文明新风,使农村的教育、文化、医疗、娱乐等事业发展逐步与农民日益美好生活的提高相协调,建设一个乡风淳朴、生活宽裕、村容整洁、管理民主的美丽乡村。

4.治理有效是发展目的。即加强乡村治理与乡村建设,严厉打击乡村黄赌毒、盗拐骗、黑恶势力等社会基础,建立健全农村社会治理体系,维护好平安祥和的社会环境。

5.生活富裕是发展的目标。即农民的生活得到改善,日子富裕起来,乡村全面振兴,农业强、农村美、农民富全面实现。

二、推动精准扶贫与乡村振兴的有机衔接

(一)思想协同推进,实现思想脱贫与思想振兴的有机衔接

思想是行动的先导,指引行动的方向。在扶贫工作中,经济救助是基础,思想扶贫和文化扶贫也是不可或缺。扶贫先扶志,思想贫困比经济贫困更为可怕。在打赢脱贫攻坚战中,对贫困群众不光要有经济帮扶,还要进行思想帮扶,提升贫困群众内生动力和自我发展能力。要做好精准扶贫与乡村振兴战略的有机衔接,坚持精准扶贫引领乡村振兴,务必建立思想协同思维,用协同思维引领工作的开展,并时刻对协同思维进行升级和改进。坚持用协同思维统领工作的开展,针对乡村振兴的目标要求,从产业、生态、乡村、治理、生活等方面实施相应的政策和措施,实现贫困群众脱贫致富,为乡村振兴奠定基础;同时,在工作中找准精准扶贫和乡村振兴的契合点,在领导体制、运行机制、政

策支持等方面统筹安排、协同推进。

2020 年是一个关键节点，届时贫困人口全部脱离绝对贫困，贫困县全部摘帽，乡村振兴战略的制度框架也基本形成。2020 年后，如何解决相对贫困问题，如何防止返贫、实现可持续脱贫，如何实现乡村振兴战略的第二步、第三步目标，都要求与时俱进，促进思想协同的升级和改进，建立长效机制巩固脱贫成果、实现可持续发展与乡村振兴战略的目标要求有机衔接，真正实现农村美、农业强、农民富。

（二）产业协同推进，实现产业脱贫与产业振兴的有机衔接

产业发展在精准扶贫和乡村振兴战略中占据重要地位。产业扶贫是脱贫攻坚战中最直接有效的办法，是实现贫困群众脱贫致富的不二法宝。产业发展不仅能提升贫困地区的内生动力和自我发展能力，还能实现脱贫后的可持续发展。同时，产业兴旺是实现乡村振兴的关键和核心，是乡村振兴战略的基石。为此，我们要协同产业发展规划，衔接产业发展道路，探索特色发展出路，对接好产业与市场。

在制定产业发展规划时，既要立足产业扶贫的既有布局和成功经验，又要谋划产业振兴的未来和长远发展，使产业发展规划更加合理科学。在衔接产业发展时，必须在实现脱贫减贫的基础上，提升产业质量，引领产业发展及布局升级。在探索特色发展出路时，应充分考虑当地的自然、气候、种植、养殖条件，借助科学技术的力量，打造综合效益高的特色产业。在对接产业与市场时，坚持从实际出发，充分发挥好政府与市场对产业布局和资源配置的作用，真正提升乡村产业发展质量，实现乡村产业振兴。

（三）人才协同推进，实现人才脱贫与人才振兴的有机衔接

人才是第一资源和发展的第一要素，是精准扶贫与乡村振兴战略中的关键因素。做好人才脱贫与人才振兴的协同推进，既要考虑精准扶贫战略中人

才的数量和结构问题,也要考虑到乡村振兴战略中人才的质量和素质问题。制定人才引进政策和激励政策,创造爱才惜才的人才氛围,对精准扶贫工作能力出色、勤劳踏实的人才进行嘉奖和表彰,并把这些人才无缝衔接到乡村振兴战略中去,培养真正爱农村、爱农民的人才,打造一支高素质"三农"人才队伍。为此,我们应大力培养新型职业农民,优先发展农村教育事业,重视科学技术的投入和科技人才的作用,动员整合社会力量和社会资源投身贫困地区。

新型职业农民对引领农村经济发展、带领农民脱贫致富、致富增收至关重要。首先,大力培养新型职业农民,应结合精准扶贫现状和实施乡村振兴战略需要,建立完善的新型职业农民培养机制,提供经费支持和设备设施,提升农民科学文化素养,使其掌握先进的生产方式,促进农村更好更快发展。贫困地区教育资源落后,可利用在线教育、视频播放等技术将优质的教育资源传送到偏远贫困地区,实现优质教育的共享。其次,优先发展农村教育事业,保障教育资源投入,配备优秀的教师,突出农村教育重要性。再次,农业科技人才是国家科技兴农的主力军,随着科学技术的不断进步和发展,势必会给乡村振兴战略注入新能量。最后,积极动员整合优秀人才投身贫困地区建设。扎实做好"三支一扶""选调村官"等农村基层干部培养工作,深入推进"上山下乡工程",吸引人才和资源进驻贫困地区,积极实施乡村振兴战略,打造一支精准扶贫与乡村振兴结合的人才队伍。

（四）文化协同推进,实现文化脱贫与文化振兴的有机衔接

文化是一个民族的灵魂。我国乡村文化经过几千年的发展,形成了深厚的历史积淀和内涵。在精准脱贫减贫的过程中,积极开展文化扶贫,不仅能提高贫困群众的认知能力,也能扶持文化产业的发展,让贫困群众富了脑袋的同时又富了口袋。为此,我们要树立文化协同新理念,充实文化协同新内涵,实施文化协同新举措,夯实文化协同新基础。

首先,重视文化协同在精准扶贫和乡村振兴战略中的重要作用,形成文化

协同的凝聚力,在乡风文明建设中关联好文化脱贫和文化振兴的关系,进而进行传承创新、融合发展。其次,要充分挖掘贫困地区的特色文化资源,因地制宜,充分发挥文化资源的作用,让文化助力脱贫,在推动乡村振兴战略实施时,注重优秀乡村文化的传承与发展,加强乡村文明建设,推动乡村文化振兴。最后,要充分利用好各地的特色文化资源,把特色文化产业做大做强,构建"文化+"新模式,充分发挥农村文化价值,推动文化助力脱贫、助力乡村文明建设,实现乡村文化振兴。

(五)生态协同推进,实与生态脱贫与生态振兴的有机衔接

建立绿色生态文明,坚持绿色发展,协同推进生态保护与治理在脱贫和振兴中的作用,有利于发展新动能转换,推动生态脱贫与生态振兴的有机衔接。为此,我们要树立绿色发展理念,落实好生态在脱贫减贫与乡村振兴中的关键任务,推动生态资源有效利用和差异化发展。

绿色发展理念对精准扶贫和乡村振兴具有引领和指导作用。坚持人与自然和谐共生,在生态建设中,以自然恢复为主、人工保护为辅,严守生态保护红线,做好生态协同保障。在精准扶贫中,生态脱贫的主要任务是通过生态保护、生态修复来发展生态产业,改善贫困地区的生态环境,提升贫困群众的收入水平。在乡村振兴中,生态振兴的主要任务是完善农村基础设施,整治农村人居环境,建设美丽新乡村。落实好生态在脱贫减贫与乡村振兴中的关键任务,将贫困群众顺利脱贫与建设农村美丽家园协同起来。针对生态资源较好的地区,将其生态资源优势转化为生态旅游资源和生态产业资源,积极探索生态旅游、生态产业等生态扶贫路径,发展特色生态产业,加快生态脱贫与生态振兴的有机衔接。针对生态资源匮乏的地区,出台相应的保护政策,坚持自然恢复为主,落实封山育林、禁止捕捞等措施,增强生态发展的内生动力,从根本上解决生态环境问题。

（六）组织协同推进，实现组织引领与组织振兴的有机衔接

农村基层党组织是党在基层一线的战斗堡垒，是农村各项工作和任务的领导核心。组织协同在推进精准扶贫与乡村振兴战略有机衔接中起到了重要作用。一方面可以把精准扶贫与乡村振兴战略的有机衔接与加强基层组织建设结合起来，打造一支认真、负责的强有力的基层组织工作队伍，加强基层领导班子和党支部建设，充分发挥基层战斗堡垒的作用。另一方面，协同推进组织引领与组织振兴，强化二者的协同作用，实现脱贫攻坚与乡村振兴的协同发展。为此，我们要选优配强基层组织人才干部，构建"五级书记"协同工作格局。

农村基层组织存在领导班子人员较少、人心涣散、凝聚力不强等问题。组织协同推进，必须对农村基层组织的领导班子进行培训，提高其组织能力和管理能力，同时还要选拔和培养有能力、有威望、有责任感的农民，真正打造一支懂农、爱农的基层党组织队伍。"五级书记"协同工作可保障脱贫攻坚的质量，在乡村振兴战略中发挥重要作用。另外，要关注基层反腐倡廉工作，对基层扶贫和推动乡村振兴战略中存在的腐败问题和"四风"现象绝不姑息，严肃查处，切实维护人民群众的利益，认真履行"为人民服务"的宗旨，做好组织引领与组织振兴的有机衔接。

（七）社会协同推进，实现社会保障与乡村治理的有机衔接

社会保障是精准扶贫战略中的重要一环，也是乡村振兴战略的重要途径。精准扶贫战略的有效实施在提高贫困地区群众收入的同时，也逐渐改变着乡村的治理格局。乡村振兴的实质是乡村治理有效、农村美、农民富，其中，治理有效是基础。推进社会保障与乡村治理的协同，有利于推动协调解决乡村治理难题，增强基层组织战斗力；有利于提高广大农村群众的生产积极性，激发农村内生动力，推动乡村治理工作的有效开展，有效实现社会保障与乡村治理

的有机衔接。

实现社会的公平正义,是打好脱贫攻坚战和实施乡村振兴战略的程序要求和实体结果。因此,维护贫困地区的社会公平,必须推动乡村社会的协调保障,着眼于贫困地区的平衡发展,特别是民族地区、边疆地区以及连片特困地区。着眼于贫困人口,采取超常特惠特优扶持脱贫攻坚措施和乡村振兴战略措施;着眼于共享发展,促进贫困地区困难群众在教育、医疗、就业和社会保障等方面分享改革发展的红利,让群众享受均等化的基本公共服务,实现乡村治理有效、家家幸福安康。同时,还要夯实社会治理根基,重点加强力量薄弱的基层党委建设,大力发展农村集体经济,让贫困群众参与到美丽乡村的建设中来,增强自身获得感和幸福感。

贫困问题是一项人类面临的长期的艰巨任务。中国作为一个发展中国家在反贫困治理的道路上取得了令世界瞩目的成就。同时,中国反贫困治理的道路也极其复杂和漫长。中国是一个有着960万平方公里的大国,地形地貌及其气候特征极其复杂,为脱贫攻坚的推进增加了很多复杂的地质因素;中国是有着14亿人口的超级人口大国,有着9亿多农村人口,有3亿左右的人口生活在偏远山区,为脱贫攻坚的推进增加了很多人口因素;中国是有着56个少数民族的多民族国家,每个民族都有着自己固有的传统和文化,而文化没有优劣之分,在提倡民族融合、民族团结的尊重少数民族文化的中国,这为脱贫攻坚的推进增加了很多民族文化因素;中国处在并将长期处于社会主义初级阶段,这一国情不变,这为脱贫攻坚的推进增加了很多经济因素。但在这样的环境下,中国共产党领导中国人民书写了反贫困治理的中国故事,也为世界反贫困治理贡献了中国样板和中国智慧。只要人类长久存在,反贫困治理将永无止境。中国在反贫困治理的道路上进行了艰难的求索,特别是改革开放以来,反贫困治理成效极其显著,显示了中国政府致力于实现中国人民对美好生活追求的诺言,更体现了中国共产党为民服务、为民执政、为民立国的根本。

2020 年后中国绝对贫困问题将会有效解决,但是随之而来的乡村振兴与精准扶贫的衔接问题、相对贫困问题、贫困动态监测体系的建设、防止返贫问题等会成为新时代摆在政府面前的治理问题之一。本章从科学技术赋能脱贫攻坚、2019 年诺奖减贫随机实验法对中国减贫脱贫的启示、解决相对贫困问题、实现新时代城乡一体化发展、乡村振兴接棒精准扶贫五个方面对 2020 年后我国贫困治理领域的研究趋势进行了探讨,但并未给出应对 2020 年后中国反贫困治理的破解路径,这也是本研究的局限。同时,也为未来的研究埋下了伏笔,期冀在不远的将来,笔者能在 2020 年后中国反贫困治理的路径研究方面有所突破。

附录 1

选取的中央、云南扶贫政策文本（72 份）

编号	扶贫政策文本名称	发文机关	发文年份
1	《中国农村扶贫开发纲要（2011—2020）》	中共中央、国务院	2011
2	《国务院办公厅转发教育部等部门关于实施教育扶贫工程意见的通知》	国务院办公厅	2013
3	《关于创新机制扎实推进农村扶贫开发工作的意见》	中共中央办公厅、国务院办公厅	2014
4	《关于全面做好扶贫开发金融服务工作的指导意见》	中国人民银行、财政部等	2014
5	《创新扶贫开发社会参与机制实施方案》	国务院扶贫办、中央组织部等	2014
6	《全国扶贫开发信息化建设规划》	国务院扶贫办	2014
7	《关于进一步动员社会各方面力量参与扶贫开发的意见》	国务院办公厅	2014
8	《关于创新发展扶贫小额信贷的指导意见》	国务院扶贫办、财政部等	2014
9	《关于加快推进残疾人小康进程的意见》	国务院	2015
10	《中共中央　国务院关于打赢脱贫攻坚战的决定》	中共中央、国务院	2015
11	《关于印发加快贫困地区能源开发建设推进脱贫攻坚实施意见的通知》	国家能源局	2015
12	《关于推进"万企帮万村"精准扶贫行动的实施意见》	全国工商联、国务院扶贫办、中国光彩事业促进会	2016

编号	扶贫政策文本名称	发文机关	发文年份
13	《关于加大脱贫攻坚力度支持革命老区开发建设的指导意见》	中共中央办公厅、国务院办公厅	2016
14	《省级党委和政府扶贫开发工作成效考核办法》	中共中央办公厅、国务院办公厅	2016
15	《关于用好用活增减挂钩政策积极支持扶贫开发及易地扶贫搬迁工作的通知》	国土资源部	2016
16	《国务院关于进一步健全特困人员救助供养制度的意见》	国务院	2016
17	《关于实施光伏发电扶贫工作的意见》	国家发展改革委、国务院扶贫办等	2016
18	《关于建立贫困退出机制的意见》	中共中央办公厅、国务院办公厅	2016
19	《人力资源社会保障部、国务院扶贫办关于开展技能脱贫千校行动的通知》	人力资源社会保障部、国务院扶贫办	2016
20	《脱贫攻坚督查巡查工作办法》	中共中央办公厅、国务院办公厅	2016
21	《关于印发乡村旅游扶贫工程行动方案的通知》	国家旅游局、国家发展改革委等	2016
22	《关于发挥资本市场作用服务国家脱贫攻坚战略的意见》	中国证监会	2016
23	《全国"十三五"易地扶贫搬迁规划》	国家发展改革委	2016
24	《网络扶贫行动计划》	中央网信办、国家发展改革委、国务院扶贫办	2016
25	《国务院关于印发"十三五"脱贫攻坚规划的通知》	国务院	2016
26	《关于促进电商精准扶贫的指导意见》	国务院扶贫办、中央网信办等	2016
27	《关于进一步加强东西部扶贫协作工作的指导意见》	中共中央办公厅、国务院办公厅	2016
28	《关于切实做好就业扶贫工作的指导意见》	人力资源社会保障部、财政部、国务院扶贫办	2016
29	《贫困残疾人脱贫攻坚行动计划(2016—2020年)》	中国残联、中央组织部等	2016
30	《中央财政专项扶贫资金管理办法》	财政部、国务院扶贫办等	2017
31	《关于做好财政支农资金支持资产收益扶贫工作的通知》	财政部、农业部、国务院扶贫办	2017

编号	扶贫政策文本名称	发文机关	发文年份
32	《关于支持社会工作专业力量参与脱贫攻坚的指导意见》	民政部、财政部、国务院扶贫办	2017
33	《关于开展脱贫攻坚志愿服务项目展示活动的通知》	民政部办公厅	2017
34	《关于切实做好社会保险扶贫工作的意见》	人力资源社会保障部、财政部、国务院扶贫办	2017
35	《中央单位定点扶贫工作考核办法(试行)》	国务院扶贫开发领导小组	2017
36	《东西部扶贫协作考核办法(试行)》	国务院扶贫开发领导小组	2017
37	《财政专项扶贫资金绩效评价办法》	财政部、国务院扶贫办	2017
38	《关于广泛引导和动员社会组织参与脱贫攻坚的通知》	国务院扶贫开发领导小组	2017
39	《关于加快边远少数民族贫困地区深度贫困群体脱贫进程的决定》	中共云南省委、云南省人民政府	2010
40	《云南省农村扶贫开发纲要(2011—2020年)》	云南省人民政府	2011
41	《云南省财政扶贫资金产业项目管理暂行办法》	云南省人民政府扶贫开发办公室	2011
42	《云南省扶贫贷款贴息管理暂行办法》	云南省人才工作领导小组办公室	2014
43	《云南省农村扶贫开发条例》	云南省人大	2014
44	《关于举全省之力打赢扶贫开发攻坚战的意见》	中共云南省委、云南省人民政府	2015
45	《关于进一步动员社会力量参与扶贫开发的实施意见》	中共云南省委办公厅、云南省人民政府办公厅	2015
46	《关于建立扶贫攻坚"领导挂点、部门包村、干部帮户"长效机制扎实开展"转作风走基层遍访贫困村贫困户"工作的通知》	中共云南省委办公厅、云南省人民政府办公厅	2015
47	《关于建立全省贫困县约束机制的实施意见》	云南省扶贫开发领导小组	2015
48	《云南省深入实施兴边富民工程改善沿边群众生产生活条件三年行动计划(2015—2017年)》	中共云南省委办公厅、云南省人民政府办公厅	2015
49	《云南省技能扶贫专项行动方案》	云南省扶贫开发领导小组	2015
50	《云南省易地扶贫搬迁三年行动计划》	中共云南省委办公厅、云南省人民政府办公厅	2015

编号	扶贫政策文本名称	发文机关	发文年份
51	《云南省人才扶贫行动计划》	云南省人才工作领导小组办公室	2015
52	《关于深入贯彻落实党中央国务院脱贫攻坚重大战略部署的决定》	中共云南省委、云南省人民政府	2015
53	《云南省乡村教师支持计划（2015—2020年）》	云南省人民政府办公厅	2015
54	《云南省脱贫摘帽考核奖惩办法》	中共云南省委办公厅、云南省人民政府办公厅	2015
55	《云南省"万企帮万村"精准扶贫行动方案》	云南省工商业联合会、云南省人民政府扶贫开发办公室、云南省光彩事业促进会	2016
56	《云南省金融支持脱贫攻坚实施方案》	云南省扶贫开发领导小组	2016
57	《云南省加强教育精准扶贫行动计划》	云南省扶贫开发领导小组	2016
58	《云南省光伏扶贫行动计划（2016—2019年）》	云南省人民政府扶贫开发办公室、云南省发展和改革委员会	2016
59	《云南省全面打赢"直过民族"脱贫攻坚战行动计划（2016—2020年）》	中共云南省委办公厅、云南省人民政府办公厅	2016
60	《云南省财政支持脱贫攻坚实施方案》	云南省扶贫开发领导小组	2016
61	《关于印发云南省基础设施建设精准扶贫行动计划的通知》	云南省发展和改革委员会、云南省工业和信息化委员会等	2016
62	《云南省社会保障精准扶贫行动计划》	云南省民政厅、云南省扶贫开发办公室、云南省财政厅	2016
63	《云南省农村劳动力转移就业扶贫行动计划（2016—2020年）》	云南省扶贫开发领导小组、云南省农民工工作领导小组	2016
64	《云南省州市党委和政府扶贫开发工作成效考核实施办法》	中共云南省委办公厅、云南省人民政府办公厅	2016
65	《云南省贫困退出机制实施方案》	中共云南省委办公厅、云南省人民政府办公厅	2016
66	《关于进一步健全特困人员救助供养制度的实施意见》	云南省人民政府	2016
67	《关于推进财政支农资金形成资产股权量化改革的意见》	云南省人民政府办公厅	2016

续表

编号	扶贫政策文本名称	发文机关	发文年份
68	《关于开展技能脱贫千校行动的实施方案》	云南省人力资源社会保障厅、云南省扶贫办	2016
69	《云南省健康扶贫行动计划（2016—2020年）》	云南省卫生和计划生育委员会、云南省人民政府扶贫开发办公室等	2016
70	《关于加快乡村旅游扶贫开发的意见》	云南省人民政府办公厅	2016
71	《云南省脱贫攻坚责任制实施细则》	中共云南省委办公厅	2017
72	《云南省脱贫攻坚规划（2016—2020年）》	云南省人民政府	2017

附录 2

调查问卷

昆明理工大学

滇西北连片特困地区多中心协同反贫困治理成效调查问卷

（仅供本课题调研使用）

您好：我们教育部人文社会科学研究项目"连片特困地区多中心协同的反贫困治理模式研究——基于滇西边境山区的实证研究"（15XJC810001）课题组成员，正在进行有关课题研究的问卷调查，感谢您能认真填写，所有填写内容，我们都将予以保密，并且仅限于研究分析之用。

被访者单位：　　省　　　市（州）　　县　　乡

第一部分　基本信息

1.请问您所在单位名称？

名称：

2.请问你所在单位类别？

A.党政机关　B.事业单位　C.企业单位

3.请问您所担任职务？

职务：

4.请问您在本单位的扶贫工作中主要负责哪一方面？

主要工作：

5.请问您从事该方面的工作多长时间？

时间：

第二部分　产业扶贫

1.请问2017年滇西北农业投资利润率高吗？

A.高　B.一般　C.低　D.不负责这方面的工作,不清楚

2.请问2017年滇西北以工代赈投资计划完成情况如何？

A.完成情况较好　B.完成情况一般　C.完成情况不理想　D.不负责这方面的工作,不清楚

3.请问当地扶贫对象参与当地产业发展的比重高吗？

A.高　B.一般　C.低　D.不负责这方面的工作,不清楚

4.请问当地旅游收入占GDP的比重高吗？

A.高　B.一般　C.低　D.不负责这方面的工作,不清楚

第三部分　教育扶贫

1.请问当地学前三年教育毛入园率的增长幅度大吗？

A.大　B.一般　C.小　D.不负责这方面的工作,不清楚

2.请问当地义务教育辍学率降低幅度大吗？

A.大　B.一般　C.小　D.不负责这方面的工作,不清楚

3.请问当地参加各种职业技术培训劳动力的增长率大吗？

A.高　B.一般　C.低　D.不负责这方面的工作,不清楚引进人才增长率

第四部分　社会保障扶贫

1.有合格乡村医生/执业(助理)医师村的增长率高吗？

A.高　B.一般　C.低　D.不负责这方面的工作,不清楚

2.请问无房户或住危房农户的下降率高吗?

A.高 B.一般 C.低 D.不负责这方面的工作,不清楚

3.通公路自然村的增长率高吗?

A.高 B.一般 C.低 D.不负责这方面的工作,不清楚

第五部分 金融扶贫

1.请问当地特困地区和重点县贷款余额的增长率高吗?

A.高 B.一般 C.低 D.不负责这方面的工作,不清楚

2.请问财政专项扶贫资金的到户比重大吗?

A.大 B.一般 C.小 D.不负责这方面的工作,不清楚

3.本级预算安排财政专项扶贫资金的增幅大吗?

A.大 B.一般 C.小 D.不负责这方面的工作,不清楚

第六部分 对口扶贫

1.请问东西扶贫协作投入增长率高吗?

1.高 B.一般 C.低 D.不负责这方面的工作,不清楚

2.参与定点帮扶单位占比高吗?

A.高 B.一般 C.低 D.不负责这方面的工作,不清楚

第七部分 易地搬迁扶贫

1.请问异地扶贫搬迁投资计划完成情况如何?

A.完成情况较好 B.完成情况一般 C.完成情况不理想

D.不负责这方面的工作,不清楚

2.异地搬迁投资资金增长率高吗?

A.高 B.一般 C.低 D.不负责这方面的工作,不清楚

第八部分 生态扶贫

1.请问生态补偿资金投入年增长率高吗?

A.高 B.一般 C.低 D.不负责这方面的工作,不清楚

2.请问城市区绿地建设率高吗?

A.高　B.一般　C.低　D.不负责这方面的工作,不清楚

填表说明:

1.本调查表所列项目,只填写当地与下派的扶贫干部直接参加的内容;

2.本调查表课题组收回,只做学术研究之用,无其他任何用途;

3.本调查表可由属地相关部门和下派单位委托填写。

选派单位:＿＿＿＿(盖章)＿＿＿＿任职县乡　　　填表人:

当地单位:＿＿＿＿(盖章)＿＿＿＿任职县乡　　　填表人:

2017 年 9 月 18 日

参考文献

一、著作类

(一)中文文献

[美]阿瑟·奥肯:《平等与效率——重大的抉择》,王奔洲等译,华夏出版社 1987年版。

《马克思恩格斯全集》第 16 卷,人民出版社 2007 年版。

陈水利、李敬功、王向公:《模糊集理论及其应用》,科学出版社 2005 年版。

蒋泽军、王丽芳、高宏宾:《模糊数学教程》,国防工业出版社 2004 年版。

敬义嘉:《合作治理——再造公共服务的逻辑》,天津人民出版社 2009 年版。

李洪兴、汪培庄:《模糊数学》,国防工业出版社 1994 年版。

刘敏:《西部民族地区发展中有关问题的反思》,中国社会科学出版社 2012 年版。

邱均平:《文献计量学》,科学文献技术出版社 1988 年版。

[美]萨缪尔森、诺德豪斯:《经济学》,高鸿业等译,中国发展出版社 1992 年版。

[日]三浦武雄:《现代系统工程学概念》,郑春瑞译,中国社会科学出版社 1983年版。

马克思:《1844 年经济学哲学手稿》,人民出版社 2014 年版。

尚晓援:《中国社会保护体制改革研究》,中国劳动社会保障出版社 2007 年版。

熊义杰:《运筹学教程》,国防工业出版社 2007 年版。

郑杭生、李棉管:《中国扶贫历程中的个人与社会——社会互构论的诠释理路》,中

265

国人民大学出版社 2010 年版。

敬乂嘉:《合作治理——再造公共服务的逻辑》,天津人民出版社 2009 年版。

中共中央党史和文献研究院编:《习近平扶贫论述摘编》,中央文献出版社 2018 年版。

陆汉文、黄承伟、刘晓山等:《中国精准扶贫发展报告(2018)》,社会科学文献出版社 2018 年版。

吴国宝等:《改革开放研究丛书:中国减贫与发展(1978—2018)》,社会科学文献出版社 2018 年版。

武汉大学全国扶贫宣传教育中心:《中国反贫困发展报告 2017——定点扶贫专题》,华中科技大学出版社 2018 年版。

杨秋宝:《2020:中国消除农村贫困:全面建成小康社会的精准扶贫、脱贫攻坚研究》,北京古籍出版社 2017 年版。

苏昌强:《精准扶贫的辩证法》,厦门大学出版社 2018 年版。

孙璐:《扶贫项目绩效评估研究:基于精准扶贫的视角》,社会科学文献出版社 2018 年版。

汪三贵、杨龙等:《扶贫开发与区域发展:我国特困地区的贫困与扶贫策略研究》,经济科学出版社 2017 年版。

周强:《多维贫困与反贫困绩效评估:理论、方法与实证》,经济科学出版社 2018 年版。

李实:《21 世纪中国农村贫困特征与反贫困战略》,经济科学出版社 2018 年版。

潘慧、章元:《中国战胜农村贫困:从理论到实践》,北京大学出版 2018 年版。

洪名勇:《西部农村贫困与反贫困研究》,中国财政经济出版社 2018 年版。

张全红、周强:《中国农村多维贫困的测度与反贫困政策研究》,华中科技大学出版社 2018 年版。

王小林:《贫困测量:理论与方法》(第二版),社会科学文献出版社 2017 年版。

陆汉文、黄承伟:《中国精准扶贫发展报告(2017)》,社会科学文献出版社 2017 年版。

(二)外文文献

Berelson B., *Content Analysis in Communications Research*, Glen coe IL: Free Press, 1952.

Chris Duke, *Combatting Poverty Through Adult Education*, Taylor and Francis, 2018.

Dyzek John S., *Deliberative Demoracy Beyand*: *Liberals*, *Critics*, *Contestations*, New York: Oxford University Press, 2000.

Narayan D., *Empowerment and Poverty Reduction*: *A Sourcebook*, Empowerment and Poverty Reduction, 2002.

Sharese N. Porter, *Poverty*, *Discrimination*, *and Health*, Springer International Publishing, 2018.

Xiaolin Wang, *Construction of Reform Pilot Areas for Poverty Alleviation*, Springer Singapore, 2018.

Yuen YuenAng, *How China Escaped the Poverty Trap*, Cornell University Press, 2018.

二、论文类

（一）中文文献

卜卫:《试论内容分析方法》,《国际新闻界》1997 年第 4 期。

蔡慧:《社会救助对我国反贫困政策的作用——基于贫困的四个角度》,《工会论坛》2013 年第 1 期。

蔡科云:《论政府与社会组织的合作扶贫及法律治理》,《国家行政学院学报》2013 年第 2 期。

蔡延东:《从政府危机管理到危机协同治理的路径选择》,《当代社科视野》2011 年第 11 期。

曹清华:《英国现代社会救助制度反贫困效应研究》,《河南师范大学学报(哲学社会科学版)》2010 年第 5 期。

陈家建等:《项目制与政府间权责关系演变:机制及其影响》,《社会》2015 年第 5 期。

陈银娥、师文明:《中国农村金融发展与贫困减少的经验研究》,《中国地质大学学报(社会科学版)》2010 年第 6 期。

陈银娥、王毓槐:《微型金融与贫困农民收入增长——基于社会资本视角的实证分析》,《福建论坛(人文社会科学版)》2012 年第 2 期。

戴庆中、李德建:《关于民族贫困地区扶贫路径选择的理性思考》,《贵州社会科学》2011 年第 12 期。

邓伟:《精准扶贫要在精准上下功夫》,《决策与信息旬刊》2016 年第 7 期。

段小虎等:《西部贫困县图书馆"跨越式"发展的财政保障研究》,《图书馆论坛》2016 年第 1 期。

丁家玲、叶金华:《层次分析法和模糊综合评判在教师课堂教学质量评价中的应用》,《武汉大学学报(哲学社会科学版)》2003 年第 2 期。

付伟、焦长权:《"协调性"政权:项目制运作下的乡镇政府》,《社会》2015 年第 2 期。

冯朝睿:《连片特困地区多中心协同反贫困治理的初步构想》,《云南社会科学》2014 年第 4 期。

冯朝睿:《多中心协同反贫困治理体系研究》,《西北人口》2016 年第 4 期。

冯朝睿:《构建反贫困的地方政府合作治理模式》,《经济研究参考》2017 年第 30 期。

冯朝睿:《地方政府反贫困的竞合模式研究》,《经济问题探索》2017 年第 4 期。

郭道久:《协作治理是适合中国现实需求的治理模式》,《政治学研究》2016 年第 1 期。

宫留记:《政府主导下市场化扶贫机制的构建与创新模式研究——基于精准扶贫视角》,《中国软科学》2016 年第 5 期。

辜胜阻等:《推进"十三五"脱贫攻坚的对策思考》,《财政研究》2016 年第 2 期。

高庆狮:《Zadeh 模糊集合理论的缺陷及其改进:C∗-模集合理论》,《北京科技大学学报》2005 年第 5 期。

关志民、束军意、马钦海:《学位论文质量的多层次模糊综合评价模型及其应用》,《科研管理》2005 年第 3 期。

黄萃等:《政策工具视角的中国风能政策文本量化研究》,《科学学研究》2011 年第 6 期。

黄萃、任弢、张剑:《政策文献量化研究:公共政策研究新方向》,《公共管理学报》2015 年第 2 期。

黄萃、赵培强、李江:《基于共词分析的中国科技创新政策变迁量化分析》,《中国行政管理》2015 年第 9 期。

黄萃、赵培强、苏竣:《基于政策工具视角的我国少数民族双语教育政策文本量化研究》,《清华大学教育研究》2015 年第 5 期。

韩永君:《社会体育政策工具的绩效特征——基于 31 个省级〈全民健身实施计划(2016—2020 年)〉的内容分析》,《武汉体育学院学报》2017 年第 10 期。

胡锡如:《云南旅游扶贫的三种模式》,《经济问题探索》2003 年第 5 期。

季佳佳等：《基于多层次模糊综合评判法的土地变更调查数据质量评价研究》，《中国土地科学》2015年第4期。

蒋吉、许艳：《基于模糊多层次综合评价法的小城镇水环境整治后效果评价——以宁绍平原河网为例》，《浙江水利科技》2016年第1期。

靳永翥、丁照攀：《贫困地区多元协同扶贫机制构建及实现路径研究——基于社会资本的理论视角》，《探索》2016年第6期。

陆春萍：《西北少数民族地区社会组织发展的特点与治理》，《西北师大学报（社会科学版）》2014年第3期。

雷根强、蔡翔：《初次分配扭曲、财政支出城市偏向与城乡收入差距》，《数量经济技术经济研究》2012年第3期。

李博：《项目制扶贫的运作逻辑与地方性实践——以精准扶贫视角看A县竞争性扶贫项目》，《北京社会科学》2016年第3期。

李本乾：《描述传播内容特征　检验传播研究假设：内容分析法及简介（下）》，《当代传播》2000年第1期。

刘洪民、杨艳东：《大学研讨教学绩效多层次模糊综合评价研究——基于学生的视角》，《教学研究》2016年第4期。

林建、廖彬彬：《民族地区财政金融政策的反贫困效应研究》，《中国人口资源与环境》2014年第9期。

李光勇：《本土非政府组织与少数民族地区社会资本的构建——以凉山彝族妇女儿童发展中心为例》，《内蒙古社会科学（汉文版）》2010年第2期。

李晶：《文化"精准扶贫"中的跨文化沟通方法与策略》，《贫困地区图书馆发展研究》2017年第11期。

李力红、张怡：《AHP——模糊综合评判法在心理学中的应用》，《东北师大学报（哲学社会科学版）》2008年第3期。

李俊清、陈旭清：《我国少数民族地区社会组织发展及社会功能研究》，《国家行政学院学报》2010年第6期。

林闽刚、陶鹏：《中国贫困治理三十年回顾与前瞻》，《甘肃行政学院学报》2008年第6期。

李燕萍等：《改革开放以来我国科研经费管理政策的变迁、评价与走向——基于政策文本的内容分析》，《科学学研究》2009年第10期。

李永友、沈坤荣：《财政支出结构、相对贫困与经济增长》，《管理世界》2007年第11期。

刘凤朝、孙玉涛:《我国科技政策向创新政策演变的过程、趋势与建议——基于我国 289 项创新政策的实证分析》,《中国软科学》2007 年第 5 期。

刘俊生、何炜:《从参与式扶贫到协同式扶贫:中国扶贫的演进逻辑——兼论协同式精准扶贫的实现机制》,《西南民族大学学报(人文社会科学版)》2017 年第 12 期。

刘强强、莫兰:《政策工具视角下贵州省扶贫政策的文本量化研究》,《福建行政学院学报》2016 年第 5 期。

刘胜林、王雨林、庆天慧:《基于文献研究法的精准扶贫综述》,《江西农业学报》2015 年第 12 期。

刘智:《多层次模糊综合评价模型在生产性服务业发展中的应用》,《西昌学院学报(自然科学版)》2016 年第 4 期。

卢章平:《基于内容分析法的科技成果转化政策研究》,《科技进步与对策》2013 年第 11 期。

梁骞、朱博文:《普惠金融的国外研究现状与启示——基于小额信贷的视角》,《中央财经大学学报》2014 年第 6 期。

柳颖:《农村反贫困中的社会组织主体责任研究》,《中共福建省委党校学报》2016 年第 8 期。

吕晓等:《基于内容分析法的集体建设用地流转政策演进分析》,《中国土地科学》2015 年第 4 期。

卢周来:《要懂得穷人的经济学》,《科学决策》2005 年第 12 期。

焦克源、徐彦平:《少数民族贫困县扶贫开发绩效评价的实证研究——基于时序主成分分析法的应用》,《西北人口》2015 年第 1 期。

毛绵逵、李小云、齐顾波:《参与式发展:科学还是神化?》,《南京工业大学学报(社会科学版)》2010 年第 2 期。

马文峰:《试析内容分析法在社科情报学中的应用》,《情报科学》2000 年第 4 期。

莫亚琳、张志超:《城市化进程、公共财政支出与社会收入分配》,《数量经济技术经济研究》2011 年第 3 期。

彭定洪、杨东可:《一种完全犹豫模糊环境下的 TOPSIS 方法》,《模糊系统与数学》2018 年第 1 期。

彭纪生、孙文祥、仲为国:《中国技术创新政策演变与绩效实证研究(1978—2006)》,《科研管理》2008 年第 4 期。

渠敬东:《项目制:一种新的国家治理体制》,《中国社会科学》2015 年第 2 期。

齐明山:《试论有限理性与政府决策》,《新视野》2005 年第 2 期。

漆宇、向玲凛:《西南少数民族地区反贫困绩效分析——以四川省为例》,《农村经济与科技》2016 年第 18 期。

苏敬勤、李晓昂、许昕傲:《基于内容分析法的国家和地方科技创新政策构成对比分析》,《科学学与科学技术管理》2012 年第 6 期。

孙瑞英:《从定性、定量到内容分分析法》,《现代情报》2005 年第 1 期。

沈奇涵:《市政工程施工管理评价指标体系探讨》,《现代贸易工业》2009 年第 16 期。

沈新忠:《辽宁省建档立卡精准扶贫措施探讨》,《农业科技与装备》2014 年第 3 期。

史艳芳:《民族地区贫困与反贫困问题研究》,《经济研究导刊》2013 年第 28 期。

钭利珍等:《"丽水模式":农村金融普惠扶贫的实践与探索》,《浙江金融》2015 年第 3 期。

唐钧:《从社会保障到社会保护:社会政策理念的演进》《社会科学》2014 年第 10 期。

武继兵、邓国胜:《政府与 NGO 在扶贫领域的战略性合作》,《理论学》2006 年第 11 期。

汪大海、刘金发:《慈善组织参与扶贫领域社会管理创新的价值与对策》,《中国民政》2012 年第 12 期。

魏后凯、邬晓霞:《中国的反贫困政策:评价与展望》,《上海行政学院学报》2009 年第 2 期。

汪贤武:《通信服务业企业社会责任评价研究》,《华东经济管理》2015 年第 7 期。

王爱云:《1978—1985 年的农村扶贫开发》,《当代中国史研究》2017 年第 3 期。

王薇、刘云:《基于内容分析法的我国新能源汽车产业发展政策分析》,《科研管理》2017 年第 1 期。

王娟、张克中:《公共支出结构与农村减贫——基于省级面板数据的证据》,《中国农村经济》2012 年第 1 期。

王建民:《扶贫开发与少数民族文化——以少数民族主体性讨论为核心》,《民族研究》2012 年第 3 期。

王晞、李伟:《空间数据质量的模糊综合评价方法探讨》,《现代测绘》2011 年第 3 期。

王晓晖:《民族地区精准扶贫与社会文化基础》,《北方民族大学学报(哲学社会科学版)》2017 年第 3 期。

王帅、杨培涛、黄庆雯:《基于多层次模糊综合评价的中小企业信用风险评估》,《财经理论与实践》2014 年第 5 期。

王守文、颜鹏:《基于多层次模糊综合的产学研合作区政策评价》,《科技进步与对策》2014 年第 23 期。

王雨磊:《村干部与实践权力——精准扶贫中国家基层治理秩序》,《公共行政评论》2017 年第 3 期。

王守文、颜鹏:《基于多层次模糊综合的产学研合作区政策评价》,《科技进步与对策》2014 年第 3 期。

王延中、王俊霞:《更好发挥社会救助制度反贫困兜底作用》,《国家行政学院学报》2015 年第 6 期。

吴宾、杨一民、娄成武:《基于文献计量与内容分析的政策文献综合量化研究——以中国海洋工程装备制造业政策为例》,《情报杂志》2017 年第 8 期。

吴世忠:《内容分析法论纲》,《情报资料工作》1991 年第 2 期。

辛秋水:《走文化扶贫之路——论文化贫困与贫困文化》,《福建论坛(人文社会科学版)》2001 年第 3 期。

徐龙顺等:《精准扶贫:理论内涵、实践困境与对策研究——基于山东菏泽两个村庄的调查》,《中南林业科技大学学报(社会科学版)》2016 年第 6 期。

徐月宾等:《中国农村反贫困政策的反思——从社会救助向社会保护转变》,《中国社会科学》2007 年第 3 期。

谢东梅:《低收入群体社会保护的政策含义及其框架》,《商业时代》2009 年第 21 期。

许源源、陈书弈:《空心社会、隐形社会、市民社会与行政国家——中国农村扶贫中的国家与社会关系解读》,《中南大学学报(社会科学版)》2011 年第 3 期。

闫慧:《我国信息资源公益性开发与利用政策的发展趋势——一项基于内容分析法的研究》,《图书馆情报》2009 年第 14 期。

闫建文、徐传召、文位忠:《基于模糊多层次综合评价的风电建设项目社会评价》,《西安理工大学学报》2011 年第 2 期。

阎坤、于树一:《公共财政减贫的理论分析与政策思路》,《财贸经济》2008 年第 4 期。

姚海琳等:《1987—2015 年中国城市矿产政策的文献量化研究》,《资源科学》2017 年第 6 期。

叶敏、李宽:《资源下乡、项目制与村庄间分化》,《甘肃行政学院学报》2014 年第

2 期。

袁勤俭、宗乾进、沈洪洲:《德尔菲法在我国的发展及应用研究——南京大学知识图谱研究组系列论文》,《现代情报》2011 年第 5 期。

杨志军、耿旭、王若雪:《环境治理政策的工具偏好与路径优化——基于 43 个政策文本的内容分析》,《东北大学学报(社会科学版)》2017 年第 3 期。

游新彩、田晋:《民族地区综合扶贫绩效评价方法与实证研究》,《科学经济社会》2009 年第 3 期。

张成福、王耀武:《反贫困与公共治理》,《中国行政管理》2008 年第 5 期。

张慧芳、雷咸胜:《精准扶贫背景下新农保财政补贴机制的优化设计》,《税务与经济》2017 年第 1 期。

张吉军:《模糊一致判断矩阵 3 种排序方法的比较研究》,《系统工程与电子技术》2003 年第 25 期。

张康之:《合作治理是社会治理变革的归宿》,《社会科学研究》2012 年第 3 期。

张克中:《财政分权有利于贫困减少吗——来自分税制改革后的省际证据》,《数量经济技术经济研究》2010 年第 12 期。

张连刚等:《林业专业合作组织满意度的多层次模糊综合评价》,《林业科学》2014 年第 8 期。

张欣、池忠军:《反贫困治理结构创新——基于中国扶贫脱贫实践的思考》,《求索》2015 年第 1 期。

张毅、张帆:《民族地区贫困问题研究述评》,《当代经济》2011 年第 11 期。

张永丽、刘浩武、邹海双:《财政扶贫——基于 DEA 的实证分析》,《开发研究》2017 年 4 期。

张钰莹、罗洋:《生态文明建设的多层次模糊综合评价》,《四川建筑科学研究》2017 年第 1 期。

钟柏昌、黄峰:《问卷设计的基本原则与问题分析——以某校 2011 年教育学硕士论文为例》,《学位与研究生教育》2012 年第 3 期。

庄天惠等:《西南少数民族贫困县反贫困综合绩效模糊评价》,《西北人口》2012 年第 3 期。

赵强社:《扶贫模式演进与新时期扶贫对策探析》,《西部学刊》2013 年第 2 期。

赵蓉英、邹菲:《内容分析法学科基本理论问题探讨》,《图书情报工作》2005 年第 6 期。

赵永刚:《区域主导产业选择指标体系的设计》,《武汉工程大学学报》2008 年第

5 期。

周京艳等:《政策工具视角下我国大数据政策的文本量化分析》,《情报探索》2016年第 12 期。

周丽婷、杨干生:《中国城市公共住房政策执行力评估指标体系的构建——基于多层次模糊综合评判的分析》,《广州公共管理评论》2017 年第 00 期。

左停等:《中国打赢脱贫攻坚战中反贫困治理体系的创新维度》,《河海大学学报(哲学社会科学版)》2017 年第 5 期。

郑文辉:《文献计量法与内容分析法的比较研究》,《情报杂志》2006 年第 8 期。

郑瑞强、赖运生、胡迎燕:《深度贫困地区乡村振兴与精准扶贫协同推进策略优化研究》,《农林经济管理学报》2018 年第 6 期。

张军、张娟:《职教集团推进精准扶贫的协同优势与实施路径》,《中国职业技术教育》2018 年第 33 期。

易法敏:《产业参与、平台协同与精准扶贫》,《华南农业大学学报(社会科学版)》2018 年第 6 期。

陈惠敏:《深度贫困地区经济结构优化与教育扶贫协同发展的对策》,《广西社会科学》2018 年第 10 期。

陈啸、吴佳:《我国金融精准扶贫协同治理模式研究》,《中国行政管理》2018 年第10 期。

彭小霞:《多元协同扶贫模式之构建:特征、现实必要性与路径选择》,《湖北社会科学》2019 年第 9 期。

李创、吴国清:《三维资本协同下的精准扶贫问题研究——基于马克思与西方资本理论视角》,《西南金融》2019 年第 8 期。

吴雄周:《产业扶贫农户生计协同响应机制的解构及实践》,《甘肃社会科学》2019年第 4 期。

向从武、谢正发:《武陵山片区民族特色村镇旅游扶贫与协同发展研究——以渝湘交界地洪安镇和茶洞镇为例》,《云南民族大学学报(哲学社会科学版)》2019 年第4 期。

王义、任君庆:《东西部职业教育扶贫与产业转移协同推进策略分析》,《中国职业技术教育》2019 年第 19 期。

徐顽强、李敏:《公益组织嵌入精准扶贫行动的生态网络构建》,《西北农林科技大学学报(社会科学版)》2019 年第 3 期。

康书生、冯艳博、郭小卉:《京津冀协同发展下河北省金融扶贫研究》,《河北大学学报(哲学社会科学版)》2019年第2期。

何文盛、杜晓林、任鹏丽:《新世纪我国农村扶贫政策的演进特征与价值取向——基于甘肃省的政策文本分析》,《北京行政学院学报》2018年第6期。

(二)外文文献

Dang,Dabalen,"Is Poverty in Africa Mostly Chronic or Transient? Evidence from Synthetic Panel Data", *The Journal of Development Studies*, Vol. 55, No. 7 (2019), pp. 1527 −1547.

Ellahi N.,"How Development of Finance Contributes to Poverty Alleviation and Growth: A Time Series Application for Pakistan", *African Journal of Business Management*, Vol.5, No. 30 (November 2011), pp.12138−12143.

Lei Zhao, Xin Xia,"Tourism and Poverty Reduction: Empirical Evidence from China", *Tourism Economics*, Vol.26, No.2 (2020), pp.233−256.

Pullar Jessie, Allen Luke, Townsend Nick, et al.,"The Impact of Poverty Reduction and Development Interventions on Non-Communicable Diseases and Their Behavioural Risk Factors in Low and Lower-Middle Income Countries: A Systematic Review", *PLoS ONE*, Vol. 13, No.2 (2018), pp. e0193378.

Jose G. Montalvo, Martin Ravallion,"The Pattern of Growth and Poverty Reduction in China", *Journal of Comparative Economics*, Vol.38, No.1 (2009), pp.2−16.

Sehrawat M., Giri A. K.,"Financial Development, Poverty and Rural-Urban Income Inequality: Evidence from South Asian Countries", *Quality and Quantity*, Vol.50, No.2 (2016), pp.577−590.

Shervin A., Maryam M. L.,"Poverty Status and Childhood Asthma in White and Black Families: National Survey of Children's Health", *Healthcare*, Vol.6, No.2 (2018), p.62.

Huiming Zhang, Zhidong Xu, Dequn Zhou, et al.,"Targeted Poverty Alleviation Using Photovoltaic Power in China: Identifying Financial Options through a Dynamic Game Analysis", *Resources, Conservation and Recycling*, Vol.139 (2018), pp.333−337.

Zhang, Qi, Bilsborrow, Richard E., Song, Conghe, Tao, Shiqi, Huang, Qingfeng,"Determinants of Out-migration in rural China: Effects of Payments for Ecosystem Services", *Population and Environment*, Vol.40, No.2 (2018), pp.182−203.

Qi Wen Ping, Wang Yan Hui, Zhao Wen Ji, et al.,"Multidimensional Poverty Measurement of Poverty-Stricken Counties in China's 14 Conti-Guous Destitute Areas Considering Ecological Environment", *The Journal of Applied Ecology*, Vol. 29, No. 11 (2018), pp. 3760-3772.

Qiang Ren, Qingxu Huang, Chunyang He, Mengzhao Tu, Xiaoying Liang, "The Poverty Dynamics in Rural China During 2000 - 2014: A Multi-Scale Analysis Based on the Poverty Gap Index", *Journal of Geographical Sciences*, Vol.28, No.10 (2018), pp.1427-1443.

Simone Datzberger, "Why Education Is Not Helping the Poor. Findings from Uganda", *World Development*, Vol.110 (2018), pp.124-139.

Hanlin Xu, "The Empirical Relationship among Tourism Growth, Tourism Specialization, and Poverty Reduction", *The Tourism Studies*, Vol. 29, No. 2 (2018), pp. 53-62.

Yan Li, Qi Zhang, Ge Wang, et al., "A Review of Photovoltaic Poverty Alleviation Projects in China: Current Status, Challenge and Policy Recommendations", *Renewable and Sustainable Energy Reviews*, Vol.94 (2018), pp.214-223.

Rosalina Palanca-Tan, "Aquaculture, Poverty and Environment in the Philippines", *The Journal of Social, Political, and Economic Studies*, Vol.43, No. 3/4 (2018), pp.294-315.

Yunna Wu, Yiming Ke, Ting Zhang, et al., "Performance Efficiency Assessment of Photovoltaic Poverty Alleviation Projects in China: A Three-Phase Data Envelopment Analysis Model", *Energy*, Vol.159 (2018), pp.599-610.

Do Thi Huong, Krott Max, Böcher Michael, et al., "Toward Successful Implementation of Conservation Research: A Case Study from Vietnam", *Ambio*, Vol.47, No. 5 (2018), pp. 608-621.

Hongwei Hu, Xinran Zhu, Haixia Jiang, et al., "The Association and Mediating Mechanism Between Poverty and Poly-Victimization of Left-Behind Children in Rural China", *Children and Youth Services Review*, Vol.91 (2018), pp.22-29.

Sayed Mohammad Nazim Uddin, Jutta Gutberlet, "Livelihoods and Health Status of Informal Recyclers in Mongolia", *Resources, Conservation and Recycling*, Vol.134 (2018), pp. 1-9.

Homewood K., Schreckenberg K., "Sharing Data from the Ecosystem Services for Poverty Alleviation Programme", *Scientific Data*, Vol.5 (2018), p.180137.

Ans Kolk, Miguel Rivera-Santos, Carlos Rufín, "Multinationals, International Business, and Poverty: A Cross-Disciplinary Research Overview and Conceptual Framework", *Journal of International Business Policy*, Vol.1, No. 1-2 (2018), pp.92-115.

后　记

消除贫困是全人类孜孜不倦追求的目标。习近平总书记强调,消除贫困、改善民生、实现共同富裕,是社会主义制度的本质要求。改革开放以来,中国响应《联合国人口发展计划》,始终坚持大力推进扶贫、脱贫工作,在不同的发展阶段实施了适合中国国情与经济社会发展的扶贫政策,为中国的脱贫攻坚工作的推进提供了政策支持。

《国家八七扶贫攻坚计划(1994—2000 年)》《中国农村扶贫开发纲要(2001—2010 年)》和《中国农村扶贫开发纲要(2010—2020 年)》的颁布实施,为中国脱贫攻坚事业提供了明确的中国方案及时间进度表。特别是党的十八大以来,在国家脱贫攻坚战略的部署下,各级党委、政府在中央政府的统一领导下,坚持以习近平新时代中国特色社会主义思想为指导,改变传统扶贫模式,实施了明确脱贫目标、脱贫治理手段、脱贫方法的"精准扶贫"战略,在此基础上,建立健全政府、市场与社会的多元协作反贫困的体制机制,进而形成了政府、社会、企业、个人及其他组织参与的"大扶贫"模式。这为我们指出了一条既有对国际经验的吸纳和借鉴,又立足本土实践经验总结和探索的反贫困治理道路,为正在进行和将要持续深入的反贫困事业注入了新能量,也使中国成为率先实现联合国千年发展目标中贫困人口减半的国家,为促进我国的政治稳定、经济发展、民族团结、边疆巩固、社会和谐、人民幸福作出了卓越的贡献,同时也为世界反贫困事业提供了中国方案,贡献了中国智慧。

作为一名出生于改革开放后期,成长于祖国经济快速发展时期的中国普通百姓中的一员,笔者亲历并见证了中国从物质匮乏年代到物资丰裕时代的生活变迁,也见证了中国从农耕文明时代向后现代工业社会转型期所经历的时代巨变。人类文明发展的车轮滚滚向前,中国共产党和政府不忘初心、牢记使命,从政策安排层面致力于消除贫困,改善民生,消除两极分化,使全体中国人民能够一道全面致富奔小康,共享中国改革开放和社会进步发展的成果。反贫困治理给中国广大贫困者带来了对美好的生活向往和追求的可能,作为一种制度安排,反贫困治理不仅追求社会快速发展,更致力于普及公平、正义,让中国国民公平享受中国制度变迁和经济发展的丰硕成果。特别是党的十八大以来,中国"精准扶贫"的成效更是让世界赞佩,创造了中国减贫的世界奇迹,抒写了中国特色反贫困治理的画卷,为世界减贫和世界文明发展作出了中国贡献。而这一切的成果取得都立基于中国特色社会主义的制度优势。

成绩属于过去,未来仍需努力。纵观国际社会,不容忽视的现实是我国仍处于并将长期处于社会主义初级阶段,仍是全球最大的发展中国家。要实现人民对美好生活的向往这一目标,还需要继续发扬钉钉子精神,撸起袖子加油干社会主义复兴的事业。党的十九大通过的国家发展目标和发展战略为新时代的脱贫攻坚提出了具体要求。我们应清醒地认识,即使阶段性目标顺利完成,也不意味着减贫任务画上了终止符,脱贫攻坚仍具有现实紧迫感。

本书是笔者2018年国家社科基金一般项目"西南地区大扶贫水平测量与能力提升研究"(18BZZ084)的阶段性研究成果。本书本着科学、系统、实证、真实的原则,旨在及时、动态、客观地反映滇西连片特困地区及云南脱贫攻坚的发展状况,系统、真实地呈现滇西边境山区连片特困地区、云南及中国的脱贫攻坚的理论探索与实践成果。

感谢国家教育部以及云南省委、省政府、云南省扶贫办、云南省财政厅、云南省教育厅、云南省民政厅、云南省农业厅、云南省发展改革委、云南省人力资源与社会保障厅、云南省水利厅、云南省文化厅、云南省交通厅、云南省市场监管局等省级政府部门及其下属的各州市(县)的相关部门对本书研究资料收集、数据采集、调研、访谈等方面给予的巨大帮助。其次,还要感谢昆明理工大学管理与经济学院的领导和同事的支持和帮助,感谢云南省哲学社会科学规划办公室对本书的资助。

反贫困治理与人类社会的发展相栖相生,是人类需长期探索的一个艰巨的任务。本书的研究只是一个开始,笔者会一直跟踪研究,不断更新研究方法,探索新的扶贫模式,为云南、中国及世界的反贫困治理事业贡献自己的力量。由于主客观原因,本书还存在诸多不完善和有待改进的地方,敬请国家政策研究、决策部门及国内外专家学者多提改进意见和建议。

冯朝睿

2019 年 12 月 25 日于申城轩宇书斋